北京市哲学社会科学规划办公室
北京市教育委员会
资助出版

中国外交与北京对外交流研究报告 2015

北京对外交流与外事管理研究基地 编

世界知识出版社

目 录

第二部分　城市外交与北京市对外交流

第一部分　中国外交

第一章 正确义利观：新时期中国外交的理念创新和实践原则

秦亚青*

在外交工作中坚持正确的义利观，是以习近平同志为总书记的党中央针对世界形势的新发展和中国外交的新任务提出的重要思想。坚持正确义利观，既凝结了中华传统文化的道德精髓，也体现了当今中国在国际社会中的行为准则；既是中国国际思想的理念创新，也是中国外交实践的指导原则。中国正在发展为全球性大国，提出坚持正确义利观，表明了中国将以什么样的身份参与国际事务，以什么样的理念和行动展开特色鲜明的大国外交。

提出正确义利观是中国国家身份定位的时代要求

世界正在发生历史性的深刻变化。国际体系权力格局消长演

* 秦亚青，外交学院院长、教授、博士生导师。本文原载于《求是》2014 年第 12 期，第 55—57 页。

进，大国之间战略博弈更趋复杂；全球性问题日益突出，实现有效治理成为国际社会发展的关键；国家之间利益纵横交错，既相互竞争又相互合作成为当今世界一大特点。中国的综合国力显著增长，是正在走向全球性大国和具有高度影响力的国际社会成员，中国的身份和作用也成为全世界的关切焦点。提出正确义利观，是中国国家身份定位的时代要求，是对“中国是什么力量”“中国怎样处理与外部世界关系”等重大问题的明确回答。

提出正确义利观，体现了中国是维护世界和平与国际正义的大国这一核心身份定位。近代以来，在西方国家的主导下，“利益至上”“只有永恒的利益，没有永恒的朋友”等西方理念被视作国际关系的不变法则。各国争权夺利，结盟对抗，战争频发。强强必争、国强必霸似乎成为国际关系历史的铁律。在中国外交走向大国外交的关键时刻，势必面临更多的义利关系，也不断面对外部世界的猜忌和怀疑。提出坚持正确义利观，表明中国是维护世界和平的重要力量，体现了中国坚持走和平发展道路的决心和破解大国之间战争悲剧这一历史宿命的意愿，表达了中国坚定维护世界秩序、循序渐进推进国际体系改革的信心。

提出正确义利观，强调了中国是发展中国家这一基本身份定位。中国曾经在自身经济十分困难的情况下，向第三世界国家提供了无私援助。当今中国综合国力大大提升，成为世界第二大经济体，是 128 个国家的最大贸易伙伴，世界上增长最快的主要出口市场，最被看好的投资目的地和能源资源产品的主要进口国，成为推动地区和世界经济增长的主要引擎之一。随着中国的日益富强，不时可以听到“中国还是发展中国家吗?”的问题，“中国新殖民主义”的论调也反复出现。正确义利观的提出，向世界昭示，中国仍然是发展中国家，也永远和发展中国家站在一起。

提出正确义利观，明确了中国是国际社会负责任成员这一重要身份定位。随着经济全球化和社会信息化加速发展，各国相互依存程度日益加深，全球性挑战也不断涌现，世界各国越来越难以单独应对，这就要求各国同舟共济，在追求本国利益时兼顾他国合理关切，在谋求本国发展中促进各国共同发展，建立更加平等均衡的新型全球发展伙伴关系，共同建设一个更加美好的地球家园。正是在这一背景下，又出现了“中国不负责任”“中国搭便车”等论调。强调在外交工作中坚持正确义利观，表明中国是世界命运共同体中的重要成员，是积极参与全球治理的负责任大国。

践行正确义利观的根本是坚持二者的辩证统一

践行正确义利观的根本是辩证地处理好道义和利益的关系，实现二者的统一。义利之辨，是贯穿中国思想史的一个根本问题。义利关系在不同历史时期曾有过不同的诠释，但中国传统文化中的义利观突出道义，强调义重于利。“君子义以为上”，“舍生取义”，道义的价值得到了充分的肯定。传统义利观也提出义利相合的辩证统一思想。“义利两有”，“义者，利之和也”。同时，重视道义并非否定利益，而是义以生利，义以建利，两者之间是一种辩证关系，并在实践中达成统一。凡是符合“利天下”“利人”的行为就是义，而“害天下”“损人自利”的行为则是不义。简言之，先义后利、取利有道、义利统一，反映了中华民族的主流义利观，也是我们一以贯之的道德规范和行为准则。

正确处理“义”与“利”的关系，就要在三个重大问题上实现义利的辩证统一。

第一，坚持和平发展道路和捍卫国家核心利益的辩证统一。中国走和平发展道路是由中国的文化、国情和国家发展目标所决定的。中国不会以争夺霸权为国家目标，不会以推翻国际秩序为国家战略，继续坚持独立自主的和平外交政策，不与任何大国结盟，强调与相关国家以和平对话方式解决领土争端。中国捍卫核心利益的决心也是坚定不移的。国家主权、安全和发展是中国核心利益。中国不会像有些人所说的那样随着国力增长而无限扩大核心利益，但若以和平发展为理由，要求中国放弃核心利益，在国家主权和安全等重大问题上挑战中国的原则底线，则是中国不能接受的。习近平同志强调，“我们要坚持走和平发展道路，但决不能放弃我们的正当权益，决不能牺牲国家核心利益。任何外国不要指望我们会拿自己的核心利益做交易，不要指望我们会吞下损害我国主权、安全、发展利益的苦果。中国走和平发展道路，其他国家也都要走和平发展道路，只有各国都走和平发展道路，各国才能共同发展，国与国才能和平相处。”世界和平是中国和平发展的有利外部条件，中国和平发展也是对世界和平的重要贡献，也只有一个确保主权和安全的中国才能更加坚定不移地走和平发展道路。

第二，实现共同富裕与谋求自身发展的辩证统一。义利观是习近平同志在访问非洲时提出的，也是中国对发展中国家的承诺。共同富裕和自身发展的辩证统一，就是在自身发展的同时支持广大发展中国家的发展，实现共同繁荣。习近平同志指出：义，反映的是我们的一个理念，共产党人、社会主义国家的理念。这个世界上一部分人过得很好，一部分人过得很不好，不是个好现象。真正的快乐幸福是大家共同快乐、共同幸福。我们希望全世界共同发展，特别是希望广大发展中国家加快发展。我们有义务对贫穷的国家给予力所能及的帮助，有时甚至要重义轻利、舍利取义，绝不能唯利是图、斤斤计较。新中国成立以后，中国在自身经济十分困难的情况下，无私援助第三世界国家；改革开放之后，中国大幅度增加了对发展中国家的援助。近些年，中国减免了 50 个重债穷国和最不发达国家债务 380 笔，承诺对所有同中国建交的最不发达国家 95% 的输华产品给予零关税待遇。中国不附加任何条件的无私援助，赢得了广大发展中国家的尊重和支持。可以说，“中国始终知道自己的根基在哪里”，如今的中国“既是发展中国家，同时也是全球性大国”。这种理念和实践更是明确地体现在“真实亲诚”的对非政策和“亲诚惠容”的周边政策上。

第三，维护人类共同利益与实现自身利益的辩证统一。在中国走向全球性大国的时候，维护人类共同利益、解决全球性问题是中国义不容辞的责任。中国遵循《联合国宪章》的宗旨和原则，承担联合国安理会常任理事国的责任。截至 2009 年，中国累计向联合国 30 项维和行动派出各类人员约 2.1 万人次，是派出维和人员最多的安理会常任理事国。近年来，在叙利亚危机等问题上中国立场鲜明，坚持原则；在反恐、经济、金融、气候、环境等各个全球性问题突出的领域，贡献了中国智慧和中国方案。这些都体现出中国作为负责任大国的重要作用。同时，“发展不平衡仍然是中国的基本国情，发展中大国仍然是中国的基本定位”。对于损害包括中国在内的发展中国家的群体利益，要求中国承担不切实际的国际责任，甚至以负责任为借口妨碍中国发展的言行都是行不通的。为了全球命运共同体，中国必然会有更大的国际担当，也会从人类长远发展的角度出发积极维护人类的共同利益。

坚持正确义利观具有重要的理论和现实意义

在中国和世界都发生深刻变化的时候，提出在外交工作中坚持正确义利观具有重要的理论和现实意义。正确义利观是中国外交理论的思想创新，它秉承中华传统理念和道德精神，将中国经典思想的精髓提炼出来，表现出深厚的中国文化特色。坚持正确义利观也是社会主义核心价值观在国际层面的体现，是根据当今中国与世界的关系提出来的。它标志着中国把自身发展与世界发展联系起来，把中国人民利益同各国人民共同利益结合起来，把中国梦与世界梦结合起来，为构建更加公正合理的世界秩序提供了思想依据。正确义利观顺应和平、发展、合作、共赢的时代潮流，符合中国既是全球性大国又是发展中国家的身份定位。

坚持正确义利观对于当今中国的外交工作具有重要的指导意义。正确义利观要求我们在外交实践中旗帜鲜明地维护国际公平正义，支持国际关系民主化，反对以强凌弱、以富压贫、对别国内政横加干涉的强权政治，主张根据事件的是非曲直决定自己的根本立场，通过维护国际正义实现和平发展；要求我们坚定不移捍卫中国的主权、安全、发展的核心利益，在尊重各国平等、合理、合法权利的同时，决不放弃正当权益，决不以国家核心利益做交易；要求我们对发展中国家给予无私的帮助，有的时候要重义轻利、多予少取，有的时候甚至舍利求义、只予不取，不能唯利是图、斤斤计较；要求我们按照责任、权利、能力相一致的原则，力所能及地承担更多国际责任，积极参与多边合作，努力应对共同挑战，成为和平发展的推动者和全球治理的参与者。

重视道义与责任，是我国优秀传统文化的一个重要内容，也是当代世界发展、中国国际身份变化以及中国特色社会主义建设的内在要求。正确处理“义”与“利”的关系，实现义利的辩证统一，是中国实施大国外交的指导思想和行动原则。中华民族从来不是一个见利忘义的民族，一定会坚守维护世界和平和发展的国际正义、支持发展中国家的无私仁义、建设全球家园的责任道义。中国也一定会坚定不移地捍卫国家核心利益，因为这也是中华民族的大义，是与世界人民的大义息息相通的。因此，坚持正确义利观体现了新时期中国外交的核心价值观，反映了新形势下中国处理国际事务的基本取向，是实现中国梦和构建和谐世界的重要思想保证与实践准则。

第二章　东亚合作与中日关系的互动：困局与对策

江瑞平[*]

当前东亚合作与中日关系的互动显现出恶性循环之势，其主要表现：一是区域合作与双边关系的乖离，一为经济互利与政治对立的悖论这一态势的原因和背景颇为复杂，一是中美日实力对比关系的急剧变化；二是中国崛起带来的利益分享与权力转移；三是日本衰落显现的长期萧条与政治右倾；四是美国重返亚太导致的经济分化与安全控制为扭转东亚合作与中日关系互动的困局。中国应努力实现四大层面的良性互动：一是经济互利与政治互信的良性互动；二是国家权益与地区责任的良性互动；三是周边外交与对日关系的良性互动；四是地区架构与对美战略的良性互动。

当代国际格局已经形成了多层面的互动关系，既包括在区域合作与双边关系层面，也体现在经济互利与政治互信层面。这种互动

---

[*] 江瑞平，外交学院副院长、教授、博士生导师。本文原载于《外交评论》2014 年第 5 期，第 1—18 页。

关系呈现出良性抑或恶性两种主要态势。其良性互动主要表现在区域合作与双边关系相互支撑，尤其是当双边关系出现裂痕甚至中断时，区域框架可为双边沟通和交流提供机会和渠道。经济互利与政治互信相互促进，尤其是当政治互信出现问题甚至恶化时，双方出于共同经济利益的考量，会积极修补裂痕，走出困境，工商界为避免自身利益受损，往往会要求甚至敦促政府采取措施予以补救和改善。恶性互动，主要表现为双边关系恶化阻碍区域合作，其中既有双方区域战略本身存在对立和冲突，因而难以形成推进区域合作的合力，也有双边关系的恶化严重破坏区域合作的政治氛围，甚至双方首脑根本无法坐在一起共谋区域合作大局。

这种当代国际格局中客观存在并不断强化的互动关系，为我们构建了一种重要的分析框架和思维范式。当前，无论是东亚合作，还是中日关系，都存在诸多严峻的问题和挑战，而且，这些看似在两个不同领域之中的问题彼此联系互相影响，剪不断理还乱。因此，探讨东亚合作与中日关系，可以而且必须置于上述互动框架之下，唯有如此，才能找到两者之间的本质联系及其对于东亚安全与合作的深刻意涵，把握各种问题的关键并寻求解决之道。

一、东亚合作与中日关系互动的恶性循环

将当前东亚合作与中日关系置于上述分析框架与思维范式之下，可以发现，双方面的互动总体显现恶性循环之势，主要表现在两大层面：一是区域合作与双边关系的乖离；二是经济互利与政治

对立的悖论。有关各方必须正视这两大层面的恶性循环。

（一）区域合作与双边关系的乖离

区域合作与双边关系，尤其是与大国双边关系，存在多层面、高强度的互动关系。这一判断可从欧洲合作与法德联盟互动的历史经验得到充分证明。

1. 欧洲的经验：法德联盟的意义

自近代以来很长的历史时期内，英国称雄世界，英国霸权的牢固促成了欧洲的相对稳定。而到 19 世纪末 20 世纪初，英国霸权开始衰落，欧洲稳定的基础随之动摇，法德等国竞相争霸欧陆，直至引发两次世界大战。其结果不仅法德两败俱伤，英国霸权被美国取代，而且还给整个欧洲和全人类的生命财产造成巨大损害。二战以后，法德汲取世仇交恶惨痛的历史教训，开始了从对立争斗到和解联合的历史性转变。在法德两国的主导下，西欧六国率先从作为军工和战备基础的煤炭和钢铁两大产业开始合作，1951 年成立欧洲煤钢共同体，揭开了法德联合推进欧洲合作的序幕；之后欧洲合作从煤钢两大产业扩大到整个经济领域，1958 年成立了欧洲经济共同体；1991 年，欧共体通过了建立“欧洲经济货币联盟”和“欧洲政治联盟”的《欧洲联盟条约》，亦即《马斯特里赫特条约》（简称“马约”），1993 年正式成立欧盟。在 1973、1981、1986、1995 和 2004 年先后经过五次扩员，到 2013 年，欧盟已发展成为拥有 27 个成员国、5 亿多人口、17.4 万亿美元 GDP、11.6 万亿美元贸易额的全球第一大经济体。①

从区域合作与双边关系互动的角度看，欧洲联合的成功经验至少包括以下几点：第一，战后欧洲区域合作的持续发展，层次不断提升领域不断扩大，成员不断增多，与所含双边关系的稳定和发展高度相关。第二，作为区域合作的基础，主要大国的双边关系发挥了决定性作用，尤其是法德两大国关系的稳定和发展，对欧洲区域合作的扩展和提升举足轻重，法德合作实乃欧洲一体化的核心和灵魂。第三，法德合作对欧洲联合的决定性影响，主要建立在两国的经济政治实力基础之上。2012 年，法德两国占欧盟 27 国经济总量（GDP）的 36.2%。② 第四，法德作为地区大国，通过和解和合作不仅实现了对地区事务和区域合作的主导，还在一定程度上摆脱了域外超级大国对地区事务和区域合作的控制，避免和弱化了域外超级大国对区域合作的干扰，确保了区域合作的顺利推进。战后迄今，美国从未停止过对欧洲事务的干预，而欧洲任何国家，包括实力最强的德国和法国，均难以一己之力单独与美国抗衡，排除来自美国的干扰和控制。第五，协调合作推进欧洲一体化的现实需要和共同意愿，也成为法德两国稳定和发展双边关系的重要基础，因为两国均有推进欧洲区域合作、提升自身地区和全球地位的战略诉求。战后 70 年来，法德两国始终将通过欧洲联合、依托欧洲来维持和提升其全球地位，作为重要的战略选择，为此不能不坚持和发展稳定的双边关系。法德和则欧洲合，法德对立则欧洲分裂，早已成为两国

① 日本外务省官方网站：《日本欧盟经济情势》，第 2 页，2014 年 6 月，http：//www.mofa.go.jp/mofaj/area/eu/j_ eu_ keizai.html。

② 日本外务省经济局：《主要经济指标》，第 2 页，2014 年 7 月，http：//www.mofa.go.jp/mofaj/area/ecodata/index.htm。

重要的战略共识和共同的政治理念。

2. **东亚的现实：中日对抗的后果**

从法德合作与欧洲联合的历史，看东亚合作与中日关系的现实，不能不给人以强烈反差：前者显示的是良性互动，后者暴露的是恶性循环。

比较法德之于欧洲，中日两国在东亚的地位更加重要，尤其在经济层面，如上所述，法德两国仅占欧盟 27 国 GDP 总量的 36.2%（2012 年），而中日两国却要占到东亚“10+3”（东盟+中日韩）GDP 总量的 80.1%和“10+6”（东盟+中日韩+澳新印）的 66.6%（2011 年）。[①]更重要的是，在东亚经济发展的不同历史时期，中日两国均发挥着举足轻重的作用。众所周知，战后的东亚经济奇迹是在日本主导的“雁型经济模式”的带动下实现的，在很大程度上，正是依靠日本的资金技术和中间产品，东亚经济才得以起飞并实现持续高速增长。20 世纪 90 年代以后，日本经济因泡沫破灭陷入长期萧条，其对东亚经济增长发挥的“头雁”作用也逐步丧失。此时中国又逐步取代日本，成为东亚地区经济持续快速增长的支撑和引擎。与日本不同，中国在支撑和引领东亚经济增长方面主要依靠快速增大的市场，而坚持出口主导型发展模式的东亚经济体，恰好依靠对中国出口增长的强力支撑保持了快速增长的势头。如表 1 所示，2012 年，在东盟出口总额中，中国占到 11.4%，为其第一大出口市场，日本占 10.3%，中日两国共占 21.7%，比美国和欧盟加总之和

---

① 日本贸易振兴机构官方网站：《东亚各国和地区经济力比较（2011 年）》，http://www.jetro.go.jp/world/asia/asean/data/asean_ stat06_ 1205. Pdf。

的 18.9%还要高出 2.8 个百分点。

表 1　2012 年东盟出口市场分布

出口	全部	区内	中国	美国	欧盟	日本
（亿美元）	12513.9	3243.3	1421.6	1097.6	1260.6	1286.4
占比（%）	100.0	25.9	11.4	8.8	10.1	10.3

资料来源：日本贸易振兴机构官方网站：东盟 10 国贸易统计，http://www.etro.go.jp/worldasia/asean /data/asean_ stat07_ 1404.xls。

中日在东亚经济中的比重如此之高，地位如此重要，两国若能协调推进，形成中日关系与东亚合作的良性互动，东亚地区合作势必形成全面展开快速推进之势。在东亚金融危机之后的最初几年也的确如此。中日两国共同支持东亚合作“以东盟为主导以 10+3 为主渠道”，东亚合作以“东盟 10+1”和“东盟 10+3”为主要框架，获得了快速发展。在经济领域，三个“10+1”自贸区建设相继启动，金融货币合作也以“清迈倡议”为中心持续推进。

而在 2005 年前后，中日关系开始出现问题。先是小泉在执政期间（2001—2006 年）多次参拜靖国神社，导致中日关系出现第一个低谷，后是日本中央政府“购岛”和安倍“拜鬼”（2012 之后）导致中日关系出现第二个低谷，迄今仍未能从低谷中走出来。同时，中日两国的区域合作战略也出现明显分歧。日本为抗衡中国，越来越背离“10+3”的主渠道地位，力推“10+6”以取代“10+3”，并迎合美国的“跨太平洋伙伴关系（TPP）战略，以亚太框架来分裂和肢解东亚框架。中日对抗导致的直接后果，是逐步形成东亚合作与中日关系的恶性循环。一方面，中日关系恶化直接损害了东亚合作的进展，尤其是中日韩合作，在 2012 年 5 月中日韩领导人会议达到高潮后，很快即因日本政府“购岛”、中日关系恶化而陷于停顿。本应一年一度的领导人会议迄今再未举行，中日韩自贸区谈判因缺乏政治主导而举步维艰，其他层面的合作也陷入停滞。另一方面，区域合作也未能像在上一次低谷中那样，为中日双边首脑会晤提供渠道和机会。在 2012 年和 2013 年的两次东亚系列峰会期间，都未能借机实现中日领导人的双边会晤。

（二）经济互利与政治对立的悖论

当代国际关系发展的重要趋向，是经济与政治两大层面交叉、融合和互动的日趋强化。在区域和双边关系中，经济互利成为政治互信的坚实基础，政治互动又成为经济合作的强力支撑。然而，目前的东亚格局和中日关系却在很大程度上出现了经济互利与政治对立的悖论。

1. 东亚格局中的二元悖论

在战后的很长历史时期内，东亚地区不仅在政治安全层面，而且在经济贸易层面，均全面依赖美国，形成典型的以美国为中心的一元结构，这是传统东亚地区格局的显著特点。但到 20 世纪 90 年代，尤其是“9·11 事件”后，一方面，美国将其全球战略的重心转向中东西亚北非地区，对东亚的军事安全控制略显松动；另一方面，崛起的中国对东亚经济的影响力快速提升，导致美国对东亚经济的影响力相对下降。东亚地区格局显现出一定的“脱美国化”趋势。奥巴马政府上台后，迅速调整了全球战略，美国重返亚太和东亚的步伐随之加快。美国在政治安全层面重新加强了对东亚地区的控制。然而，在经贸层面，其影响力逐步被中国取代的趋势并未能根本改变。由此，东亚地区遂形成目前的二元结构或二元悖论，主要表现在以下两大层面。

一是对地区整体而言，形成了“经济依赖中国，安全依赖美国”的二元悖论。传统的东亚安全格局本来就是以美国为中心，高度依赖美国的。“9·11 事件”后这一态势虽有所弱化，但并未被根本改变。之后美国战略重心东移，重新强化对东亚的政治安全控制，东亚目前遂再度凸现在安全上越来越依赖美国的显著特点。但在经济贸易层面，东亚经济体对中国的依赖度不仅未见降低，反而逐步加强，2008 年爆发的国际金融危机更使其空前提升。中国取代美国成为越来越多东亚经济体的第一大出口市场，就是其主要表现之一（表 2）。到 2012 年，美国占东盟、日本和韩国出口的比重分别降至 8.8%、17.8%和 10.7%，而中国占比却分别提升至 11.4%、18.1%和 24.5%，分别高出美国 2.6、0.3 和 13.8 个百分点。

表 2　东亚主要经济体出口市场变化

	出口中国（%）					出口美国（%）				
	2000	2005	2010	2011	2012	2000	2005	2010	2011	2012
东盟	3.8	8.1	10.7	11.4	11.4	19.0	14.4	9.5	8.6	8.8
日本	6.3	13.4	19.4	19.7	18.1	30.1	22.9	15.7	15.5	17.8
韩国	10.7	21.7	25.1	24.2	24.5	21.9	14.5	10.7	10.2	10.7

资料来源：日本贸易振兴机构官方网站：《东盟 10 国贸易统计》，http：//www.jetro.go.jp/world/asia/asean。

二是对中国形成“经济贸易依赖，政治安全防范”的二元悖论。从表2还可看出，进入21世纪以后，东亚主要经济体对中国市场的依赖度均呈快速上升之势。从2000年到2012年，东盟对华出口占比由3.8%增至11.4%，上升了7.6个百分点；日本对华出口占比由6.3%增至18.1%，上升了11.8个百分点；韩国对华出口占比由10.7%增至24.5%，上升了13.8个百分点。然而与此同时，由于种种原因，许多国家对中国经济贸易依赖的加深，不仅未能促成它们对华政治互信和安全合作的深化，反而增强了它们对中国的政治安全防范。近期直接针对中国的东海问题和南海问题，就是周边国家对中国安全防范加重的直接结果和重要表现。而在其中扮演主要角色的日本、菲律宾和越南，对中国的经济贸易依赖同样在快速提升。日本这方面的情况已如上述，再如菲律宾，从2000年到2012年，其对华出口占比也由1.7%升至11.8%，提高了10个百分点。[①] 对中国而言，东亚周边国家对华经济贸易依赖提升而政治安全防范增强，这一二元悖论显然值得高度关注和深入探讨，而探明其背景和原因则是化解矛盾寻求对策的关键所在。

2. 中日关系的政经互动

自恢复邦交正常化以来，中日关系中的政经互动经历了如下几大阶段：（1）20世纪80年代前的“政热经冷”阶段。其间中日政治关系正处于恢复邦交后的“蜜月”期，然此时中国尚未改革开放，受整体对外经贸关系停滞的影响，中日经济关系也只能处于“冷淡”状态。（2）20世纪80—90年代的“政经双热”阶段。其间

① 参见日本贸易振兴机构官方网站：《东盟10国贸易统计》，http：//www.jetro.go.jp/world/asia/asean。

中日政治关系总体上仍维持很高热度，而中国改革开放后对外经贸关系快速发展，对日经贸关系更占重要地位，形成政经关系的相互促进和良性互动。（3）21世纪头几年的“政冷经热”阶段。尤其是在2001—2006年小泉执政时期，由于小泉参拜靖国神社及其他问题，中日政治关系陷于“冷淡”甚至恶化，中日经济关系虽也受到一定影响，但总体上仍维持着较高热度。小泉下台后，通过双方共同努力，成功实现“破冰”“融冰”“迎春”和“暖春”之旅，中日建立战略互惠关系，启动高层经济对话，逐步走出了“政冷”困境。（4）目前的“政经双冷”阶段。新一轮中日政治和安全冲突，实际上从2010年的“撞船”事件即已开始，到2012年9月日本政府恶意“购岛”，冲突更趋恶化，目前已跌入邦交正常化以来的“谷底”或“冰点”。受政治关系恶化的影响，中日经贸关系也受到严重冲击，陷入停滞甚至萎缩状态。按日方统计，2013年上半年，中日贸易额骤降10.8%，其中日本对华出口更降低16.7%。[①] 按中方统计，2013年全年中日贸易减少5.13%，其中从日本进口减少8.73%。[②] 2013年上半年日本对华直接投资实际使用金额为46.87亿美元，下半年骤减至23.77亿美元，几乎萎缩了一半。2014年上半年仍处于极度低迷状态，同比减少48.8%。[③]

纵观中日政经互动关系的演进，有两点颇值关注：

第一，在前三阶段，政治关系与经济关系基本处于良性互动状

---

① 日本贸易振兴机构官网：《2013年上半期的日中贸易》，2013年8月14日，http://www.jetro.go.jp/news/releases/20130814611-news/appendix.Pdf。

② 中国商务部官网：《2013年1—12月我对亚洲国家（地区）贸易统计》，http://yzs.mofcom.gov.cn/article/g/date/thirteen/201402/20140200490994.shtm。

③ 中国商务部官网：《利用外资快讯》，http://www.fdi.gov.cn/sinfo/s_33_0.html?q=field7^。

况。当政治关系良好时，经济关系也受到积极推动；而当政治关系恶化时，经济关系则发挥“压舱石”作用，为避免损害经济利益，双方会采取措施积极修复政治关系，经济界也会对政府施加压力，促其改善政治关系。但目前即第四阶段，中日之间的政治关系与经济关系却开始陷入恶性循环之中。政治对立和安全冲突严重冲击和损害经贸关系，更严峻的是，经济关系已难以发挥“稳定器”或“压舱石”作用，经济界也难以对政府施加积极影响，日本一些企业甚至支持政府的右倾化政策，为中日政治对立与安全冲突推波助澜！从良性互动到恶性循环，是当前中日关系中政经互动的最大问题所在！

第二，更值得关注的是，中日关系走到政治对立与安全冲突这一步，还是与经济相互依存不断加深、共同利益不断增大的趋势同步展开的。为何中日经济互利未能促成政治互信，反而导致尖锐的政治对立和安全冲突？实际上，目前中国在周边遭遇的“经济贸易依赖而政治安全防范”困境，在日本表现得最为严重。一方面，日本通过扩大对华贸易投资，从中国经济的快速增长中获得了巨大利益，如日本对华出口占比一再攀升，2000 年仅为 5.6%，2005 年升至 13.4%，2009 年达到 18.9%，中国取代美国成为日本第一大出口对象国，2011 年最高至 19.7%。此后因政治冲突影响双边贸易，日本对华出口占比下降，美国才重新回到日本第一大出口对象国的地位；[①]而另一方面，日本又在不停地“找茬”“挑事”，视中国为主要安全威胁，恶意渲染“中国威胁论”直至将中日政治关系推入谷底。

① 日本贸易振兴机构官网：《2009 年的日中贸易》《2013 年的日中贸易》，http：//www.jetro.go.jp/news/releases/20140219093-news。

二、中美日三国的实力对比与战略态势

目前，东亚合作与中日关系之所以形成上述两大层面的恶性循环，其背景和原因极为复杂。而其中最应关注的是，中国美国和日本的实力对比关系发生急剧变化，并且在此大背景之下各自形成了完全不同的战略态势。

（一）中美日实力对比的急剧变化

进入21世纪，中美日三国的经济发展态势形成强烈反差：美国结束了20世纪90年代“新经济”带来的经济稳定增长，先是股市泡沫破灭引发经济衰退，后是房市泡沫破灭引发金融危机，目前又遭遇难以根本跨越的“财政悬崖”，经济处于波动和不稳定状态。按简单平均计算，2006—2013年美国的实际GDP增长率只有1.3%。20世纪90年代初，日本即因股市房市泡沫双双破灭陷入长期萧条之中。进入21世纪后，历届日本政府虽都力图摆脱萧条走出通缩，但迄今仍未明显奏效，目前的“安倍经济学”也未实现预期目标，结果是日本经济从“失去10年、失去的20年”到“失去的1/4世纪”。仍按简单平均计算，2006—2013年日本的实际GDP增长率仅为0.6%。而中国经济在21世纪更显现出令全球惊羡的增长优势，在国际金融危机和全球经济萧条的冲击下仍保持稳定增长的势头。也按简单平均计算，2006—2013年，中国的实际GDP增长

率高达 10.1%，分别高出美国和日本 8.8 个和 9.5 个百分点！①经济增长态势的反差如此巨大且长期持续，其结果必然是经济实力对比的急剧变化。由表 3 可知，2000—2013 年，中国在中美日三国经济总量中占比由 7.39%升至 29.72%，提高 22.33 个百分点；美国占比则由 63.45%降至 54.38%，下降 9.07 个百分点；日本占比更由 29.17%降至 15.9%，下降 13.27 个百分点。与此同时，与美日尤其是日本相比，中国经济实力的其他指标也呈快速跃升之势。中国早已超越日本成为全球第一大外汇储备国，截至 2014 年 6 月，中国外汇储备达 39937.1 亿美元，相当于居第二位的日本三倍多。2013 年，中国成为全球第一大货物贸易国。

中美日三国经济实力对比关系如此急剧的变化，必然导致各自全球和地区战略及其相互关系的相应调整，对东亚合作与中日关系的互动态势造成强烈影响。

表 3　中美日三国经济总量（GDP）及各自占比变化　（亿美元%）

年份	中国	美国	日本	三国总量	中国占比	美国占比	日本占比
2000	11982	102897	47301	162180	7.39	63.45	29.17
2005	22581	130954	45781	199316	11.33	65.70	22.97
2010	59308	149583	55107	263998	22.46	56.66	20.87
2011	73235	155338	59133	287706	25.45	53.99	20.55
2012	82241	162446	59359	304046	27.05	53.43	19.52
2013	91814	167997	49105	308916	29.72	54.38	15.90

资料来源：国际货币基金组织：世界经济展望数据库，2014 年 4 月，http://www.Imf.org/external/pubs/ft/weo/2014/01/weodata/weoselgr.aspx。

① 国际货币基金组织：《世界经济展望》，2014 年 4 月，第 180—184 页。

（二）中国崛起：利益分享与权力转移

进入21世纪后，中国经济的高速增长给中国对外战略带来的最大问题是：如何平衡利益分享与权力转移之间的关系。中国崛起必须与相关方尤其是周边国家的利益分享同步进行。如前所述，通过扩大对华出口等途径，日本等周边国家已充分分享中国崛起的利益。而进一步的问题是：第一，周边国家在分享中国崛起利益的同时，是否也感受到中国崛起造成的威胁，如有的国家在扩大对华出口的同时，对华贸易逆差也在增大，这被认为是中国产品依靠强大的竞争力侵蚀了周边国家的市场和就业；中国企业对外投资在发展当地经济增加本地就业的同时，也破坏了当地的环境等。第二，周边国家尤其是域内外大国，在分享中国崛起利益的同时，是否也心甘情愿地接受国际权势向中国的转移。迄今答案显然是否定的，如在新兴市场大国经济金融实力快速增强的背景下，国际货币基金组织增加其份额本应是大势所趋，其实各方已于2010年达成改革方案，但却在守成大国的阻挠下迟迟得不到落实。[①] 这实际上是一个全球性问题。第三，与之相关，伴随经济实力的快速增强，尤其是对地区贡献的不断增大，中国理应在地区事务和区域合作中拥有更大的发言权，但美日显然并不愿意将自己长期掌控的发言权让渡给中国。如中国为推进亚洲基础设施建设积极筹建亚洲基础设施投资银行的努力，即被认定会削弱亚洲开发银行的地位，从而遭到控制

① 参见外交部官方网站：《金砖国家领导人第六次会晤福塔莱萨宣言》第18条，http://www.fmprc.gov.cn/mfa_chn/zyxw_602251/t1175283.shtml。

亚行的日本的强烈反对。总之一句话，对美日和周边一些国家而言，分享中国红利来者不拒，转给中国权力坚决不许。这一显而易见的结构性矛盾，成为中国目前在东亚遭遇二元悖论的主要原因，也是东亚合作与中日关系难以形成良性互动的症结所在。

（三）日本衰落：长期萧条与政治右倾

长达四分之一世纪的经济萧条，已严重弱化日本的经济实力，降低了日本的国际地位。从 2000 年到 2013 年，日本占全球 GDP 总量的比重由 14.4%降至 8.1%，下降 6.3 个百分点。其从 1968 年开始确立的全球第二大经济体的地位，也于 2010 年被中国所取代，且与中国经济实力的差距还在继续拉大。据国际货币基金组织预测，到 2019 年，日本 GDP 总量仅相当于中国的 38.8%。[①] 外汇储备被认为是显示一国金融实力的主要指标，日本也长期保持全球第一大外汇储备国的地位，但目前也被中国远远甩在后边，其外汇储备量仅及中国三分之一。日本的财政状况也十分糟糕，已是全球财政危机最严重的国家，这意味着国家动员财源的能力严重弱化，到 2014 年，日本公共债务余额相当于其 GDP 的 231.9%，不仅远远高于 60%的国际警戒线，而且也远远高于其他主要发达国家的水平——债务危机最严重的意大利，这一比例也只有 146.7%。[②]

成为所谓正常国家，争当世界性大国，是日本国家战略的长期目标在。在 20 世纪 90 年代前，实现这一目标的主要路径是依靠其

① 国际货币基金组织：世界经济展望数据库，2014 年 4 月，http://www.org/external/pubs/ft/weo/2014/01/weodala/weoselgr.aspx。

② 日本财务省：《日本财政相关资料》，2014 年 2 月，第 18 页。

快速增长的经济实力及其国际贡献。20世纪90年代，日元大幅升值使其经济实力及国际地位显著增强，但经济泡沫也急剧膨胀。90年代初泡沫破灭，日本陷入长期萧条之中，经济实力及国际地位迅速下降，其正常国家梦或大国梦不得不开始转向政治安全路径来实现。更重要的是，经济长期萧条使社会主流笼罩在严重的挫败感之中，整个国家失去了以往经济“奇迹”支撑的生机与活力，普遍需要新的提振，这也成为日本社会主流右倾化的主要背景。到后来，日本作为美国在东亚的军事盟友，越来越成为奥巴马政府重返亚太战略的桥头堡和马前卒，更为日本主流社会的右倾化军事化提供了强有力的国际支撑，起到了推波助澜的作用。日本主流社会的强烈右倾化，显然也是当前东亚合作与中日关系恶性循环的主要背景和原因。

(四) 美国重返：经济分化与安全控制

就在美国关注全球反恐深陷阿富汗和伊拉克两场战争之际，东亚地区自身的经济合作却在全面展开快速推进，直接冲击和弱化了美国对东亚地区的经济影响，东亚经济格局显现“脱美国化”趋向。这是美国不愿看到、不能容忍的。因而，其重返亚太战略在经济层面的第一步棋就是分化干扰脱离美国的东亚经济合作，主要路径就是捡起新西兰、新加坡、智利和文莱等四个小国。2002年发起的跨太平洋伙伴关系协议（TPP），经过精心包装后投入巨大资源全力推进。迄今也的确对东亚地区的经济合作产生了强烈的分化和干扰作用。第一，作为美国推行“两洋战略”、力图引导新一轮国际贸易投资规则创新的主要支柱，TPP 其目标和谈判规则的高标准已使东亚地区既有的经济合作框架陷入进退两难：如继续考虑东亚现实，走低水平的特色发展，势必失去吸引力和影响力；而如勉强达到或接近 TPP 的水平，又会使区域全面经济伙伴关系（RCEP）等东亚经济合作框架谈判举步维艰，久拖不决。[①] 第二，美国促使日本等东亚经济体加入 TPP 谈判，直接结果是这些东亚经济体不仅因“两线作战”分散了外交资源投入，更重要的是它们还会更倾向于水平更高的 TPP。第三，传统的东亚经济合作是以东盟为主导的，TPP 接受部分东盟成员加入，使东盟不仅会丧失作为整体在东亚经济合作中的主导地位，而且其本身也会被肢解为两大阵营：TPP 成员与非 TPP 成员。这也是东盟推出 RCEP 与 TPP 抗衡的主要背景。最后，也是最重要的，日本政府顶着一些国内团体尤其是农业团体的压力加入 TPP 谈判，本身即有“选边站”的强烈政治意味：放弃在现有东亚框架中与中国合作，选择在 TPP 框架中与美国联手这显然也是导致目前东亚合作与中日关系恶性循环的重要背景。

构筑雁型安全模式，强化对东亚安全体系的控制，是美国重返东亚战略的更加重要的组成部分，对东亚合作、中日关系及其互动的冲击和影响也更加强烈。这一雁型安全模式，显然借用了以往由日本主导的东亚雁型经济模式的概念。在这一雁型经济模式中，日本是处于领先和中心地位的头雁，雁阵的第二梯队是“亚洲四小龙”（韩新港台），第三梯队是“亚洲四小虎”（印马泰菲），第四梯队是中国大陆，第五梯队是越老柬缅。而在雁型安全模式中，美

① 参见王金波：《国际贸易投资规则发展趋势与中国的应对》，《国际问题研究》2014 年第 2 期；盛斌：《迎接国际贸易与投资新规则的机遇与挑战》，《国际贸易》2014 年第 2 期。

国是处于领先和中心地位的头雁，第二梯队是与其缔结军事同盟关系的日韩，第三梯队是澳大利亚菲律宾泰国等盟国，第四梯队有越南印度尼西亚等。这一雁型安全模式对东亚地区国际关系的影响至少包括三点：第一，东亚各国在普遍增强对中国经济依赖的同时，在政治安全层面又增强了对美国的依赖，造成东亚“经济依赖中国，安全依赖美国”的二元结构。第二，因钓鱼岛冲突导致的中日关系恶化，背后有着美国主导的雁型安全模式浓重的影子，美国通过强化美日军事同盟，将日本作为军事前沿防范中国，是美国重返东亚战略的重要组成部分。第三，美国构筑雁型安全模式“插足”东亚和中日关系，直接助长了东亚合作与中日关系的恶性循环。

三、寻求东亚合作与中日关系的良性互动

面对东亚合作与中日关系的恶性循环，中国的应对之策应该是，主动调整外交战略，尤其是周边外交和大国外交政策，努力实现经济互利与政治互信、国家权益与地区责任、周边外交与对日关系、地区架构与对美战略等四大层面的良性互动，尽快促成东亚合作与中日关系由恶性循环向良性互动的转变。

（一）经济互利与政治互信的良性互动

经济互利可以是政治互信的重要基础，但并不必然导致政治互信，要推进东亚合作，改善中日关系，实现东亚合作与中日关系的

良性互动，必须尽快扭转周边国家对华经济依赖而安全防范的局面，将“以经济互利促政治互信，以共同发展促共同安全”作为周边战略的重要目标为此，需进行如下战略调整和策略优化。

1. 平衡两大逻辑

在经济与外交的关系上，存有两种决策逻辑：一种是通过政治外交营造有利的国际环境，为发展国内经济服务；一种是利用经济资源推进有效的经济外交，为改善国际环境服务。在以往很长一个时期，我们更加重视前一逻辑，这是由当时国内经济发展水平相对极其低下决定的，既需通过外交努力为国内经济发展争取更多的外部资源，亦因国内可资利用的资源有限，难以推进有效的经济外交，而目前伴随经济实力的快速增强，国内可资利用的经济资源日趋丰富，完全可被用来推进有效的经济外交，为营造有利的国际环境服务。因而，应该更加重视后一决策逻辑，至少要平衡好两种决策逻辑。

2. 算清两本大账

中国对周边国家的经济关系正在全面展开快速推进，周边国家在我国总体对外经济关系中的比重和地位也在快速提升。2004—2013 年，中国对亚洲贸易由 3961.44 亿美元猛增至 22248.76 亿美元，10 年间增长了 4.6 倍，2013 年对亚洲贸易占中国贸易总额的 53.5%。[①] 2014 年上半年，中国引进外商直接投资的前五大来源地全

① 商务部网站：综合数据，2004 年 1—12 月，2013 年 1 月—12 月，http：//yzs.mofcom.gov.cn/article/g/。

是周边国家/地区，合计占到中国实际使用外资总额的87.3%。[①] 发展对外经济关系，不等于推进有效的经济外交。前者更体现经济色彩，后者必须有外交内涵。前者主要算经济账，后者还要算政治账。仅算经济账，在发展对外贸易投资关系时，就难免出现损害当地就业、破坏当地环境之类的问题，从而损害当地民众感情，破坏政治互信。兼算政治账，甚至先算政治账，才能推进有效的经济外交，避免上述负面行为和后果，从而有利于政治互信。

3. 巧用两种手段

任何国家的经济外交都可动用两种手段：经济援助与经济制裁。尤其是美国，为实现经济外交目的和全球战略目标，到处都在挥舞其经济制裁大棒。实际上，援助与制裁，本身即不可完全分离：停止援助本身即是一种制裁，不对需要援助的国家和地区进行援助也是对其进行制裁。经济援助要以经济实力为基础，但如我们在20世纪五六十年代的对非援助，还可以勒紧腰带倾囊相助；经济制裁更要以经济实力为基础，必须具有足够的经济影响力，必须直击制裁对象的“要害”。随着经济实力的增强，我们已经具备这方面的能力，已经到了“两手都要抓，两手都要硬”的时候了，对恶意挑衅者实施经济制裁，予以惩戒，应该成为中国重要的外交手段之一。

① 商务部网站：《2014年1—6月全国吸收外商直接投资快讯》，http：//www.fdi.gov.cn/1800000121_33_4159_0_7.html。

（二）国家权益与地区责任的良性互动

维护国家权益，是国家对外政策的原则和根本。但国家权益是一个复杂系统，既有近前权益，也有长远权益；既有局部权益，也有总体权益。国家对外政策的原则和根本，应该是追求长远和总体权益。当近前权益和局部权益与之冲突或矛盾时，还应善于取舍，勇于放弃。更加重要的是，要维护长远和总体国家权益，还必须承担足够的国际责任，尤其是在东亚和周边的地区责任承担地区责任，必要时也应舍弃一些近前或局部利益，不能唯利是图，更不能为一己之利损害地区利益，以邻为壑。目前中国的长远和总体权益，就是实现“两个一百年”的战略目标，为此必须营造有利的地区环境，努力实现国家权益与地区责任的良性互动。客观地看，我国在经济层面应该承担的地区责任主要包括以下几个方面。

1. 市场责任

如上所述，我国与周边贸易发展很快但也存在一些问题，尤其是一些国家对华贸易失衡，逆差过大，这显然会影响我国与周边经济关系的稳定发展，甚至引发政治问题，损害政治互信。如按东盟统计，2012 年其对华出口 1421.61 亿美元，自华进口 1884.95 亿美元，出现 463.34 亿美元的逆差。① 中方统计也证明了这一点，2013 年中国对东盟出口 2440.7 亿美元，进口 1995.41 亿美元，我方顺差

① 日本贸易振兴机构官方网站：《东盟 10 国贸易统计》，2014 年 4 月，http：//www.jetro.go.jp/world/asia/asean/data/asean_stat07_1404.xls。

即东盟方逆差455.3亿美元。[①] 为确保我国对东盟经济关系的稳定发展，增强与东盟国家之间的政治互信，我国应主动承担向东盟国家进一步开放市场的责任，在打造中国东盟自贸区升级版的过程中让东盟国家得到更多市场实惠。

2. 资金责任

我国与周边国家，尤其是东南亚南亚和中亚国家的合作，所面临的主要问题之一，是对方基础设施过于落后，严重制约相互之间的贸易投资活动。而其基础设施过于落后的主要原因是建设资金严重匮乏。为此，我国应主动承担为周边国家提供基础设施建设资金的责任，而建立亚洲基础设施投资银行即是一条有效途径。我国应克服阻力加速推进，除政府资金的投入外，还应采取措施，动员社会资金投向周边基础设施建设。

3. 环保责任

我国与周边国家比邻而居，共享一片蓝天，但又处在工业化进程的不同阶段。日韩已进入发达国家行列，在处理经济发展与环境保护的关系方面拥有丰富的经验和技术；中国处在高速工业化进程中，面临如何兼顾经济发展与环境保护的严峻课题；东盟多数国家处在工业化进程的起步阶段，如何实现经济发展与环境保护的均衡，是其未来难以规避的问题。由此可见，中国与日韩东盟之间的环保合作前景广阔，我国应积极承担环保责任，主动治理国内环境，还要为东盟落后国家的环境治理提供必要的资金和技术，为本

① 商务部网站：《2013年1—12月我对亚洲国家（地区）贸易统计》。

地区共享清新空气和优美环境贡献力量。

（三）周边外交与对日关系的良性互动

在东亚合作与中日关系的互动中，我们看到两方面的重要事实：一方面，日本通过 ODA、产业转移等途径，长期在我国周边经营并取得明显效果，目前与我国争夺周边的力度进一步加大。2011—2012 年度，东亚和西亚分别占到日本全部 ODA 的 69.5%和 75.9%，在 2013—2014 年度计划中均占 63.0%，实际执行会超过这一比重。[①] 2013 年日本对亚洲的直接投资增长了 20.1%，其中对东盟的直接投资更增长了 121.3%。[②] 另一方面，近年东海、南海和朝鲜半岛问题恶化，对我国周边安全环境造成巨大压力，而北部（中亚）和西部（南亚）局势相对稳定，在很大程度上缓解了我国的安全压力，赢得了外交主动。这两方面的事实告诉我们，实现周边外交与对日关系的良性互动有着特别重要的意义，全面推进周边外交，积极优化周边外交布局，可以改善对日关系的环境，增大对日关系的砝码为此，我国应在全面推进周边外交的基础上，重点做好如下几个方面的工作。

1. 以“两廊”拓展南亚外交

2013 年，李克强总理履新后首次出访选择南亚，足以说明新一届中国政府对南亚外交的重视。出访期间，李总理代表中国政府提

① 日本外务省国际协力局：《2014 年国际协力重点方针》，2014 年 5 月，第 5 页。
② 日本贸易振兴机构：《日本对各国和地区的直接投资》，2014 年 7 月。

出了共同推进“中印孟缅经济走廊”和“中巴经济走廊”即“两廊”构想，将其视为发展南亚外交的重中之重，南亚尤其是印巴两国，在中国周边外交中占据重要地位。如前所述，正是中印、中巴关系的相对稳定保证了中国西部边陲的相对安定，大大缓解了因东海和南海问题恶化给中国周边安全造成的压力。但中国与南亚的经济关系却相对滞后，弱化了政治安全关系稳定的基础。到2013年，虽然中国与南亚贸易额达963.24亿美元，但仅占中国外贸总额的2.3%，且存在严重的贸易不平衡，中方顺差高达541.92亿美元，占到双方贸易总额的56.2%。中印贸易也仅有654.71亿美元，且印方逆差高达314.15亿美元，与印度作为金砖成员、G20成员的大国地位严重不符。[①] 积极推进“两廊”建设，有利于弥补中国与南亚关系的“短板”，夯实中国对南亚外交的基础，有利于中国周边外交的均衡和优化。

2. 以“一带”推进中亚外交

与北部邻国关系的相对稳定，缺乏衔接在目前中国周边安全格局中占据突出地位，这些邻国资源丰富，然而经济发展相对滞后，与中国经济具有显著互补性。在上合组织框架下，中国与中亚各国和俄罗斯的政治安全关系稳定发展，但经济关系却相对滞后，为弥补中国对中亚外交中的经济“短板”，中国新一届政府提出了建设“丝绸之路经济带”（简称“一带”）的设想，并将其视为发展对中亚外交的重中之重。中国北部邻国地处“丝绸之路经济带”起点，也将是“一带”建设直接和最大的受益方，具有与中国共同建

① 商务部网站：《2013年1—12月我对亚洲国家（地区）贸易统计》。

设“一带”的强烈愿望。可以预见，伴随“一带”建设的逐步推进，中国对中亚外交将提升到全新阶段和更高水平。

3. 以发展中俄中韩关系平衡对日外交

俄罗斯和韩国是中国周边重要国家，在对日关系上与我国具有多层面的共同利益和立场，且均与日本存在领土主权争端。近年来日本对外政策的极端右倾化和显著军事化，遭到中俄韩三国的共同反对。我国应进一步强化对俄对韩外交，加强在对日外交上的协调配合。这对实现我国周边外交与对日关系的良性互动，具有重要战略意义。为此，中俄韩三方已达成广泛共识，并采取了多层面务实举措。目前中俄战略关系进入了新阶段，双方在能源合作等多个领域全面加强合作，而中韩关系也处于历史较好时期。2014 年习近平主席访韩，明确表示要“坚持和平稳定，守护共同家园。中韩两国毗邻而居，决定了中韩既共享周边和平稳定带来的发展机遇，又共同面对安全环境复杂的挑战一旦发生动荡，域内国家没有谁能独善其身，因此，任何有损地区稳定大局的行为都应该受到反对……中韩两国应该担当责任，共同为实现本地区长治久安发挥建设性作用”。[①]

(四) 地区架构与对美战略的良性互动

美国并非地理意义上的东亚国家或中国周边国家，但却对东亚

① 外交部网站：《习近平在韩国媒体发表署名文章》，2014 年 7 月 3 日，http: //www.fmprc.gov.cn/mfa_chn/zyxw_602251/t1171068.shtml。

合作与中日关系影响巨大。如前所述，当前东亚合作与中日关系的恶性循环局面，与美国实施重返亚太战略尤其是对东亚地区的经济分化与安全控制，有着直接关系。因此，要实现东亚合作与中日关系的良性互动，必须在东亚合作和地区架构层面处理好中美关系。

1. 扎实推进新型大国关系建设

必须承认，美国重返亚太，包括对东亚的经济分化与安全控制，针对中国的战略意图十分明显。中国要实现东亚合作与中日关系的良性互动，没有美国的理解和支持，没有良好的中美关系很难奏效，美国对中国崛起持防范和遏制态度，主要基于对崛起大国的传统思维定式，认定崛起大国必然要与守成大国形成权力冲突和战略对抗，甚至这种冲突和对抗只能以战争方式解决，结果只能是你死我活的“零和博弈”。因此，如何让美国正确理解和接受中国崛起的事实，是问题的关键所在。为此，习近平主席履新后首访美国，即与奥巴马总统就中美构建新型大国关系达成共识，并为中美新型大国关系建设明确了“不冲突不对抗相互尊重和合作共赢”的战略目标，揭开了中美关系以构建新型大国关系为中心和主线的历史新篇章。2014 年 7 月 9 日，在第六轮中美战略与经济对话开幕式上，习主席即以《努力构建中美新型大国关系》为题致辞，明确指出“构建新型大国关系是双方在总结历史经验基础上，从两国国情和世界形势出发，共同做出的重大战略抉择，符合两国人民和各国人民根本利益，也体现了双方决心打破大国冲突对抗的传统规律，开创大国关系发展新模式的政治担当。在充分肯定中美新型大国关系新进展的基础上，习主席就如何继续扎实推进新型大国关系构建提出了四点主张：第一，增进互信，把握方向；第二，相互尊重，聚同化异；第三，平等互利，深化合作；第四，着眼民众，加深友谊。①

2. 有效加强中美东亚事务协调

中国地处东亚，并依托东亚快速崛起，东亚对其战略意义和重大利益显而易见，美国长期作为世界第一大国，在东亚同样有着重要的战略利益。双方必须相互承认对方在东亚的利益和关切，就东亚事务进行切实有效的沟通和协调，否则必将导致误、冲突和对抗为此，双方进行了不懈努力，取得了显著成果：第一，启动中美亚太事务磋商机制，从 2011 年 6 月启动以来，每一次中美亚太事务磋商，双方均对亚太东亚或亚洲事务达成多项共识在。2014 年年初的第五次磋商上，中美即就减灾缅甸、阿富汗发展粮食安全卫生预防性外交海洋保护和海关合作等事务达成了广泛共识。② 第二，共同参与东亚地区合作。美国是亚太经合组织（APEC）发起国之一，中国于 1991 年正式加入，自此 APEC 成为中美共同参与的地区合作组织。2014 年中国将主办 APEC 领导人非正式会议，中美已就加强在 APEC 框架下的合作、共同推动会议取得重大成果达成共识。东亚峰会（EAS）是中美共同参加的第二个地区合作框架，该机制于 2005 年正式启动，中国是发起国之一，美国于 2011 年与俄罗斯同时加入，从而使东亚峰会成为中美就东亚事务协调沟通的另一重要

① 习近平：《努力构建中美新型大国关系——在第六轮中美战略与经济对话和第五轮中美人文交流高层磋商联合开幕式上的致辞》，http：//news. xinhuanet. com/world/2014-07/09/c_111530987. htm。

② 参见外交部网站：《中美在亚洲相关领域合作项目清单》，http：//www. fmprc. gov. cn/mfa_chn/wjb_602314/zzjg_602420/bmdyzs_602866/xwlb_602868/t1121948. shtml，2014 年 1 月 22 日。

平台。妥善利用 APEC 和 EAS 两个平台，是中美加强东亚事务协调的重要途径。

3. 妥善处理中美日三边关系

几乎中日关系发展中的每一重大事件，其中必有美国浓重的身影，中美日作为全球前三大经济体，其相互关系必然对全球和地区格局构成重大影响。当前中日关系与东亚合作的互动态势，也深受中美日三边关系变化的影响。如前文所述，中美日三国经济实力对比的急剧变化，导致中美日三边经济关系快速调整，中美之边日趋重要，中日之边相对次之，美日之边地位下降。由表 4 可知，2003—2013 年，中美贸易增长 312.5%，中日贸易增长 134.0%，而美日贸易仅增长 16.9%。2003 年，中美贸易仅相当于中日贸易和美日贸易的 0.95 倍和 0.73 倍，2013 年已分别增至 1.67 倍和 2.56 倍。上述变化在一定程度上表明，在美国的对外经济关系中，对华关系应该远比对日关系重要。

我们还应注意到，在美国对外战略架构中，中国还有许多远比日本重要的地方。中国是安理会常任理事国而日本不是，在许多重大全球和地区问题上，美国更需要中国的支持和配合。再如，目前日本政治的右倾化甚至极右化无限发展，必将否定美国主导的战后国际秩序，美国不会听任其随意破坏。即便是 TPP 谈判，日本虽为配合美国最终加入，但美国很快就发现，在一些重要领域，恰恰日本构成其谈判的最大障碍，如农产品和汽车问题。总之，为实现东亚合作与中日关系的良性互动，在中美日三边关系中，我们不应有意无意地将美国推向日本一边。

表 4 中美日三边贸易关系的变化

年份	中美	中日	美日	中美/中日（倍）	中美/美日（倍）
2003	1263.0	1335.6	1740.7	0.95	0.73
2013	5210.0	3125.5	2035.2	1.67	2.56
增长率（%）	312.5	134.0	16.9	2.33	18.49

资料来源：商务部网站：《2013 年 1—12 月我对亚洲国家（地区）贸易统计》，http：//yzs. mofcom. gov. cn/article/g/date /thirteen/201402 /20140200490994. shtml ；《2014 年 1—12 月对亚洲国家地区贸易统计》，http：//yzs. mofcom. gov. cn/article/g/date/a/200501/20050100340507. shtml ；日本贸易振兴机构官方网站：《2013 年的日中贸易》，http：//www. jetro. go. jp/news/releases/20140219093-news。

结 论

区域合作是世界大势，东亚地区应顺势而为。中日是东亚大国，彼此战略选择及其相互关系，事关东亚合作大势。中日关系发展平稳，则东亚合作进展顺利，两者形成良性互动；中日关系出现波折，则东亚合作受到阻碍，两者形成恶性循环。目前的东亚合作与中日关系，总体上处在后一种互动态势之中，中日作为地区大国，负有推进东亚合作的共同责任，应从地区整体利益的战略高度，尽快改善目前两国关系的困顿局面，共同推动中日关系与东亚合作由恶性循环向良性互动转变。作为中日关系与东亚合作之间的重要平衡因素，美国的战略选择发挥着重要作用，美国应在其中更多地发挥正能量而非负效应。为实现东亚合作与中日关系的良性互动，中国应积极推进经济外交，强化与周边的经济互利；积极承担地区责任，尤其是经济层面的市场资金和环保责任；积极扩展周边外交，改善对日关系环境，增大对日关系砝码；积极发展对美关系，避免将美国推向日本一边，阻碍东亚合作进程。

第三章　中国外交战略观念的转变

王　帆*

党的十八届三中全会以来，中国继续改革的蓝图已经绘制，围绕着一系列改革的设想，中国外交战略的变革也将迎来新的发展时期，而观念的变革也将成为其中重要的一环。

观念属于文化，战略观念转变是战略文化发展变化的必然反应。为了解决中国存在的挑战，破解发展难题，必须深入研究新情况、新问题，谋求观念变革与创新，观念也是生产力，能够更快更好地实现民族复兴中国梦的宏愿。

一、观念变革的必要性

世界在很大程度上由观念支配，既有正确的观念，也有错误的

---

* 王帆，外交学院副院长、教授、博士生导师。本文原载于《当代世界》2014 年第 2 期，第 17—21 页。

观念。英国的一位智者断言，观念对人类生活所具有的支配力量，与其中的错误程度恰好成正比。[①]

从根本上说，中国的发展是要跟别国比思想、比未来设想、比对于未来的构想与创意。这是最为根本的因素。

观念的创造力能够产生巨大的能量。中国要实现大发展必须从古代文明中取其精华，从西方文明中吸收养分，同时超越西方文明和现代文明，建立起一个新的未来文明才可能真正实现。一个过去两百年贫弱的中国需要面对已经强大五百年的发达群体，过去五千年的文明也不足以让中国骄傲和放松。我们必须集人类之长，扬自身优势，形成新的观念创新，才能最终实现赶超目标。

20世纪以来的国际关系理论以西方理念为主导，以权力政治为基础，形成了强权政治和霸权逻辑，虽然也有新自由主义以制度合作为核心的新自由主义流派和建构主义以价值认同为基本的建构主义理论思想，但这些理论均是西方世界观的产物，无论是哲学基础还是思想方法都没有摆脱西方思想的束缚。西方理论中有其先进合理的观念，但也有其局限性。比如物竞天择、适者生存的进化逻辑，权力至上的暴力思想，强调西方价值的主导性、垄断性和排他性，缺少整体性、宏观性和包容性，遵循简单思维等。美国等国继承和发展了权力政治，解决冲突的方法是优势强势，或局部均势；部分至上，集团式的权力政治逻辑，崇尚武力与竞争；实力至上，实力决定一切，虽然近些年又强调软实力、巧实力，但都与权力因素密不可分。

---

① 比尔德：《进步的观念》，载于时殷弘编：《战略二十讲》，天津：天津人民出版社2007年版，第4页。

美国已故学者塞缪尔·亨廷顿曾说：“西方赢得世界靠的不是高人一等的思想、价值观或宗教，而是在应用有组织的暴力手段方面技高一筹。西方人通常忘记了这一事实，但是非西方人从来就没有忘记。”① 从解决问题的角度看，西方提出了制度、规范。从制约冲突的角度来看，西方的现实主义理论假定是均势，自由主义理论假定是合作与相互依存，而建构主义的理论假定是促进相互认同。此外还探索了经济全球化的特点以及霸权稳定的理论。这些方案的总体特点是承认了复杂多变的社会现实，国家属性和人的属性的局限性，但没有给出有效和比较完善的答案。

西方国际关系理论在越来越复杂多样的国际问题面前，其解释乏力、指导失灵的现象屡有发生。从未来国际社会的发展看，东西方理念完全可以相互促进与融合，共济互补。这样才能形成文化的新平衡，改变东西方文化不对称的局面，变单一价值主导为价值多元，对于解决国际社会不平等的以强凌弱、人为的暴力灾难、促进积重难返的热点尤其是东亚热点问题的解决朝着良性化方向发展具有积极的建设性意义。对于东亚的安全合作与稳定、对于东亚未来的一体化进程都有着深远的战略意义。

从中国外交自身发展变革的要求而言，我们也必须寻求新思路、新观念来应对不断涌现的新问题。中国外交不能用别国用过的旧手段和旧概念来解决面临的全新问题。与时俱进不仅是政策的变化，更是观念的更新与创造。我们的社会和企业在推崇创新，这也是一种变化。“面对这个日新月异，飞速发展的社会，如果本着以

---

① Christopher Layne, “The Global Power Shift from West to East,” *National Interest*, May/June, 2012, No. 119.

不变应万变的策略，只会被社会和时代抛在去向过去和落后的路上。”①

中国外交需要有创新性思维和创新性思考。既然世界处于大变动之中，我们需要打破陈规，打破现有国际秩序的思维定式，进行从无序到有序地一番重新梳理。

二、改革开放以来中国战略思维的转变

改革开放以来，中国的时代观实现了从“战争与革命”向“和平与发展”的转变。从冷战时期准备世界大战和推进世界革命转向多极化时代的维护与捍卫世界和平。对国际社会的认知由弱国心态向健康大国心态转变；学会了用整体观看世界，将中国视为整体的重要组成部分，不再以意识形态划界，不再分裂看世界。强调世界的多样化和系统化；提出了和平发展的战略，推动了世界一体化全球化的进展；创造性地提出合作共赢的新发展观，强调可持续发展与共同发展的科学发展观，而不是把自己的发展建立在对他国殖民掠夺的基础上，正在探索一条新型的大国发展之路，摆脱前五百年来西方帝国发展的老路。

改革开放的每个成就都是伴随着观念的扬弃与转变、理念的创新而实现的。热点问题解决都伴随着理念转变：比如“一国两制”到多国共治，强调中西合璧。中国提出的全球治理是有特点的。而“一国两制”“搁置争议、共同开发”都体现了规避风险与冲突的大

① 雍宗超：《谁把事情搞复杂了》，北京：世界知识出版社2006年版，第3页。

思路。

改革开放初中国有了新观念，现在要进一步更新观念，中国正实现从弱国走向强国的复兴之路。观念的提升与转变对于强国之路是至关重要的。特别需要注意两个转变：一是从弱国思维到强国思维的转变；二是从策略思维到战略思维的转变。[①]

三、改革开放以来中国的几大重要战略观念转变

围绕着和平、合作与发展的总体指导原则，我们的战略观念也进行着深刻的嬗变。不仅战略视野有了拓展、战略理念也得到升华，而且初具中国新战略的特色。

（一）从中国中心观到多中心观

传统的中国中心观强调地缘位置的中心感。中国长久以来的中央帝国思想犹在影响着中国看待世界的方式。中国的战略规划或许对远方缺乏关注，但周边局势的复杂多样对中国外交构成了诸多巨大挑战。固守传统的中国中心观导致中国战略思维的局限性，在应对周边事态时也易于以局部应对来处理热点问题，并较大程度地影响着中国的大战略思维以及较宏观的战略规划。这种“中心/外围”思路对中国战略家构成了“第一圈”障碍。对中国规划者来说，位置的远近和战略重要性有着密切的关系。“决策者相当清楚，中国

① 赵可金：《应塑造强国外交思维》，《环球时报》2011 年 11 月 25 日。

必须首先增强在亚洲的实力，然后才能考虑向更远的地方进行主要的战略投射。值得注意的是，无论北京把视线投向何方，它都能看到潜在的威胁，而中国的军事规划重点正好在这些区域。”①

这种传统中心观的思想仍是看待世界的割裂思维。“以中国为中心”或“以西方为中心”的政治将导致无穷无尽的紧张甚至冲突，世界性的思考与行动将使我们走近和平与发展。② 我们的思考必须提升层次和境界，有些事只是立足于自身将很难解决，立足于共同的整体才会找到突破。

因此，必须打破传统中心观的思想，强调视野广阔多元，同时多中心观还特别强调行为体多元化。也就是说除了国家形态所承担的职能之外，我们也必须特别注意那些非国家行为体的作用：跨国公司、非政治行为体、社会网络组织等发挥着越来越大的作用。

（二）从博弈思维到非博弈思维

虽然博弈催生出千变万化的博弈技巧，但归根结底博弈思维是一种简单思维，逻辑分析明确，无法看清和说明事件的复杂，而合作行为的逻辑却要复杂得多。

近百年来，人们深受博弈思维之害。总是想着对弈、对抗、较量、胜负、竞争，而事实上在国际政治舞台，简单博弈即零和博弈，强调你得我失，不仅易于导致分割对立，而且与当今现实不符。我们

---

① Iain Mills, “China turn its gaze outward,” （2012-03-13）. http://www.worldpoliticsreview.com/articles/11877/chinaturns-its-gaze-outward.

② ［法］高大伟：《中国未来将再次启发西方》（魏辉译），《环球时报》2011 年 5 月 13 日第 14 版。

更应该倡导的是非零和博弈和多边猎鹿博弈甚至是非博弈思维。由于复合性的存在，中国基本上不可能在敌友之间做出泾渭分明的区隔。①

战争没有赢家，仅凭竞争或博弈赢得所有收益的时代已经一去不复返了。"国际关系和权力的体制将会发生根本性改变，以至于出现一个相互依赖且日益密切的世界吗？或者世界将又一次陷入全球地缘政治争端的漩涡之中呢？会涌现新的意识形态，使国家彼此对立，并驱使各国基于真实存在的和假想之中的差异而发动战争呢？"②

即使是竞争，也不是以彻底击败对手为目的，而是谋取某些优势。在动荡不安的环境中，人们倾向于把战略定义为取得竞争优势的一种状态或许多行动的结合，而不是作为以摧毁对手为目的的计划。③

中国外交讲互利共赢是打破传统思维的一种尝试，中国外交讲包容互鉴，也是打破传统博弈思维，变对立为依存，强调东西方不同意识形态的共通共荣的新思路。

从中西文化战略的差异看，西方的战略逻辑是零和博弈，是"你死我活"和"你得我失"。西方思维喜欢冲突与较量，而东方的逻辑并非是零和博弈，强调相对收益，讲究总量平衡，从长远看，是得失相抵的。因此，比较而言，中国在眼前利益和长远利益之间，更有一种从容感，相信眼前所失并非长远所失。

非零和博弈的最大作用在于突破那些有可能带来冲突的领域，推动新的合作领域的发展。比如对于石油等不可再生能源的竞争，

① 王缉思：《中国大战略求索》，《东方早报》2011 年 3 月 1 日 A16 版。

② ［美］威廉·内斯特：《国际关系：21 世纪的政治与经济》（姚远译），北京：北京大学出版社 2005 年版，第 549 页。

③ ［瑞典］麦茨·林德格伦，汉斯·班德霍尔德：《情景规划》（郭小英译），北京：经济管理出版社 2003 年版，第 42 页。

总量不变，如果仅仅立足于扩大自身份额，将不可避免导致对立竞争。但我们如果立足于将更多精力投放于可再生能源技术的开发和利用，就能够化解零和博弈的困境，走向共赢的新路。

非博弈思维是一种复杂思维。要求人们从多角度、多侧面，从多元互动等方面考虑问题。我们必须充分利用辩证法，强调两面性。这是东方思维对于事物认识的法宝。

非博弈思维强调的战略不是争胜，而是共赢。在战争这个问题上，谁先意识到核战争没有赢家，谁就将在战争中占据有利地位。

核时代改变人们的另一思维在于从准备战争到避免战争，“到1946年，文职战略家们再度提起这一主题，因此有了布罗迪的著名论断：军事机构的目的已经从赢得战争转变为避免战争”。[①]

非博弈思维强调互动。不是你得我失，而是互利，谋求良性互动。不能只谈一国对于他国的影响力，要通过合作和联系来增加影响力，不是单讲施加影响力，而要讲相互影响。合作型影响力是指相互影响，是指部分之和大于整体，是相互借力。其实“一国两制”“搁置争议，共同开发”都体现了规避风险与冲突、营造长远和平格局的大思路。“搁置争议，共同开发”也是辩证思维的体现：虽然“搁置争议，共同开发”在新的能源竞争的背景下面临新的情势，但中国在这一问题上总的原则仍然是努力寻找新的合作方式而不是通过简单的武力冲突导致两败俱伤。即使一时找不到解决问题的好办法也要避免迫不及待的单边行为。中国外交中强调的求同存异、中国政治中提出的“一国两制”也都是辩证思维。我们要善用

① ［美］约翰·刘易斯·加迪斯：《长和平：冷战史考察》（潘亚玲译），上海：上海人民出版社2011年版，第144页。

竞争，发挥竞争良性互动创造性的一面，抑制其破坏性的因素。在东亚以及全球范围，有两点仍然需要强调，那就是多边安全合作与加强非传统安全合作，关键是要有新举措，当然最重要的还是用非冷战方式应对冷战式的诱惑。

中国的战略伙伴关系找不到一方反对另一方的特征，没有排他性，不针对特定的第三方。这些伙伴既是合作者，也是竞争者，成为历史上国家间尤其是大国间的一种新型关系。应该积极倡导共享、共建、共赢的理念，努力化解恶性冲突事件，推动大国关系和各类国家间关系向着和谐、和睦协作的方向发展。

在当今社会，大国间既合作也竞争，合作是主导。国际社会增强了利益共生的共识。国家正在重新排列组合。这也是需要善加利用的。

在古典均势中遵循一个原则即“敌人的敌人是我的朋友”，这应该转变为“我的敌人很可能成为明天的朋友”，而且是通过和平手段。这一思想正在影响国家的对外决策。因此，在当今时代，非联盟合作远比联盟合作重要得多。

从亚洲安全上，亚洲还是被联盟体系所分割。当前的中美关系建立在亚洲一个局部集团化导致的相对分化的局面下，大量历史遗留问题尚未解决。亚洲地缘隐患丛生，出现了我们不得不长期面对的地缘结构隐患，这些隐患对中美关系构成了地区层面的深层和长远的影响，从根本上左右着中美战略疑虑，使得中美关系的地区基础不牢，外在环境不良。中美关系建立在维持现状的基础之上，这个基础是脆弱易变而且是不确定的。

从战略上看，美国的战略深受权力政治和零和博弈思维的影响，充分利用危机和矛盾，中国的战略则更讲整体性，多方位合作，以合化敌。

中美关系绝不能单从军事关系来解读。军事都是准备最坏的结果。从中美综合关系来看，中美远不是必定走向战争的敌手。

中美关系的发展从根本上说，是必须转变战略思维观念的问题，也就是化冷战思维、零和博弈思维为非博弈思维和多边博弈思维，只有这样才能化解两国的长期矛盾。只有共建，才可以破解恶斗。

在新理念的指导下，中国应有三个倡导：倡导亚洲一体化，制止亚洲分裂；倡导大小国家关系新模式；倡导非联盟合作新模式和新安全模式。同时注意三项原则：渐进与质变相结合；共同利益与国家利益的平衡；自律与相互制约相结合。

（三）从安全困境到律己思维

安全困境思维的核心在于当一个国家感到不安全时，它首先总是苛责于别国。而逆安全困境思维则应该转变为：当一国感到缺少安全感时。在指责别国时，更应该反省自身。也许就会发现这种不安全感不是由对方而很可能是由自己造成的。亚洲安全的核心问题在于没有一个更具有包容能力和普适性的东亚安全机制，一部分国家主要依赖于一个分割的、局部的安全联盟，而另一些国家在这些安全联盟之外，缺乏安全保障，因而导致安全困境难以化解，这显然提醒我们需要进行逆安全困境的思考。所谓安全困境是指增加自身安全的努力，引发了其他国家的警觉，从而加剧了彼此的不安全；而逆安全困境则可以从这一角度来展开：当一个国家感到不安全，总是指责别国威胁时，它应该反问是否是由于自身给别国带来了安全威胁。别国安全，自己才能安全，加剧别国的不安全，自己的不安全感不仅不会减少，反而会增加。安全困境思维是责问式的，即指责对方，而逆安全困境的思考是自责式的，反问自己是否已经做好。作为世界上最大超级大国的美国，就应该先让别国感到安全，如果让别国失去安全感，也会让自己失去安全感。

自律不是口头承诺，在一定意义上就是严格遵守国际规范，自觉接受国际机制的制约，而不是单纯要求别国遵守，自己则例外。“中国已经用行动表明了自律和接受他国制约的决心。自 20 世纪 80 年代以来，在中国参加的越来越多的国际组织、国际机构和国际条约中，其表现也许最为明显。因为国际组织、国际机构和国际条约都是基于法律规则之上的，中国越来越多地参与其中，并且遵守在其加入之前就已经存在的规则（即这些规则由别国制定），明确无误地传达了其愿意接受他国制约的信号”。①

（四）从简单思维到复杂综合思维

我们要更多寻求本质的联系性，找到现象间的贯穿因素，深层次地把握事物发展的关键因素。多元化思维，就是以合作观、共赢观、发展观来处理大国之间的复杂关系，而不是就事论事或以线性思维、简单因果律判断事物的发展变化。事物发展变化不是一因一

① ［美］罗伯特·罗斯主编：《中国崛起：理论与政策的视角》（朱锋译），上海：上海人民出版社 2008 年版，第 120 页。

果的关系，而可能是一因多果、多因一果、多因多果的复杂关系，这一切取决于对过程的把握。

在国际形势日趋复杂的时代，要强化联系思维。由于联系性的存在，国家间关系的处理，更多地转向处理功能性问题，比如反恐、核不扩散、环保、能源、食品安全等。因此，无论国家间是否存在矛盾，都必须进行合作，更多的超越分歧的功能性联盟将会出现。在东亚或全球范围，美国的一个联盟战略把所有与中国相关的热点都包括进来了，我们至今还没有一个能够全面与之抗衡的战略设计。说到底，美国的平衡战略仍是以联盟战略为基础的。联盟战略是联系的、网状的、合力的、局部整体的大战略思路，我们正以一系列小多边机制的建设来化解或覆盖其安全范围，但小多边虽有灵活性，但缺少契约性。因此功能性的联盟有助于化解多边机制约束力弱的不足。

与此同时，中国以联系的思路来发展对美关系，从经济相互依存的角度来发展中美关系，中美之间的共同利益不断增多，两个国家在许多问题上虽然有竞争，但依存度却也在不断上升，可以说两国在某种程度上已经捆绑在一起，形成了利益共同体，比如同舟共济正在成为现实。这样的局面显然有助于解决霸权国与新兴大国之间的冲突问题，出现守成国与新兴大国之间合作共处的新的可能性。而且在未来的中美合作中，不对称相互依存正向着均衡相互依存转变，美国越来越多受到中国的影响，中美关系将形成相互影响、相互塑造的局面。

在形势日益复杂的今天，要多做系统的分析，要与全球政治大背景相连，要用全球视角来观察。维护国家安全要增强认识复杂性、适应复杂性、运用复杂性的能力。我们面临的安全形势可能更为复杂。对于控制复杂的局势，简单化单线条的思维方式是难以奏效的。

基于联系性的思考，我们还要充分考虑到互动效应，冷战后世界一个重要的变化是国家间关系呈现出更强的复合性和辨证性，这是我们应该善加利用的地方。也就是说国家间关系很难回到冷战时期那样的对抗时期，而总是既合作又竞争，甚至是合作与竞争平行发展，相互影响。要充分重视与其他国家的相互作用，注意政策间的相互影响、反馈和制约。在合作的过程中不能相向而行，在面对大量复杂交叉的问题时，不能自行其是。不能仅仅从中美关系或中日关系这些双边关系来看问题，这样将可能把中国的思维限定于东亚的局部之内，而应该从国际体系的视角来看待中国的变化。

总之，中国战略观念创新需要注意以下几点：（1）不能卷入传统权力思维，避免与之互动。一定要超越权力思维的局限性，权力政治有极强的诱导性，这恰恰是最可怕的事情。（2）以相互依存、相互融合、良性互动来化解对立竞争。（3）摆脱惯性思维，人类经常为惯性思维所困，许多问题的解决必须具有创新思维才能实现。有些时候忘却旧观念比接受新思想更具挑战。（4）自我完善自我发展，以自我发展来示范他人。对于未来的中国，完善自身从而实现自我超越，远比赶超别国更为重要。

当面临复杂挑战时，需要多种选择；当需要采取紧急行动但缺乏方案时，需要反思和新观念。[①]

---

① ［美］查尔斯·J. 帕拉斯（CHARLES J. PALUS），大卫·M. 豪斯（DAVID. M. HORTH）：《超级领导力：驾驭复杂环境必备的六种创造性能力》（谢仁明译），北京：北京大学出版社 2005 年版，第 5 页。

第四章 参与和互构：中国参与国际社会文化体系探析[*]

孙吉胜[**]

改革开放后，中国融入国际体系的进程加快，逐渐从旁观者、学习者转变为积极的参与者、贡献者和建设者，同时也是国际体系的受益者。近年来，随着中国综合国力和影响力的提升，中国与国际体系的关系再次成为一个热点问题。中国如何看待目前与国际体系的关系，如何提升在现有国际体系中的话语权，如何变革现有的国际体系，使其向更加公正合理、更加包容的方向发展，如何向世界提供更多的公共产品、履行体系内负责任大国的责任，如何参与全球治理以使其更加公平有效，都成为人们广泛讨论和争议的话题。

针对中国与国际体系的互动，国内外学界也给予了广泛关注。但迄今较多的是中国参与国际政治与安全体系、国际经济体系的研

* 本文为外交学院秦亚青教授主持的国家社科基金重大项目“我国参与国际体系进程研究”（项目编号：10ZD&055）的阶段性成果。

** 孙吉胜，外交学院副院长、教授、博士生导师。本文原载于《外交评论》2015 年第 5 期，第 21—45 页。

究，对中国参与国际社会文化体系的系统探讨则很少。① 正如心理学家亚伯拉罕·马斯洛所指出的，人们的需求是有层次的，首先是安全，其次是经济，最后是文化与自我实现方面的内容。② 社会文化领域的内容属于更高层级，与全球治理的终极目标，即推动世界的发展与进步、促进人类的福祉紧密相关。冷战结束后，科技、教育、文化等软性内容在国际关系中的作用日益凸显，已成为各国综合国力的重要组成部分，各国之间软实力竞争激烈。同时，国际社会所面临的跨国性社会问题也日益突出，很多已成为全球性问题，影响到整个人类的安全和生存，迫切需要各国协调，合作应对解决。全球化的深入也使各种思潮跨国流动，在信息化的推动下，各种思想、文化等非经济因素扩及全球，造成了国家间的不均衡发展、消费文化与当地传统文化的碰撞。③ 社会文化内容广泛渗透于当前世界政治的方方面面，无时无刻不在影响和改变着当今世界。社会文化关系也成为国际关系中继政治、经济之外的第三个维度，是各国博弈的一个重要领域。

研究中国如何参与国际社会文化体系，如何与之互动，可以为我们理解中国与国际体系的关系以及中国如何参与全球治理提供一

---

① 有关研究多是针对中国如何参与某个具体组织的个案研究，其代表作品如谢喆平：《中国与联合国教科文组织的关系演进关于国际组织对会员国影响的一项经验研究》，北京教育科学出版社 2010 年版；李晓燕：《“主体间承认”与体系内文化安全——以中国参与国际人权机制为例》，《世界经济与政治》2014 年第 7 期；谢喆平、张小劲：《传授与学习中国参与联合国教科文组织的经验研究》，《外交评论》2001 年第 1 期；吴文成：《联盟实践与身份承认以新中国参与联合国教科文组织为例》，《外交评论》2012 年第 1 期。

② David M. Lampton, “A New Type of Major-Power Relationship: Seeking a Durable Foundation for US-China Ties,” *Asia Policy*, No. 16, 2013, p. 67.

③ 张胜军：《全球深度治理的目标与前景》，《世界经济与政治》2013 年第 4 期，第 60 页。

条独特的路径。与政治、经济、安全体系相比，国际社会文化体系有其自身的特点，中国的参与过程也显示出很多独特的方面。根据建构主义的观点，体系中的行为体与体系的互动是一个互构过程，二者相互影响，相互塑造。那么，中国如何参与国际社会文化体系？同参与其他国际体系有何差异？可以为参与其他体系提供哪些借鉴？中国的参与对中国以及体系本身产生了哪些影响？本文旨在对中国参与国际社会文化体系进行系统研究，探讨这一过程的独特方式，以及该过程对中国与国际社会文化体系产生的影响，为中国提高在世界上的社会文化影响力，更好地参与全球社会文化治理提供启示，进而促使我们对中国如何参与其他领域和全球治理、看待中国与国际体系的关系提供更多有益的思考。

鉴于之前学界鲜有对国际社会文化体系的系统界定与研究，本文第一、第二部分主要评述国际社会文化体系的构成、特征及其在国际、国内层面的运行，第三、第四部分依次考察中国对国际社会文化体系的参与以及二者的互动过程，探究对中国以及体系本身产生的影响。

一、国际社会文化体系的构成与特征

就国际体系而言，国际社会文化体系与国际政治、安全、经济体系不同，有其自身的领域、特点与运作方式。

（一）国际社会文化体系的构成

研究国际社会文化体系首先应该从对社会文化的界定开始。社会文化体系包含“社会”与“文化”两方面的内容，都强调软性的一面。“社会”在此主要指社会问题，亦即社会关系失调，影响社会大部分成员的共同生活，破坏社会正常活动，妨碍社会协调发展的社会现象。① 社会问题与社会本身一样，具有过程性和动态性特征。在一定的历史条件下，某种社会现象、社会行为违背了当时的社会规范，就会影响正常的社会运行和社会生活，成为社会问题。人们通常会发明某种制度来对社会问题进行防范和控制。② 社会文化中的“文化”也是一个内涵广泛的概念，不同定义侧重不同。③ 总体而言，文化的定义可分为三类：广义上，文化作为与自然相对的概念，指一切人类所创造的文明成果；中义上，文化是指人们的生活方式，包括思维取向、行为模式和制度导向；狭义上，文化是指基本信念和意识形态。④ 本文中的文化主要采纳中义的文化定义，具体为观念取向、行为模式、社会管理方式、相关法律法规等。它

---

① “社会问题”，百度百科，http：//baike. baidu. com/view/183632. htm。

② 庞树奇、范明林主编：《普通社会学理论》，上海：上海大学出版社 2000 年版，第 355 页。社会问题可以是社会发展到特定阶段出现的客观因素，它们可以严重到威胁社会安全，如埃博拉病毒的爆发。社会问题也可以是由价值、规范和利益冲突而引发的主观性内容，如人权问题。一般来说，社会问题会妨碍社会共同生活的顺利进行，阻碍社会的正常进步。社会问题可以大致分为政治性社会问题、经济性社会问题、文化性社会问题和日常生活中的社会问题，具体表现为人口、环境、劳工、贫困、教育、家庭、交通以及犯罪等问题。

③ 潘一禾：《文化与国际关系》，杭州：浙江大学出版社 2005 年版，第 13 页。对文化概念的梳理，可参见孙吉胜：《文化领域的大国关系》，载于秦亚青主编：《大国关系与中国外交》，北京：世界知识出版社 2011 年版，第 259—261 页。

④ 潘一禾：《文化与国际关系》，第 13 页。

们可以简单概括为人们共享的价值观念和普遍认可的价值规范，最后内化为共同知识和行为准则，上升至文化稳定一面的最高表现，即制度性文化。它一经产生并逐渐完善，就会形成一种超乎个人之上的力量而对人类活动产生影响，并在社会生活中发挥其不可替代的功能。①

本文所研究的国际社会文化体系，主要涵盖文化的中义概念以及关系到整个世界进步与发展的重大社会问题，如妇女、疾病、老龄化、移民等。它们不但关乎个体国家，而且具有国际影响，涉及许多国家的社会、文化活动、事件、制度或是政策辩论。② 具体而言，作为世界上首个真正意义上的全球性机构，联合国能较好地体现国际社会理念，在提高全球意识、构建全球共识、设立标准及立法、促进人类发展等方面起到了关键作用。对于国际社会文化体系而言，联合国是一个核心要素。本文认为，在联合国框架下建立的关于社会文化的各类组织、机构以及在其框架下所制定的各类公约、条约、规制，不仅在治理各相关领域，也在建立和传播这些领域的规范和行为准则，使国家与国际体系之间形成互动、相互建构，构成了国际社会文化体系的主要理念与活动，其结果一方面实现了国际社会文化领域的国际、国内治理，另一方面也促进了各国在社会文化领域的发展与进步。与国际政治、安全、经济体系相比，国际社会文化体系的运行有其自身特征。相比之下，它涉及内容众

① 庞树奇、范明林主编：《普通社会学理论》，第 324 页。

② 该定义受温迪·弗莱曼在其《国际科学技术与中国对外政策》一文中关于国际科技体系的定义的启发。详见 Wendy Frieman，"International Science and Technology，" in Thomas Robinson and David Shambaugh，eds.，*Chinese Foreign Policy*：*Theory and Practice*（Oxford：Oxford University Press，1994），p. 159。

多，运作灵活，影响广泛，这些特征也对国家参与社会文化体系的具体实践产生了不同影响。

联合国设置的专门机构构成了国际社会文化体系运行的框架基础。从机构设置来看，政治、军事、经济等领域的问题界限分明，管理或是治理机构相对单一，而社会文化类问题在不同的机构和部门中都有所体现，经常出现交叉。例如，联合国经济及社会理事会所包含的很多机构都与社会文化有关，如其职司委员会中的麻醉药品委员会、人口与发展委员会、妇女地位委员会、社会发展委员会；以个人身份组成的专家机构委员会中的经济、社会与文化权利委员会；相关机构还包括国际麻醉品管制局、联合国人口奖委员会、联合国艾滋病毒/艾滋病联合规划署方案协调委员会等。联合国的很多专门机构更是在这些方面发挥了重要作用。[①] 联合国规定，由联合国经济及社会理事会负责协调联合国与专门机构的关系。联合国的专门机构主要由各国政府签订一定的创建文件而成立，并在国家间就某一特定的领域如经济、社会、文化、教育、卫生或其他有关方面开展工作。目前，联合国主要专门机构有联合国粮食及农业组织、国际原子能机构、国际民用航空组织、国际农业发展基金、国际劳工组织、国际货币基金组织、国际海事组织、国际电信联盟、联合国教科文组织、联合国工业发展组织、万国邮政联盟、世界卫生组织、世界知识产权组织、世界银行集团、世界气象组织、世界旅游组织。[②] 联合国有关经济、社会、文教和科技方面的很多工作，

---

① 只有在经济、文化、社会、教育、卫生等领域具有广泛活动职能的国际组织才能成为联合国的专门机构。

② “联合国专门机构”，联合国网站：http：//www. un. org/chinese/aboutun/uninbrief/institutions. shtml。

都是在上述各专门机构的管理和协调下进行的。以上绝大多数机构都有100个以上的成员国。而在16个专门机构中，有8个专门机构与社会文化体系密切相关，如国际民用航空组织、国际劳工组织、国际电信联盟、联合国教科文组织、万国邮政联盟、世界卫生组织、世界知识产权组织、世界旅游组织。这些专门机构围绕各自的问题领域展开具体工作。

联合国的各类基金和项目使各个社会文化问题领域能够纵横运作。目前，联合国共有各类基金和项目13个，主要包括联合国难民事务高级专员办事处（难民署）、联合国儿童基金会（儿基会）、联合国贸易和发展会议（贸发会议）、联合国开发计划署（开发署）、联合国资本发展基金、联合国志愿人员组织、联合国国际药物管制规划署、联合国环境规划署（环境署）、联合国人类住区规划署（人居署）、联合国人口基金（人口基金）、联合国近东巴勒斯坦难民救济和工程处、世界粮食计划署（粮食署）。这些基金和项目所针对的问题大都与社会文化发展相关。与联合国专门机构不同，这些基金和项目会在一个大的范畴之下涉及很多不同领域的具体问题。例如，联合国儿童基金会的工作重点是儿童的生存与发展、基础教育与两性平等、艾滋病与儿童、儿童保护等。[①] 这些问题实际上与联合国教科文组织、世界卫生组织所针对的领域有交叉重叠之处。

各组织所颁布的公约、条约构成了体系运作的规范基础。各类公约、条约通常是一个组织或机构所制定的章程、制度、规则、准则的集中体现，是最核心的内容，也是向世界推广其规范的基础。几乎每个社会文化领域都有一系列公约、条约，它们是治理问题、

① 参见联合国儿童基金会网站：http：//www.unicef.org/chinese/。

传播规范的重要依据，也和参与其中的行为体一起构成了一个实践和认知共同体。例如，为保护和维护妇女的政治、经济、社会和教育权利，联合国设有专门的妇女地位委员会。该委员会先后制定和通过了《妇女政治权利公约》《已婚妇女国籍公约》《关于婚姻的同意、结婚最低年龄及婚姻登记的公约》《消除对妇女一切形式歧视公约》等。发展问题也是人类所面临的共同社会问题。1969 年，联合国大会通过了《社会进步和发展宣言》，规定了社会发展和进步的目标。与此类似，《世界人权宣言》《经济、社会及文化权利国际公约》和《公民权利和政治权利国际公约》一起构成了联合国人权原则的基本框架，常被称为“国际人权宪章”。关于儿童问题，联合国倡导国际社会要特别关注儿童的需要，专门颁布了《儿童权利宣言》。如果国家行为体参与国际体系的一个重要方面是学习的话，那么各组织的公约、条约则是各国加入后首先要学习的重要文本，也是履行职责的主要依据。各国在加入这些条约的过程中，通过熟悉、遵守、实践、创新，使这些公约、条约的影响逐渐拓展至各国的整个社会领域。

在国际社会文化体系中，其文化方面的内容相对稳定，但是社会问题既包含稳定的一面，又具有鲜明的时代特征。很多社会问题是随着人类发展和社会转型而出现的。在众多社会问题中，联合国把最突出的问题设为日常议题，为国际社会指明了工作重点。例如，当前问题主要包括艾滋病、裁军、残疾人、地雷、儿童、发展合作、反恐怖主义、非殖民化、非洲、妇女、国际法、海洋/海洋法、和平与安全、环境、家庭、健康、老龄化、民主、健康、能源、农业、气候变化、人道主义援助与救灾、人口议题、人类住区、人权、施政、森林、水、原子能、志愿服务。[①] 这些重点议题很多都与社会文化相关，很多是典型的社会问题。它们的选定不但反映出人类社会所面临的重大挑战，实际上也在众多问题之中选出了工作重点，框定了当前全球或地区社会治理的核心，为各国提供了方向性指引。

（二）国际社会文化体系的特征

与国际政治、安全和经济体系相比，国际社会文化体系具有内容多样性、运作灵活性、影响外溢性等特点。

1. 内容多样性

国际社会文化体系所包含的内容广泛、多样，参与主体多元。一般来说，体系主要包括三个方面的内容，即单元、结构和互动。对于社会文化体系而言，这三个方面都显示出多样性特征。从单元层面来看，社会文化体系的参与主体既可以是主权国家，也可以是各类民间组织或个人，体现出参与的多元性。从结构来看，与政治、军事、安全、经济等体系相比，社会文化体系结构相对松散，涵盖内容繁杂，几乎囊括了人类社会生活的方方面面，如与人类生存和发展相关的人权、妇女、儿童、难民、囚犯、疾病等问题，与社会发展和进步相关的教育、科学以及不同文化之间的互动等。从互动角度来看，国家与国际社会文化体系的互动涉及国家与体系层面的多个方面，而不是国家与体系之间的简单互动。即使在国家内部，

① 见“日常议题”，联合国网站：http：//www.un.org/zh/globalissues/。

同一个问题所涉及的部门也非常繁杂、立体，交叉性明显。例如，中国在加入联合国教科文组织后，该组织全国委员会设在了教育部，而委员单位则涉及文化部、教育部、科技部等 29 个部委。1993 年中国成立联合国社会发展问题世界首脑会议中国筹备委员会时，也涉及国家计生委、外交部、国家教委、财政部、劳动部、卫生部、民政部、全国妇联和中国残疾人联合会等 25 个部门和人民团体。

2. 运作灵活性

国际社会文化体系所针对的内容多属于低级政治，政治性相对较弱，对国家而言敏感度相对较低，为国家与体系之间的互动提供了巨大空间。例如，联合国的很多专门机构出于某种功能和目的而建立，目标明确，主要是规范和治理相关领域的活动，提供相关信息，或对发展中国家提供技术性援助。① 因此，国家与体系之间的互动可以更加灵活，形式多种多样。与政治、安全和经济等领域不同，国家在参与社会文化方面的选择余地更大，灵活性更高，是否参与、参与多少、参与到何种程度等都可以自主选择，可进可退。例如，中国在重返联合国教科文组织后，就采取了“有选择地参加活动，以后视情况再逐步扩大”的方针。因此，在“文革”结束前，中国对该组织的参与仅局限于科技领域，科技领域因此成为中国与该组织合作最活跃、最丰富的一个领域。② 在人权领域，由于中国认为许多国际人权文书是在中国恢复联合国合法席位之前通过

① Alison Duxbury, *The Participation of States in International Organizations: The Role of Human Rights and Democracy* (Cambridge: Cambridge University Press, 2011), p. 225.

② 谢喆平：《中国与联合国教科文组织的关系演进关于国际组织对会员国影响的一项经验研究》，北京：教育科学出版社 2010 版，第 54 页。

的，需要对其进行研究，再加上人权涉及政治、经济、社会制度、意识形态等问题，复杂程度高，因此只是循序渐进地参加联合国人权领域的活动，而非立即全面介入。

3. 影响外溢性

社会文化体系涉及的很多内容都是当今世界所面临的紧迫的全球性问题，如贫困、疾病、粮食短缺、环境污染以及气候变化等，影响广泛。这些虽然多为某个领域的问题，但如果处理不当，就会影响到国家、地区以及整个国际社会，威胁到个体国家乃至整个世界的稳定和发展，外溢特征明显。从这个角度来讲，这些问题已不仅仅限于单一问题领域。对于国家而言，就此类问题寻求国际合作的意愿更加强烈。可以说，国际社会文化体系对世界的影响是全方位的、立体的。社会文化治理不仅丰富了国际社会的内容，也影响了各国的社会化进程。例如，联合国教科文组织提出的诸如扫盲、全民教育、终身学习、知识型社会、世界遗产保护等观念，极大影响或直接决定了世界各国的教育和文化政策走向。劳工组织的活动则主要集中在国际劳工立法、制定公约和建议书以及开展技术援助和技术合作两个方面，为反对失业和贫困、为世界各地劳动者的福利，做了大量卓有成效的工作。此外，影响广泛性的另一个方面体现在相对较低的准入制度。联合国针对社会文化领域的组织或机构通常对所有国家开放。联合国专门机构认为，这是更好地完成其使命的一个方法，也是一个目标，因为消除疾病、协调电信和交通、保护知识产权等事业需要所有国家的努力，参与国家越多，目标越易实现。也正因为如此，世界卫生组织的成员多达 193 个，世界知识产权组织的成员有184个。[①] 但是，对于经济、安全体系而言则不然。例如，加入世界贸易组织有很多严格的规定和条件，中国同很多国家一样，历经多轮谈判才得以加入。

二、国际社会文化体系的运行

国际社会文化体系的运行主要在国际与国家两个层面展开，二者相互影响、相互渗透。

（一）国际层面

在国际层面，国际社会文化体系主要以建立组织、设定议程、推广规制与理念等方式运行。

1. 组织、机制与平台建设

组织和机制的建立是体系运行的平台和基础。国际组织通常被视为一种机构和一系列设定的规则、规范和管理程序，可被视为组织国际社会生活的一个过程，也是在政府间甚或超国家层面管理冲突的过程，是在多文化、多中心的世界中形成和发展共同框架来促进多边合作的过程。[②] 按照功能主义的解释，国际组织把人们团结在

① Alison Duxbury, *The Participation of States in International Organizations: The Role of Human Rights and Democracy*, p. 226.

② Samuel S. Kim, "China's International Organizational Behavior," in Thomas Robinson and David Shambaugh, eds., *Chinese Foreign Policy: Theory and Practice*, p. 405.

一起以解决无知、贫困和猜疑等问题。由于国际社会文化体系的对象很多都是社会性问题，与人类社会的发展阶段密切相关，这些组织是人们在某个时间针对某个问题领域达成一致认识的产物。从某个理念开始，经过努力，最后建立某个组织或机构。例如，在1945年旧金山会议上，中国代表团与巴西代表团意识到国际卫生合作对于世界人民的健康至关重要，且十分迫切，因此提出了关于建立世界卫生组织的联合提案，最终该组织于1948年宣告成立。联合国由于具有代表广泛性的特点，其框架下建立的专门机构和组织与其他机构相比更容易吸引各国加入。而组织一旦建立，就为参与国提供了一个互动平台，为进一步推出更加具体的制度、规则和规范奠定了基础。

相关公约、条约、规则为各组织的创制和运行提供了依据。各组织、机构在建立的同时或是建立后，一般都会经历建章立制的过程。通过这些规章、规则，国际组织或机构得以实施自己的治理理念。这些规制大致可分为以下两类。一类属于章程性或宪法性文件，如《联合国宪章》《世界卫生组织组织法》《联合国教科文组织组织法》《世界人权宣言》《儿童权利公约》等。它们重点阐述基本理念方面的内容，把某个领域的问题通过公约、条约的形式提上公共议程，为该领域提供宏观的方向和指导。在这个过程中，通常由某个国家或是几个国家联合，提出相关倡议。例如，联合国教科文组织关于文化财产的保护公约就始于20世纪60年代，当时墨西哥和秘鲁敦促该组织采取全球性措施来阻止文化财产在全球的非法贸易。[1] 当然，由于公约、条约的通过需要得到多数参与国的同意，讨论过程本身也是国家间博弈的过程。在关于文化保护的公约通过前，美国与墨西哥之间就进行了最后协调。[2] 另一类则可划归为规则、程序性文件，它们相对而言更加具体，限定性更强，各组织可以根据这些法律性文件，对成员国进行监督和指导。国家如果加入其中，就意味着必须遵守相关规定。

2. 议程设定与方向引领

国际社会文化体系可以为各国框定议程。每个具体问题领域也同样如此。通过各问题领域的专门机构和组织的引领，国际社会文化体系实际框定了某个历史时期各国所重点关注的问题。围绕这些突出问题，国际组织或机构可以在之后相当长一段时间内与国家互动，为各国明确努力方向和具体行动目标，以实现该领域的全球治理。例如，关于文化保护问题，虽然各国对于文化财产的关注已有很长时间，但是直到 20 世纪 60 年代，文化财产保护才开始在国际社会层面得到支持。联合国教科文组织 1970 年通过《关于禁止和防止非法进出口文化财产和非法转让其所有权的方法的公约》，开始了从国际层面保护人类文化财产的努力。该公约被讨论、接受以及

---

① Kevin F. Jowers, "International and National Legal Efforts to Protect Cultural Property: The 1970 UNESCO Convention, the United States, and Mexico," *Texas International Law Journal*, Vol. 38, No. 1, 2003, p. 149.

② 美国当时代表发达国家，主张文化国际主义，认为文化是人类的共同财产，独立于特定国家的利益，而墨西哥则代表发展中国家，主张文化民族主义，认为保护各国的文化财产是各国自身的利益，各国保留自己的文化财产是合法的。参考 Kevin F. Jowers, "International and National Legal Efforts to Protect Cultural Property: The 1970 UNESCO Convention, the United States, and Mexico," p. 149.

通过的过程，唤起了人们对文化财产保护的积极态度，文化财产保护开始被提上国际议程，成为一个国际性问题。国际组织进而可以为国家制定议程、明确任务，甚至教授具体办法，避免某些国家盲目学习。

3. **理念推广与全球治理**

国际社会文化体系中的各类组织为国际社会制定规则、制度，推广理念。按照英国学派的观点，国际社会的核心是规则、制度和价值，它们决定谁是国际社会的成员及其行为方式。从这个角度来看，国际组织具有很大的权力，能够形成一种“主体间共识”，使行为体都认同一套信仰、知识以及相应利益，最后内化为背景知识，直接对行为体的行为产生影响。国际组织产生和使用的专业知识影响国家对事物的理解和认识，也影响国家的身份和利益。[①] 国家接受国际社会的规则、制度、价值，即证明它们是国际社会的一员，而这本身就是对国家身份的肯定。在体系层面，国际体系中的各类组织由于其本身的权威性，不但可以制定规则、制度，提出先进理念，还可以以国际组织为平台把它们传授给各国，从而改变国家行为体的利益偏好。

各类组织通过文本形式，如公约、宣言或是专门国际会议来倡导和推广先进理念。各类文本为国家提供了学习依据，如联合国教科文组织自成立60多年来通过了六个国际公约；相关国际会议也成为推广理念的重要渠道，联合国教科文组织首届终身教育会议于

① Emanuel Adler and Vincent Pouliot, eds., *International Practice* (Cambridge: Cambridge University Press, 2011), p. 240.

1994年在罗马举行，此后“终身学习”在世界范围内达成共识，“终身教育”作为一个重要概念在全世界传播，日本、美国、法国、韩国、瑞典、加拿大等不少国家还通过立法，把终身教育作为本国教育与改革的基本指导思想，“终身学习”概念也成为该组织20世纪最伟大的贡献之一。此外，以该组织为代表的国际组织，对世界教育，特别是发起全民教育、倡导教育公平、构建终身学习型社会等方面产生了重大影响。这些影响还不仅仅体现在扫盲、义务教育、终身学习、全民教育、全球教育治理等理念和思想方面，更重要的是影响到了很多国家的国策和治国方略。

国际组织可以通过提供游戏规则、信息以及具体行为标准来监督国家行为，实现全球治理。这些规则、规定可以使国家与国家间行为产生共同预期，保障行为的透明度。还有一些机制能对国家行为起到监控作用。例如，国际鲸鱼保护机制使参与国在每年采纳一个捕鲸份额，国际鲸鱼委员会作为提供事实的机构对份额执行情况进行监督。[①]再比如，加入世界卫生组织可使成员国获得关于卫生保健方面的信息、技术以及技术援助等好处，但成员国同时也要受该组织宪章第61—65款的很多限制，履行相应的义务和责任。[②]当然，在全球治理方面，国际社会文化体系很多时候都是针对专门的问题领域、全球公共产品或是全球公共危害，如知识、健康、疾病、粮

① Nicholas G. Onuf, *World of Our Making: Rules and Rule in the Social Theory and International Relations* (Columbia, S. C.: University of South Carolina Press, 1989), p. 148.

② Ann Kent, " China's Growth Treadmill: Globalization, Human Rights and International Relations," *The Review of International Affairs*, Vol. 13, No. 4, 2004, p. 533.

食等。有时针对同一问题，不同机制会有交互重叠。[①] 行为体可以利用不同机制之间的联系，进行不同的框定，以这种联系来改变甚至推翻现有的主导机制。[②] 行为体在实践中可以选择性地运用相关机制，有时甚至做出一些战略性改变。比如，关于知识产权，可以把它框定在经济机制内，也可以框定在发展机制内，还可以框定在教育机制内，从而为国家提供更大自主空间。

（二）国家层面

国家对国际体系的参与，一般要经历程序加入、学习与遵约、观念转变与社会化等几个阶段。

1. 接触、学习与程序性加入

程序性加入是国家在国际社会寻求身份认可的一种基本方式。尽管联合国的专门机构提倡各国的普遍参与，但还是有些国家把成员身份视为表达它们对该机构政策或是某个特殊国家的认可乃至提升自己地位的一种途径。[③] 有学者认为，国际组织本身就是国家选择是否加入的一个动因。但实际上国内社会同样在发挥作用，国家对国际社会的这些机构是视而不见，还是勉强接受，抑或是积极融

---

① 对这方面的研究，可参见 Valbona Muzaka, "Linkages, Contests, and Overlaps in the Global Intellectual Property Rights," *European Journal of International Relations*, Vol. 17, No. 4, 2010, p. 3。

② Ibid., p. 4.

③ Alison Duxbury, *The Participation of States in International Organizations: The Role of Human Rights and Democracy*, pp. 226-227.

入，将会对国家行为产生不同的影响。一般来说，国家在采取行动时主要出于两个原因：一个是理性算计，即核算成本、收益，多受利益需求驱动；另一个则是价值和声誉考量，即在整个国际社会框架下，考虑应该做什么，以及其他国家认为自己应该做什么，有时也会模仿在某些领域做得好的国家，采取类似措施。当然，在某些极端情况下，国家也会做出别样的政策选择。例如，就“文革”时期中国与国际体系的关系而言，中国行为方式的主导因素更多来自国内。在程序性加入后，一般来说，国家会根据需要建立相应的机构。在这个过程中，国际组织不仅把相关理念传授给成员国，有时还会为国家提供专门指导，甚至提出要求。国家与国际组织互动的过程也是学习的过程。有时，国家需要建立新的科层组织去完成新任务。例如，联合国教科文组织成功地把科学科层组织是“现代国家”的必要组成部分的知识传授给了国家。①

2. 遵约与建制

国家加入国际组织后，一个最基本也是最重要的方面是遵守相关规则和制度。国际社会的规则和规范为国家提供了行动依据。对于国家原来不曾涉及的领域，该过程也是一个全面学习的过程。国家遵守相关的规则和规范，部分是因为理性原因，如考虑到对抗成本或遵守规则所需利用的资源，遵循的是理性核算逻辑。此外，遵约也可能是因为这些规则和规范的逐渐社会化，国家开始自觉接受

① ［美］玛莎·费丽莫：《国际社会中的国家利益》（袁正清译），杭州：浙江人民出版社 2001 年版，第 5 页。

这些规则、规范和角色，此时国家的行为已变为一种适当性逻辑。[①]一般来说，国家在执行相关规制时也会受国内政治的影响。有时国家虽然在国际层面签署了某个条约，但在国内还会受到国内因素的影响而经历一个具体实施过程。例如，美国虽然在1972年完全同意《关于禁止和防止非法进出口文化财产和非法转让其所有权的方法的公约》，但是直到十年后才通过立法，成为真正的签约国。在国际组织的理念、规制的影响下，国家也会根据国际组织的职责范围以及自身与国际体系互动的需要，建立相应的双边或国内规制，如相应的机构、法律法规等。这样做的主要原因是由于国际性公约所面对的是不同的国家，其文化背景、价值观、国情等都不同。因此，通过这样的公约解决具体问题通常比较困难。在这种情况下，这些公约的重要性就在于引起世界关注，国家在相应原则和精神的指导下，因地制宜地通过双边或是国内立法解决具体问题。双边条约可以更好地适应具体国家的需要，成为解决问题的有效方法。例如，在联合国教科文组织《关于禁止和防止非法进出口文化财产和非法转让其所有权的方法的公约》的影响下，美国和墨西哥签署了关于保护和归还文化财产的双边条约《合作条约》。[②] 在实施过程中，仅在1986年就有1200多件文物由美国归还给墨西哥。[③]而从单边来看，1972年墨西哥专门通过了联邦法，来应对和阻止对文物的破坏和出口。

---

① ［美］玛莎·费丽莫：《国际社会中的国家利益》（袁正清译），杭州：浙江人民出版社2001年版，第38页。

② Kevin F. Jowers, "International and National Legal Efforts to Protect Cultural Property: The 1970 UNESCO Convention, the United States, and Mexico," p. 158.

③ Ibid., p. 161.

3. 观念变化与社会化

国家与国际组织的互动，也是双方相互学习和认知调整的过程。国家不断向国际社会学习，通过国际组织接受新的规范、价值和利益观念，而国际体系能够改变国家的偏好。国家通过与国际社会文化体系的互动，学习、执行、内化其相关规则、规范，实现自身的社会化，不断调整国家偏好，界定国家利益。[①] 通过这样一个社会化过程，国家逐渐接受新的规范、价值和利益观念，不断完善相应的法律法规。建章立制的过程本身也是教育公众的过程，引起公众对相应问题的关注和重视。例如，美国与墨西哥关于文物保护互动的过程给双方带来了很多变化，在《关于禁止和防止非法进出口文化财产和非法转让其所有权的方法的公约》和《合作条约》的影响下，美国更加重视文物保护问题，意识到美国先前的法律没有有效保护他国的文化财产，美国需要把好入口关，以防止他国文物非法进入美国。

三、中国对国际社会文化体系的参与

中国对国际社会文化体系的参与有自身的原则、立场和方法。正是这些不同的参与方式，决定了中国与国际社会文化体系互动的特色。中国的参与在不同阶段呈现出不同特征，基本涵盖了寻求支持、话语接轨、学习实践以及遵约和创新的参与过程。中国的参与

① 关于国家的社会化，可参见玛莎·费丽莫：《国际社会中的国家利益》。

无论是对中国本身还是对国际社会文化体系，都产生了深远影响。

（一）中国对国际社会文化体系的参与

1. 话语接轨

话语接轨是一国接受国际社会文化体系的基础。与国际组织的话语体系接轨也是接受国际组织所倡导理念的必备条件。中国与国际社会文化体系的话语接轨主要体现在以下三个方面。

首先，中国以话语形式表明自己的鲜明立场及观点，尤其是涉及主权、领土完整、人权等重要内容。例如，西方国家一直以人权问题向中国施压，与之相对应，中国也经常以话语方式全面阐述自己的观点，指出西方的双重人权标准和西方对人权的侵犯，在中国生存权和发展权要比在西方更有保障。[①] 同时，中国对于一些国际组织、机制或是各类条约的态度也经常以话语方式体现出来。中国在恢复联合国席位之前，在多个场合反复强调“一个中国”的坚定立场，决不允许出现“两个中国”，否则中国宁可不加入联合国。而对于自己认可、接受的内容，中国也会不失时机、表示支持。如钱其琛在联合国第43届大会上明确指出，“《世界人权宣言》是第一个系统提出尊重和保护人权具体内容的国际文书”。此类话语清晰表明了中国的立场和主张。

其次，中国接受某个国际组织或专门机构的公约、条约、法律、

---

① ［美］伊丽莎白·埃克诺米、米歇尔·奥克森伯格主编：《中国参与世界》，北京：新华出版社2001年版，第150页。

法规，在国内进行宣传，并在此基础上建立相应的规章、制度，实现规制文本接轨，奠定其在国内社会化的基础。例如，中国与世界卫生组织从 2004 年起先后签署《世界卫生组织——中国国家合作战略（2004—2008）》《世界卫生组织——中国国家合作战略（2008—2013）》两个战略合作框架，表明了中国在国家层面与该组织话语体系的接轨。再如，世界卫生组织修订的《国际卫生条例（2005）》主要是为预防和应对公共卫生威胁及突发事件提供全球性框架指导，2005 年中国予以批准，从法律层面接受了这些条例。

第三，中国对相关组织倡导的主要理念进行话语宣传。各个组织与专门机构一般具有自己的主导理念，并且践行这些理念，如联合国教科文组织提出的“终身教育”“终身学习”，世界卫生组织的“全面健康”“人人享有健康权”，等等。与之相对应，中国的《卫生事业发展“十一五”规划纲要》则明确提出要“加强全民健康教育，积极倡导健康生活方式”。因此，在国内宣传这些主导思想和理念通常是中国参与国际社会文化体系的一个重点，也是相关规则、准则、规范在国内得以传播的条件和基础。

第四，争取话语权，使国内某些领域的独特和先进经验、理念通过与国际组织的互动在世界范围内推广，把中国话语推向世界。例如，中国传统医学在世界上享有举足轻重的地位，通过与世界卫生组织的合作，中国获得了制定传统医学标准的话语权，最终颁布了《传统医学名词术语国际标准》。与此类似，中国的“针灸针国际标准提案”也通过了国际标准化组织立项。中国几千年所积累的文化传统与治理理念与西方不同，随着国力的不断增强，与国际社会互动的日益密切，中国在不同的专门领域争取更多话语权的态势会继续增强。

2. **遵约建制**

各类国际组织在其工作领域内都颁行了一系列公约、条约、规定、标准、指南等成文规定，因此中国在融入过程中，遵约建制成为最基本的一个环节，大致分为四类。

第一类是程序遵约或制度遵约，严格遵守、执行相关规定。例如，针对世界卫生组织的《国际卫生条例（2005）》，中国全面接受，积极遵守，在2007年第60届世界卫生大会上声明该条例在中国全境适用。为了确保其在国内顺利实施，中国修改并出台了一系列法律、法规和配套政策。中国还先后签署了世界卫生组织通过的《烟草控制框架公约》《国际疾病法》等重要法规。中国宣布从2006年1月开始全境执行《烟草控制框架公约》，《国家“十二五”时期文化改革发展规划纲要》明确提出全面推行公共场所禁烟。2010年，《上海市公共场所控制吸烟条例》正式实施，同年，《广州市控制吸烟条例》正式施行。在保护儿童方面，1991年中国签署了《关于儿童生存、保护和发展世界宣言》和《90年代行动计划》。1996年，对于儿童首脑会议通过的两个文件中所确定的十项中期发展目标，中国已有九项提前达标，其中包括批准、加入《儿童权利公约》，降低婴儿和儿童死亡率，改善儿童营养、教育，疾病控制等，中国儿童的发展状况得到全面改善，受到国际社会的普遍赞许。

第二类遵约为拓展性遵约，即中国根据本国国情，在国际组织所颁布的文本指导下，建立自己的规章、制度，设定相关领域的目标，规范相关领域的行为。例如，《国际卫生条例（2005）》颁布后，中国以此为指导，修订了《中华人民共和国国境卫生检疫法》。该条例要求各国指定若干机场为卫生机场，1999 年原国家出入境检疫局就以《关于开展创建国际卫生机场活动的通知》的形式就此提出了明确要求，规定了相关机构、步骤、程序、要求等具体内容。

第三类遵约为倡议性遵约，即对各组织所提出的各类倡议、主张，积极跟进、落实。例如，联合国教科文组织在 2002 年发起了全球文化多样性联盟，2004 年该组织执行局第 170 届会议通过决定，在全球文化多样性联盟框架内建立富有开创精神的城市网络，目的是通过牵头城市促进文化多样性而不是文化单一性，同年该计划开始实施。中国城市积极参与，而最直接的动力是对国际形象和知名度的追求。经过努力，深圳于 2008 年 11 月取得“设计之都”称号，而成都市经过努力则于 2010 年 2 月成功荣获联合国教科文组织“美食之都”称号。

第四类遵约为社会性遵约。社会性遵约应为遵约的深层阶段，表明整个社会意识到相关问题的重要性，开始在整个社会层面开启对这些条约相关内容的内化过程，如通过媒体发布、进入学生课堂、举办展览等手段在社会层面进行宣传、教育。社会性遵约会直接导致观念变化，真正实现理念内化。

3. **学习实践**

自身发展和更深地融入国际体系的需要，为中国的学习实践提供了内在动力。同时，加入新的国际机制也必然经历一个学习和适应的过程。对于大多数国际组织来说，中国在加入之初进行了大量的学习实践，主要分为三类。

第一类是技术和业务学习。与发达国家相比，中国在很多方面比较落后，需要学习的内容很多，学习任务紧迫。例如，在中国加入世界卫生组织后，该组织在中国举办了多次有关疾病防疫、卫生保健和卫生管理等方面的讲习班，还在中国设立了多个合作中心，成为中国学习先进技术和知识的重要途径。在文化教育领域，中国同样经历了一个相对落后的时期，联合国教科文组织涉及的教育、科技、文化等领域都被中国视为发展的关键。

第二类学习主要是针对不熟悉或之前不曾涉及的专业领域。例如，针对国际人权机制，中国在 20 世纪 70 年代之前经常采取回避态度或是超脱式接触，所以在重返联合国后，中国最开始主要是学习人权机制的语言和行为方式，直到 1991 年颁布《中国的人权状况》白皮书，才开始转向创新型参与。

第三类学习是直接从各类组织获得指导，通过与各类组织的合作深入学习。例如，中国邀请世界卫生组织直接参与中国医疗体制建设，对中国的医疗改革进行评估。在接触、学习先进理念的过程中，中国政府逐步将一些先进理念融入自己的国策。该组织倡导的公平性原则为中国政府所接受，成为新医改的重要指导原则，医疗改革在世界卫生组织“人人享有健康”的理念指导下全面推进。

4. 内化创新

中国在参与国际社会文化体系的过程中，经常会根据本国国情进行创新性参与。

第一类创新是中国利用国际组织将自己的经验和理念国际化。2008 年，中国在北京举办了世界卫生组织首届传统医学大会，大会通过了《传统医学北京宣言》，在此基础上起草的《传统医学决议》最终在该组织第 62 届大会上通过。

第二类创新体现在中国政府针对某些领域提出自己的概念和主张。例如，中国同第三世界国家一起提倡“发展权”，这一概念在 1986 年被写入联合国大会决议。再如，中国政府在 2008 年把国际人权概念提升到“建设和谐世界”的高度，进行了重要的理念创新。

第三类创新是推动和参与现有机制改革，积极创新新机制。目前很多国际机制都是二战后由美国主导的西方国家所创设的，发展中国家的声音很弱。因此，中国在参与过程中经常团结发展中国家推进机制改革，增加发展中国家在各类机制中的分量。例如，2006 年，中国团结发展中国家使联合国通过第 60/251 号议案，成立了新的人权理事会，增加了发展中国家在该领域的话语权，也改变了美国等西方国家利用人权委员会国别提案攻击中国等发展中国家的做法。同时，中国作为创始国之一也努力创建一些新机制，这也是中国国力增强和深入参与国际体系的必然结果。亚欧会议的创建就是一个很好的例子，中国通过创建该机制把很多中国理念融入全球治理当中。

第四类创新是保持在外交工作上的灵活性，张弛有度。中国在国际舞台上一直强调对话与合作，强调平等协商，通过对话解决分歧，这些也体现在中国对国际社会文化体系的参与过程中。例如，在参与国际人权机制方面，强调对话与合作一直是中国的显著特点。[1] 中国政府在面对西方压力时有时会选择性地采取强硬态度，有时也做出一些灵活让步，以最终实现自己的行动目标。1992 年 11 月，中国政府为了抗议美国售台武器，中断了同美国的人权对话，使西方国家借人权向中国施压失效。[2]

(二) 中国参与国际社会文化体系的特点

1. 参与立场与原则鲜明

中国在对外政策方面立场坚定，原则鲜明，但在运用原则时表现灵活。[3] 例如，中国一贯坚持主权神圣不可侵犯、捍卫领土完整和国家独立的立场。这种立场与中国 19 世纪中期以来的历史，尤其是与西方列强有关的百年屈辱史密切相关。[4] 正如寇爱伦指出，主权对于很多中国领导人来说，是一个神圣的权利，在任何情况下都不能让步。[5] 然而，以这些原则为指导，在处理具体问题时却不乏灵活性。中国参与国际人权事务的方针是独立自主、积极慎重、稳步前进。对于与政治联系密切的内容，中国政府相对谨慎；在政治压力相对较小的领域，中国的参与则往往更加积极。例如，中国非

---

① Chen Dingding, " China's Participation in the International Human Rights Regime: A State Identity Perspective," *Chinese Journal of International Politics*, Vol. 2, No. 3, 2009, p. 403.

② [美] 伊丽莎白・埃克诺米、米歇尔・奥克森伯格主编：《中国参与世界》，第 151 页。

③ Samuel S. Kim, "China's International Organizational Behavior," p. 400.

④ 有学者认为，这种坚持也对中国的参与过程产生了一些负面限制。参见 Chen Dingding, " China's Participation in the International Human Rights Regime: A State Identity Perspective," p. 417。

⑤ Allen Carlson, *Unifying China, Integrating With the World: Securing Chinese Sovereignty in the Reform Era* (Stanford, C. A.: Stanford University Press, 2005).

常重视妇女权益保障的国际合作，对各类活动表现积极，而涉及把国际监督和汇报机制的决策权移交给国际机构时，中国政府则趋于谨慎。

2. 由被动参与到主动参与

就国际社会文化体系而言，中国经历了一个渐进式的参与过程。1978 年，中国自身定位从“革命现代国家”转变为“现代社会国家”，工作重心转向现代化建设，和平稳定的国际环境成为现代化建设的重要保障。中国开始积极参与国际组织，改善与西方国家尤其是美国的关系。中国从被动承认到主动参与、从消极对待到积极利用各类组织，服务于国家的建设和发展。这一过程通常始于孤陋寡闻，而后在互动过程中不断熟悉相关机制和内容，把握机制运作的制度和规范，直至完全熟悉之后主动加以运用，将其视为争取和维护权益的平台和途径。例如，在 20 世纪七八十年代，中国在国际人权领域基本是被动或是程序性参与，参与程度极低；但 80 年代以来，中国则开始积极介入，先后加入了涉及难民、种族隔离、种族灭绝、酷刑等问题的专门性国际人权公约；随着日渐熟悉人权事务，中国政府遂转变立场、主动参与，如利用人权大会等场合宣扬自己的人权主张和立场；1991 年，中国政府发表了第一部《中国的人权状况》白皮书，主动向世界介绍中国的人权状况。

3. 注重实用性

中国的参与过程体现出很强的实用性。中国加入某些条约和组织，是为了更好地维护和实现国家利益，对于那些没有把握或是有可能损害国家利益的组织和条约，基本持怀疑或拒绝态度；对于一些对自己的发展来说不是特别急迫的领域，中国的态度则比较超然。毛泽东在谈到恢复中国联合国合法席位时就曾表示，“不进联合国，没什么损失；进联合国，既要守规矩，又无太多实惠。”[①] 中国恢复联合国合法席位后，当时西方国家并没有把中国的人权视为一个重要领域，因此，与政治、安全领域的组织或机制相比，人权领域的紧迫性相对较低，中国也没有把人权领域视为外交工作的一个重点。但是，随着自身日趋介入人权机制，又兼反复面临西方国家的人权压力，中国政府遂变被动为主动，更积极地去影响相关机制和规范。

4. 选择性渐进参与

中国的选择性渐进参与比较明显，对那些能够促进经济发展、保持社会稳定的机制比较积极；对于比较熟悉或是政治色彩相对较弱的机制，参与也相对较多；对于那些与自己的主张接近的国际机制也积极参与，顺势而为。例如，1971 年，中国刚加入国际电信联盟时，国际电信联盟强调国家权力的重要性，这一原则与中国政府一贯强调的国家在信息领域里的重要性相似，因此，中国一直参与该组织的活动，遵守各项规定。

中国的选择性参与和体制限制有关。参与国际机制必然要受到限制，中国对此则比较谨慎。例如，在人权机制内部，中国的参与即表现出选择性。1980 年至 1989 年，在 25 个有关种族歧视、种族

---

① 毛泽东：《同斯诺谈台湾问题及其他》，载《毛泽东外交文选》，北京：中央文献出版社、世界知识出版社 1994 年版，第 451—453 页。

隔离、妇女、种族屠杀、酷刑、难民以及儿童的联合国主要人权公约中，中国相继签署并加入了其中的 8 个，但却没有加入最重要的《经济、社会及文化权利国际公约》《公民权利和政治权利国际公约》和《国际公民权利和政治权利公约的选择性议定书》。与联合国教科文组织的合作，选择性参与也很明显。中国把与该组织合作的重点首先放在科学和技术这些政治色彩较弱的领域，这些合作可以直接帮助中国实现经济快速增长与繁荣。而对于该组织内的一部分国际公约，中国迄今都没有批准，如《保护水下文化遗产公约》《取缔教育歧视公约》《国际出版物交换公约》《交换政府间出版物公约》。中国在接受国际规范方面选择性明显，这也表明中国只是部分地、渐进地融入国际体系。[①] 中国选择性参与也和国际机制本身的特点有关，中国对由西方国家主导或是由美国主导实施的国际机制，一般都会比较谨慎。[②]

5. 创新性较弱

中国在国际议程制定与国际制度设计方面仍是一个后来者。中国常常对其他国家提出的议案做出被动反应，尤其是在与中国没有直接关系的领域或问题上。中国的主动倡议和牵头磋商相对较少。[③] 国家在国际议程方面拥有多大的影响力和号召力，反映了一个国家的软实力。而对于作为软权力的国际制度，国家的政治理念与主张

① Ann Kent, "China's Growth Treadmill: Globalization, Human Rights and International Relations," p. 525.

② ［美］伊丽莎白·埃克诺米、米歇尔·奥克森伯格主编：《中国参与世界》，第23 页。

③ 王逸舟主编：《磨合中的建构：中国与国际组织关系的多视角透视》，北京：中国发展出版社 2003 年版，第 34 页。

在多大程度上能够贯彻到制度设计过程之中，仍然很具挑战性。中国在参与国际体系的过程中，经历了学习、熟悉、适应、深化、内化、改革、创新的不同阶段。从整体情况来看，中国学习、遵约实践比例较大，而创新性相对较弱。当前，随着中国国际地位的提升，中国在引领议程设定、动员国际社会、掌握规则制定权等方面还有很大提升空间。在国际体系中更加有所作为，更多地参与和引领全球制度设计，融入中国元素、展示中国偏好，已成为中国的一种共识。①

四、中国的参与及其与国际社会文化体系的互构

中国参与国际社会文化体系，无论是对中国本身还是对国际社会文化体系，都影响重大，意义深远。中国的参与对中国和国际社会文化体系而言是一个互构过程，为双方带来了制度、行为以及观念方面的多重变化。

（一）中国的参与对国际社会文化体系的影响

国际体系的演变主要强调体系的延续与变更。延续主要是指体系本身的延续。中国作为世界第一人口大国，对国际社会文化体系的参与本身，就是维护和延续该体系的一个关键因素。而在参与过

① Rosemary Foot, "'Doing Some Things' in the Xi Jinping Era: The United Nations as China's Venue of Choice," *International Affairs*, Vol. 90, No. 4, 2014, pp. 1085-1086.

程中，中国把本国的价值理念与实践方式融入体系之中，则为体系带来了积极变化。

第一，中国的参与具有很强的象征意义，加大了发展中国家在国际社会文化体系中的份额，改变了发达国家与发展中国家的实力对比，同时也使其所参与的领域更显突出。联合国本来就是一个制定标准、设定规则和构建共识的国际组织，加入的国家越多，其合法性越强。而对于其各专门机构来说同样如此。中国的参与本身就是对其代表性、权威性的一种认可，加大了发展中国家的声音，改变了国际社会文化体系的结构，带来了话语权与话语量的变化。例如，1981 年中国当选为联合国人权委员会成员，2006 年推动联合国人权机制改革，并连续当选为新成立的人权理事会成员，有力维护了发展中国家的权益与主张。中国的妇女、儿童、老年人、残疾人的人数都居世界首位，中国对于他们权益的保护为这些领域在世界范围内的进步发挥了重要作用。中国在一些社会问题领域的努力，甚至极大地改变了世界的相关格局，中国使几亿人脱贫，提前达到联合国发展目标，在广大发展中国家中间发挥了示范作用。

第二，中国的参与使国际社会文化体系向更加多元、公正的方向发展。中国基于传统文化与价值观提出自己的世界理念，扩大了中国在世界上的文化影响力和价值影响力。中国所倡导的仁爱、公平、正义、和谐等理念，是对美国所倡导的民主、自由等价值观的一个补充，可以为国际规范提供新的元素。① 中国基本实现了九年制义务教育，把全民教育作为与联合国教科文组织合作的重点，这

① 关于中国的相关价值观，详见 Yan Xuetong，“New Values for New International Norms，” *China International Studies*，Vol. 38，No. 3，2013，pp. 15-28。

方面的成就也被该组织视为发展中国家的榜样，而中国也愿意通过该组织与其他国家分享经验，为非洲等地区的国家提供教育援助。在人权方面，中国的参与本身就是对世界人权机制的贡献，进一步丰富和发展了人权的理念。中国倡导的“发展权”和“生存权”，更是彰显了人权概念的完整性、全面性和不可分割性。中国的人口政策直接关乎世界人口的整体态势。在世界文化遗产保护方面，中国与国际同行合作，制定了在国际范围内有重大影响和参考价值的《中国文物古迹保护准则》。在体育赛事方面，中国获得奥运会主办权后，率先向国际社会承诺，对兴奋剂采取“零容忍”措施，得到了国际奥委会的大力肯定。中国对于存在重大问题的机制，努力寻求变革，使其更加公正、公平。中国政府提出改革联合国人权委员会，改变其“席位分配不均，倾向于某些地区”的状况，并最终得以实现。

第三，中国向世界贡献与分享了自己在某些领域的成功经验，促进了国际社会文化体系的发展。例如，在卫生领域，中国的农村保健制度对于很多发展中国家具有良好的示范作用，因此应世界卫生组织的要求，中国曾多次举办讲习班，与世界分享中国经验，特别是为不发达国家提高医疗水平提供了借鉴。中国在医疗保健方面的相关经验，最终促使世界卫生组织启动了“2000 年实现人人健康”行动计划。中国一贯重视传统医学。在中国等国的倡议下，世界卫生组织第 62 届大会通过了《传统医学决议》，敦促会员国发展传统医学，此举充分显示出中国的传统医学对世界卫生领域的影响。以中国专家为主起草的《中医药学名词术语国际标准》经世界卫生组织推出后，为传统医学在世界范围内的发展和传播提供了指导和规范。

第四，中国主动参与高层职位的竞争，为国际组织贡献国际人才。从 20 世纪 70 年代的被动应对到 80 年代更加积极主动，中国不断积累经验、增强自信，对国际组织和专门机构的参与度从浅到深，实质性参与明显增多，开始在多个国际组织出任重要职位。例如，中国在 1984 年和 1989 年的万国邮政联盟大会上均被选为大会副主席，在 1989 年的华盛顿大会上还当选为执行理事会理事国，同时被选为执行理事会副主席和邮政研究咨询理事会理事国。1979 年，中国代表被选为世界卫生组织第 32 届卫生大会副主席；1987 年，该组织区域会议首次在中国召开；2006 年，陈冯富珍当选世界卫生组织总干事。1980 年，中国加入世界知识产权组织；1985 年 3 月 19 日，中国加入《巴黎公约》，并在该组织第 16 次成员国会议上当选为巴黎联盟执行委员会委员。在世界旅游组织第七次全体大会上，中国首次当选为该组织执行委员会委员，并同时出任统计委员会委员和亚太地区委员会副主席；1991 年，中国再次当选为该组织执委会委员。中国也开始注意主动参与高层职位的竞争，推荐相关人士参与相关机构的工作。2005 年，章新胜成功当选联合国教科文组织执行局主席，这是中国首次在联合国系统内以竞选方式赢得高层职位；2010 年，唐虔获任助理总干事，分管教育部门。2008 年，杨佳当选为联合国残疾人权利委员会副主席；2014 年，张海迪在激烈的国际竞争中当选康复国际主席，反映了国际社会对中国在该领域努力的肯定。① 而所有这些人与事，都反映出中国的日趋开

① 《张海迪当选康复国际主席》，人民网，2014 年 10 月 6 日，http：//world. people. com. cn/n/2014/1006/c1002-25781928. html。

放自信，中国参与国际体系的广度和深度，以及国际社会对中国的认可。

(二) 中国的参与对中国自身的影响

中国参与国际社会文化体系，缩短了中国向世界学习的过程，给中国带来了诸多变化，这不仅仅体现在行动上，如法律、法规的建设，更影响到中国人的态度、思维及社会观念，乃至国家发展战略的改变。而随着国力的增强，中国的参与也进一步提升了中国的国际形象与国际声誉。

中国的参与改变了中国的国家发展战略。改革开放以后，着眼于市场经济的文化建设使中国的人文价值观出现了一定程度的迷失。[①] 但是，随着中国与国际社会文化体系的互动，中国对文化的定位和建设理念都发生了变化，逐渐把文化建设提到了与经济、政治建设同样的战略高度，由国内层面扩大到国际层面，目标进一步明确。1982 年，中共十二大报告指出：要集中力量进行社会主义现代化建设，要提高社会主义物质文明和精神文明。2003 年，中共十六大报告对文化建设和文化体制改革进行了专门论述，明确指出：当今世界，文化与经济和政治相互交融，在综合国力竞争中的地位和作用越来越突出。[②] 中共十七大报告提出，要激发全民族文化创

---

① 许和连、吴刚：《全球化背景下中国第四次文化建设——基于人文价值观的分析》，《中国软科学》2010 年第 10 期，第 76—85 页。

② 《党的十六大报告》（全文），中国经济网，2003 年 10 月 6 日，http：//www.ce.cn/ztpd/xwzt/guonei/2003/sljsanzh/szqhbj/t20031009_1763196.shtml。

造活力，全面提高国家软实力。① 而十八大报告则明确提出了建设文化强国的目标，要求扎实推进文化强国建设，使中华文化国际影响力不断增强。②

中国的参与改变了中国的国策。在教育领域，联合国教科文组织所倡导的“全民终身教育”“终身学习”和“学习型社会”等理念对中国的教育改革产生了深远影响，成为中国教育改革的方向之一，并最终成为中国的基本国策。1993 年 3 月，中国原则上通过了《中国全民教育行动纲领》，“全民教育”的概念被写入 1994 年的《政府工作报告》。再比如，关于教育发展水平指标体系、教育投入占 GDP 的比例，最早也是由联合国教科文组织提出来的，以反映各国教育财政的投入水平；还有如“毛入学率”“文盲率”“师生比”“十万人口中大学生比例”“教育投入占政府预算比例”“教育回报率”等衡量教育发展水平的常用术语与概念，也大多是由联合国教科文组织和其他国际组织研究、提出并首先采用，而后逐渐被中国政府广泛采纳的。“从国际观念到国家政策”的接受和消化过程，充分表明了中国对联合国各专门机构所持的开放态度。中国在与它们的互动过程中，将理念引入政策，沟通更加顺畅，话语体系逐渐趋同，从而推动中国融入国际社会。③

中国的参与推动了中国在各领域的建章立制，使自身在社会文

---

① 《胡锦涛在党的十七大上的报告（全文）》，新浪网，2007 年 10 月 24 日，http：//news. sina. com. cn/c/2007-10-24/205814157282. shtml。

② 《十八大报告》（全文），新华网，2012 年 11 月 19 日，http：//www. xj. xinhuanet. com/2012-11/19/c_113722546. htm。

③ 谢喆平：《中国与联合国教科文组织的关系演进：关于国际组织对会员国影响的一项经验研究》，第 139 页。

化领域的法律、法规不断健全。在保护文化财产方面，中国在1982年通过了《中华人民共和国文物保护法》，并于1989年和1999年先后加入了关于文物保护的《关于禁止和防止非法进出口文化财产和非法转让其所有权的方法的公约》《武装冲突情况下保护文化财产公约》。中国内化了世界卫生组织的公约和条例，并在国内颁布了一系列相应的法律、法规、计划和标准，如《国家环境与健康行动计划（2007—2015）》《生活饮用水卫生标准》（2006）《全民健康生活方式行动》（2007）等，使公共卫生体系愈加完善。在人权领域，中国也不断改革立法，把国际人权法的一些内容纳入国内立法之中。[①] 全国人大在1994—1995年颁布了新的《监狱法》《劳动法》《中华人民共和国法官法》《中华人民共和国检察官法》《人民警察法》《国家赔偿法》和《行政处罚法》，1996年修订了原《刑事诉讼法》。同时，法院的作用得到加强，法律从业队伍不断扩大。[②] 中国还先后制定了《国家人权行动计划（2009—2010）》和《国家人权行动计划（2012—2015）》，不仅呼应了国际人权机制，同时也体现了对中国自身的影响。在人权领域，中国还先后通过了《禁止使用童工规定》《中华人民共和国收养法》等法律法规。在知识产权保护领域，自1979年与美国签订贸易协定后，中国承诺对外国商品进行知识产权保护，不但加入了相应的国际公约和组织，还起草了一系列国内法，设立相关机构，正式采用了知识产权领域的一些标准、机构设置和程序。

中国的参与也对各相关领域国内机构的发展产生了深远影响，

---

① Joe Wuthnow, Xin Li, and Lingling Qi, "Diverse Multilateralism: Four Strategies in China's Multilateral Diplomacy," *Journal of China Political Science*, Vol. 17, 2012, p. 280.

② 西方国家认为这些法律的颁布都是改善人权状况的重要步骤，意义重大。

甚至改变了中国政府机构的科层设置。中国国内机构的薄弱在一定程度上影响了中国对一些国际机制的参与。因此，中国在参与过程中需要进行机构适应，并设置有关的国内机构。例如，原本中国没有专利制度和针对产权、专利的管理部门。1973 年 11 月，中国国际贸易促进委员会派任建新率代表团作为观察员，赴日内瓦参加世界知识产权组织领导机构第四次系列会议，会后向国务院建议建立中国的专利制度。周恩来总理还专门指示要对建立专利制度的问题进行深入研究。1977 年 1 月和 3 月，对外贸易部副部长柴树藩两次召集外交部、中国科学院和贸促会等单位开会，研究我国该不该参加世界知识产权组织。会上多数专家认为参加该组织利多弊少，并就此达成共识，最后由国家科委组建了中国专利局。① 再如，中国每签订一个环境条约，领导层都要建立一个复杂的机构体系，如政府层次的机关、研究机构等。② 1974 年，中国在参加斯德哥尔摩会议后，即建立了专门的环境保护办公室，10 年后正式成立国家环保局。

中国的很多社会观念发生了变化。在人权方面，我们从回避谈人权到积极参与国际人权机制，发布各类人权文件。得益于与联合国教科文组织的互动交流，传授和学习，中国的教育理念也发生了变化，诸如“一体化的发展”“内源发展”“可持续发展”“以人为本的发展”等理念被我们吸收、借鉴，成为中国的基本国策。③ 在

---

① 张海志：《长风破浪会有时——国家知识产权局（原中国专利局）成立前后纪事》，《中国知识产权报》资讯网，2010 年 1 月 5 日，http://www.cipnews.com.cn/showArticle.asp?Articleid=14937。

② ［美］伊丽莎白·埃克诺米、米歇尔·奥克森伯格主编：《中国参与世界》，第20 页。

③ 谢喆平：《中国与联合国教科文组织的关系演进：关于国际组织对会员国影响的一项经验研究》，第 112 页。

文化遗产保护领域，中国起步较晚，在接触“世界遗产保护”概念之前，中国只有“文物保护”概念。所幸在与联合国教科文组织的互动过程中，中国的遗产保护事业逐渐在理论与实践上与国际接轨，在非物质文化遗产保护方面迅速跟进。2005 年 3 月，中国颁布了《关于加强我国非物质文化遗产保护工作的意见》，并于 2006 年 5 月 20 日正式公布了《第一批国家级非物质文化遗产名录》，还把每年六月的第二个星期六定为“文化遗产日”。如今，中国已成为拥有世界文化与自然双重遗产数量最多的国家之一。而这一过程也唤醒了国人的文化身份自觉，增强了整个国家的文化意识。

中国的参与过程本身也是约束和规范自身行为的过程，同时也得到了多方帮助。任何一种机制及其相关规则都有限制性和建构性的双向功能。中国加入各类组织后，减少了自己行为的随意性，改善和提升了国家的整体国际形象。随着国家的发展，社会的进步，中国对国际体系的参与开始越来越务实，参与的内容和风格也发生了变化。

结　语

从中国对国际社会文化体系的参与以及二者间的互动来看，中国可以说是国际社会文化体系的参与者、贡献者和受益者，同时对体系本身产生了很多积极影响。在参与过程中，中国自身也发生了许多根本性变化，如身份定位、国家政策调整等。更重要的是，中国的参与带来了中国在技术、法制、具体政策、行为方式以及观念领域的变化，促进了中国社会的整体发展与进步。当然，中国的参与过程本身也是对国际社会文化体系的改变，使其各类机制更加完整，代表性和包容性更强，中国的国家地位和话语权得到提升，同时也把传统理念融入现有机制中。由于社会文化体系的政治敏感度弱和隶属低级政治等特点，中国在参与过程中的主张和理念更容易被接受，这也进一步丰富了国际社会文化体系本身，使其体现出更多的中国元素和中国风格。

中国对国际社会文化体系的参与呈现出一些规律性，同时也暴露出一些问题。国际社会文化体系涉及内容广、影响面宽，所含机制复杂多样，参与行为体多元。中国参与其中，和参与经济、政治、安全体系一样，都会受到中国的整体国策与外交政策的影响。同时，中国的参与也体现出中国作为一个行为体本身的施动性，参与方式灵活，张弛有度，渐进性和选择性特征明显，既维护了自身利益，也在资源和能力允许的范围内为世界提供了一定的公共产品。当然，中国的参与也存在一些问题，如多以跟进为主，缺少创新，在人才储备和专业知识积累方面都显不足，在主导议程设置和引领制度设计方面相对薄弱，中国还远未成为体系的引领者和塑造者。

显而易见，中国今后应该更广泛深入地参与和融入国际社会文化体系。社会文化体系作为整个国际体系的一部分，不仅与政治、经济、安全等硬性内容相关联，更重要的是其长期和深入影响。参与国际社会文化体系，虽然有时不像在经济与安全领域那样显性和紧迫，但会直接影响中国的国家形象和软实力，也关乎我们社会的进步与发展。作为世界第二大经济体，中国仅仅依靠参与国际经济、安全、政治体系已经远远不能满足国际社会对中国的期待。国际社会期待中国在各领域承担更多责任，发挥更大作用，这也是中国作为一个负责任大国义不容辞的责任，中国在这些方面的潜力也有待进一步得到释放。

第五章　分裂与动荡：乌克兰难以下咽的“民主化”苦果

高　飞*

2014 年 3 月 18 日，俄罗斯与克里米亚及塞瓦斯托波尔的代表签署合并条约，正式宣布克里米亚并入俄罗斯。进入 4 月上旬，乌克兰东部顿涅茨克、哈尔科夫和卢甘斯克的亲俄罗斯民众要求效仿克里米亚，举行公投，乌克兰危机不断升级。乌克兰是最早发生颜色革命的国家之一，在独联体国家当中被西方称赞为“民主样板”“最自由的国度”。乌克兰人憧憬西方生活和追求西式民主，为何最终却演变成社会动荡和国家分裂的悲剧，不能不引人深思。

一、乌克兰深陷“民主陷阱”

乌克兰地处欧亚大陆腹心位置，夹于欧盟与俄罗斯之间。美国

* 高飞，外交学院教授、院长助理。本文原载于《求是》2014 年第 11 期，第 54—56 页。

著名战略家布热津斯基在《大棋局》里称，乌克兰是欧亚大陆“重要的地缘政治支轴国家”之一。特殊而重要的地理位置，让西方国家一直将乌克兰视为弱化俄罗斯的一枚关键棋子，也是西方推动颜色革命的重点地区。

苏联解体之后的乌克兰，几乎做到了西方“民主化”的所有要求。政治领域实现多党竞争选举。在西方宪政民主、多党制思想渗透下，代表乌克兰各方利益的政党大量涌现。从 1997 年到 2004 年短短几年间，乌克兰出现了近两百个政党，带来国内政治生态迅速变化，自由放任的思潮在乌克兰国家政治中不断生长。政治的自由放任推动乌克兰经济大步走向私有化、自由化，一些社会投机者借助权势谋取利益，钱权政治盛行，催生了一大批经济寡头。这些经济寡头反过来利用多党选举制度，操控国家政策为自己的利益服务。在所谓的“民主”政治中，寡头政治家眼中的“民意”不过是为获取自身利益的借口，根本不顾国家的长远发展。

2004 年颜色革命当中，亲西方的尤先科在总统竞选中输给时任总理的亚努科维奇。然而，在西方的鼓动下，尤先科宣称选举不公正，号召支持者上街示威游行，掀起颜色革命。在西方施加强大的政治压力和暗中支持反对派的情况下，乌克兰政府不得不妥协，使被世人嘲讽为“美国女婿”的尤先科如愿当选总统。

然而，颜色革命并没有给乌克兰带来真正的自由和幸福。一方面乌克兰的达官显贵们贪腐成风。前总理季莫申科通过 2009 年乌克兰爆发的大流感，让背后的医药财团赚了个盆满钵满。另一方面乌克兰人民的日子越来越苦。尤先科时期的面包大约 3 格里一个，比库奇马时期的0.5格里涨了5倍。乌克兰国内企业受腐败和政局动荡的拖累，要么倒闭，要么坐等俄罗斯的订单，因为乌克兰企业执行的产品标准大都是GOST标准（俄罗斯国家标准），基本上只有俄罗斯进口这些企业的产品。

国际金融危机的爆发，更是重创了乌克兰经济，严重的经济下滑使得乌克兰债务陡增。根据乌克兰财政部数据，今明两年需要约350亿美元援助以避免政府债务违约，而乌克兰的外汇储备已急剧下降到不足200亿美元，国家经济濒于破产边缘。

乌克兰要从这种矛盾重重困境中走出来，显然已经没有多少政策选择空间。谁能够及时给乌克兰输血，帮助其渡过眼前的经济难关，乌克兰的对外政策将会倒向哪一方。2013年11月底，乌克兰政府宣布暂停与欧盟签署相当于“准成员国”的联系国协定，转而寻求俄罗斯的援助和强化对俄关系。这导致部分亲欧民众的强烈不满，新一轮“革命”再次爆发。西方国家再次暗中支持反对派，运用包括网络在内的各种手段制造和传播政治谣言，使得乌克兰主流舆论一边倒批评和攻击政府。西方国家还向乌克兰反对派提供了大量信息情报，支持反对派颠覆政权。此外，他们还亲自上阵，美国共和党参议员麦凯恩就亲临基辅独立广场为反对派打气，助理国务卿纽兰甚至早早就通过电话与驻乌大使讨论谁当未来乌克兰的领导，她在接受CNN的采访时还承认，自苏联解体以来美国已拨出50亿美元支持乌克兰“民主”建设。

以美国为首的西方国家为了自身的战略利益，推动乌克兰颜色革命，就是要把乌克兰变成“西方”，从而挤压俄罗斯的战略空间。乌克兰的老百姓则被颜色革命绑架，推翻了一个又一个政府，生活没有好转，反而愈加困苦，社会也屡屡陷于动荡，仅2014年2月份政权更迭骚乱就付出了103个生命和1400多人受伤的惨痛代价。然而，这还远远不是乌克兰悲惨命运的全部！

二、“颜色革命”催化分裂

乌克兰现有版图是二战后形成的，历史不足60年。乌克兰东、西两部分是先后加入苏联的，作为乌克兰境内唯一一个自治共和国——克里米亚1954年从俄罗斯划归乌克兰。

西部地区是乌通向欧洲的走廊，这里的居民主要是乌克兰族，大多信仰天主教，说乌克兰语，甚至有人根本不会说俄语，或者以说俄语为耻。东乌克兰与俄罗斯接壤，是乌重工业区，与俄经济联系最密切，大多数人说俄语，文化传统与俄罗斯也最相近。乌克兰的这种地区间的强烈差异，在西方推动颜色革命的背景下，冲突不断被挑动起来。

乌克兰的语言在竞争性选举中成为一个重要议题。总统竞选人常常通过许诺支持或是压制俄语以争取不同族群的支持，直接加剧了地区和族群之间的矛盾。上一轮颜色革命之后，乌克兰“去俄罗斯化”达到前所未有的规模，禁止在乌克兰使用俄语的法令就达80多项，还不包括那些总统和政府机构发布的指令和命令。目前乌克兰的议会选举实施的是简单多数和比例代表制混合的选举制度。这种以选区为基础的选举制度在西方一些民族成分比较单纯、政治秩序比较稳定的国家或许能行得通，但是在乌克兰这种地域冲突、民族矛盾都很尖锐的国家进行选举，这种体制无异于火上浇油。在2012 年乌克兰议会选举中，公开声称自己代表东部俄语区的地区党在东部地区几乎全部取胜，一下子获得半数以上的选区议席。这种按地区或者族群划分的选举竞争必然会激化民族和地区矛盾，削弱国家认同。面对这种复杂的政治环境，任何一个负责任的政党和政治家理应将维护国家的团结统一作为首要任务，然而在“民主化”的乌克兰显然做不到。

与周边国家的收入差距拉大，加速乌克兰内部分离倾向。乌克兰原本是苏联和东欧最富裕的地区之一，但是到了 2012 年，乌克兰人均国内生产总值仅为 3685 美元，而东部邻国的俄罗斯为 1.45 万美元，西部相邻的欧盟成员国波兰、斯洛伐克和匈牙利均超过 1.2 万美元。对于本国经济发展的失望，转化为乌克兰中西部的居民极为渴望加入欧盟，特别是年轻人幻想加入欧盟能直接过上好日子，他们成为新一轮颜色革命的示威人群主力；而东部地区居民希望加强与俄罗斯的联系。他们都希望借助外力迅速摆脱经济困境，大幅提高自己的生活水平。不同地区不同的政策倾向，再与外力结合，就成为分裂乌克兰的导火索。

“民主化”运动加剧了乌克兰的民族矛盾、地区差异和贫富差距，导致了新一轮的动荡，国家分裂成为“偶然中的必然”。2014 年 2 月 22 日，乌克兰议会宣布受东部地区支持的总统亚努科维奇“自动失去权力”。但是乌克兰反对派还来不及欢呼和庆祝胜利，乌克兰南部和东部地区就掀起示威集会，提出用公投的方式，脱离乌克兰加入俄罗斯。3 月 16 日乌南部的克里米亚地区公投决定加入俄罗斯。4 月上旬，东部的顿涅茨克等三州出现了“脱乌入俄”的苗头，亲俄罗斯的民众走上街头示威游行，并与乌克兰安全部队发生了流血冲突。5 月 11 日，顿涅茨克和卢甘斯克两州举行全民公投，并随后宣布成为独立“主权国家”。

尽管乌克兰议会发表声明：“克里米亚过去是、现在是、未来也将是乌克兰的一部分，乌克兰人民在任何情况下都不会停止解放克里米亚的斗争，不管这个过程是怎样的困难和漫长”，乌克兰政府也拒绝承认任何地区性公投结果，但乌克兰的领土主权随着克里米亚半岛并入俄罗斯和东部三州的分离运动，已受到严重削弱。未来的乌克兰新政府能否有效维护国家主权和领土完整，并使整个国家稳定下来，使国民经济免于崩溃并有效恢复，仍然需要经历严峻的考验。

三、乌克兰乱局的几点启示

苏联解体后，乌克兰受西方民主的影响最深，后果也最令世人震惊。从乌克兰的乱局，我们可以得出以下几点启示：

一是不顾本国国情盲目搞西方民主，容易引发政治内乱乃至国家分裂。乌克兰被西方誉为“民主的样板”，这个样板的标准就是亲西方，那些所谓“民主斗士”无一例外都是西方所欢迎的。然而，在像乌克兰这样民族矛盾复杂、东西地区差异巨大的国家，应该在经济外交政策方面特别注意东西方平衡，但是在竞争性选举条件下，乌克兰政府做不到平衡，常常顾此失彼。当分裂出现的时候，弱势的政府无力控制局面。

二是千万不要把国家命运寄托于别人身上。乌克兰激进反对派打着民主的旗号攻击俄罗斯，以为有西方在背后撑腰，俄罗斯不会把它怎么样。当克里米亚进行公投，宣布从乌克兰独立，西方虽然也高调宣示制裁俄罗斯并支持乌克兰维护领土主权，但乌克兰并没有等到实质性的支持。西方只是从各自利益出发，采取象征性的行动，这时乌克兰人心中的懊悔可能只有他们自己才最清楚。国家命运如果不能掌握在自己的手中，就会成为大国政治博弈的牺牲品。

三是打着什么样旗号搞民主都不能破坏民族团结的底线。乌克兰的政客们为了赢得选举，竞相迎合选民，甚至不惜提出限制俄语使用这样极端的口号，大搞去俄罗斯化运动，公然挑动地区矛盾，严重伤害俄罗斯族的感情，最终酿成克里米亚独立公投脱乌入俄以及东部三州要求分离的结果。无论在东方还是西方，搞什么样的民主，都要遵循维护民族团结这个底线，民族矛盾一旦被挑起，轻则动荡持续经年，重则国家四分五裂，甚至战火连绵、国无宁日。

第六章　当前全球治理的制度困境及其改革

卢　静*

2008年国际金融危机爆发以来，国际社会强化全球治理的呼声空前高涨，改革和创新全球治理机制的共识也不断增强。联合国发布的《2010年世界经济与社会概览：重探全球发展之路》报告中指出，“2008—2009年全球经济危机暴露了金融市场运作的体制性失效以及经济决策核心的严重缺陷，而且，经济危机和金融危机是紧随其他几场危机爆发的”，粮食、能源、气候变化等“多重危机接踵而至，暴露了我们的全球治理机制在这些挑战面前，存在的严重弱点”。[①] 目前，全球治理体系与决策模式已无法适应变化中的复杂多样的新形势，变革中的国际社会需要改革全球治理体制。

在此形势下，全球治理体制进入改革期，层次不同、范围各异

---

* 卢静，外交学院国际关系研究所教授、博士生导师。本文原载于《外交评论》2014年第1期，第107—121页。

① 联合国经济和社会事务部：《2010年世界经济与社会概览：重探全球发展之路》，联合国官网，http：//www. un. org/esa/analysis/wess/wess2010files/overview_ ch. pdf。

的全球治理制度均经历着不同程度的改建、创建乃至重建过程。在全球层面，G20 强势崛起，并被确定为“国际经济合作主要平台”。“金砖国家”概念也得以机制化，并成为“当代南南合作与南北对话的重要载体”。[①] 气候变化问题日益严峻，网络安全、公共卫生等领域不断出现新的全球挑战，使得各种跨国社会运动和跨国倡议网络纷纷涌现，并积极参与到全球治理体系之中。而作为世界经济三大支柱的世界银行、国际货币基金组织和世界贸易组织，在肆虐全球、旷日持久的金融危机和多哈回合贸易谈判僵局面前，也进行了重大结构调整与制度改革。在地区层面，曾一度作为地区治理典范的欧盟，在一波三折的主权债务危机中，面临着治理机制的转型。为推动非洲的团结合作、提升国际影响力，非洲联盟也在积极建设并完善制度。而成功维护欧亚地区安全的上海合作组织，随着成员扩大和议题扩展，在从有效的双边接触向多边合作转变中，也在探索改革。鉴于世界贸易组织多哈谈判的困境，一系列区域性贸易安排随之兴起。在国家和次国家层面，应对全球性问题的官方与民间、公共与私人的各种制度安排也在迅速发展。罗伯特·考克斯将这些“包括政府间规制与超政府规制的结合、公私合作体制以及私人权威与自我规制的形式”在内，“联合了公共与私人的力量”的多样性制度结构，比喻为“遍布全球的星云”。[②]

尽管如此，现有的国际规则体系仍不能有效管理全球事务，不

① 杨洁勉：《金砖国家合作的宗旨、精神和机制建设》，《当代世界》2011 年第 5 期，第 22 页。

② Henk Overbeek, “Global Governance: From Radical Transformation to Neo-Liberal Management,” in Henk OverBeek, Klaus Dingwerth, Philipp Pattberg and Daniel Compagnon, “Forum: Global Governance Decline or Maturation of an Academic Concept,” *International Studies Review*, Vol. 12, No. 4, December 2010, p. 700.

能应对全球性挑战，致使全球问题不断产生和积累，世界秩序因而出现失调，并引发国际社会对“全球治理失灵”（global governance failure）的担忧①。那么，当前全球治理面临怎样的制度困境，又该如何改革？本文拟对这一看似老生常谈的问题展开一番新的思考和探讨。

一、国际权力结构变化凸显全球治理机构代表性不足

现行全球治理体系形成于二战后，在以美国为首的西方发达国家主导下，建立了以联合国为中心的国际安全治理体系和由布雷顿森林体系组成的世界经济治理结构。该体系有两个突出特点：一是国家中心治理模式。主权国家是基本治理主体，在涉及共同利益的问题上，主要靠主权国家间的协商、谈判与合作。这是一个以大国协调为中心、中小国家共同参与的治理模式。二是治理呈现“中心—外围”结构。发达国家处于治理的“中心”，是“治理者”，而发展中国家则位于“外围”，是“被治理者”，发达国家通过主导国际规则的制定和解释来维护自身利益。

然而，自冷战后，尤其是进入21世纪以来，国际权力结构发生了深刻变化。一方面，新兴国家的群体性崛起，导致全球经济重心和权力重心开始“东移”。尤其是以“金砖国家”为代表的新兴大国成为世界经济的领头羊，在世界经济中的比重大幅提升，它们也

① 秦亚青：《全球治理失灵与秩序理念的重建》，《世界经济与政治》2013年第4期；World Economic Forum, *Global Risks 2013* (English Edition), http://www3.weforum.org/docs/WEF_GlobalRisks_Report_2013.pdf。

更加积极地参与全球治理。在21世纪头十年，新兴经济体平均经济增长率超过6%，其中，“金砖国家”整体平均增长率更超过8%，远高于发达国家2.6%及全球4.1%左右的平均增长率。根据国际货币基金组织的测算，“金砖国家”对世界经济增长的贡献率，从1990年的-0.6%上升到2010年的60%强；而发达国家对全球经济的贡献率，则从1990年的88.6%下降到2000年的76.6%、2008年的20.8%，到2010年仅约30%。作为一个整体，金砖五国的经济总量占全球经济的比重，从2001年的17.71%上升到2009年的24.22%。[①] 随着经济实力的增长，新兴国家参与全球治理的意愿与能力均得到极大提升。另一方面，全球化与信息化的深入发展，使得国际权力从国家向非国家行为体流散。如今，权力已不仅仅为国家所有，事实上，国家权力正在衰落，而非国家行为体的权威正在兴起。权力在由国家向市场进而向非国家权威转移。[②] 这些新兴的非国家行为体，既包括政府间国际组织，也包括跨国公司等市场行为体，甚至包括由国际非政府组织、跨国倡议网络、跨国社会行动构成的全球公民社会，而许多发挥重大国际影响力的个人，如“通过电子银行转账数额远高于很多国家预算的银行家”和“转移武器的恐怖分子”以及“威胁网络安全的黑客”，[③] 等等，也在其列。对此，美国著名政治评论家法里德·扎卡利亚认为，当前国际权力的结构性变化乃是继美国在20世纪崛起之后，世界现代史上第三次权

① 林跃勤、周文王主编：《新兴经济体蓝皮书：金砖国家经济社会发展报告（2011）》，北京：社会科学文献出版社2011年版，第8—13页。

② ［英］苏珊·斯特兰奇：《权力流散：世界经济中的国家与非国家权威》（肖宏宇、耿协峰译），北京：北京大学出版社2005年版，“前言”，第6页。

③ ［美］约瑟夫·奈：《权力大未来》（王吉美译），北京：中信出版社2012年版，“前言”，第21页。

力大转移。[①] 美国哈佛大学教授约瑟夫·奈也将今天世界权力的分布比喻为“一场复杂的三维国际象棋比赛。[②] 美国对外关系委员会主席理查德·哈斯则称，当今国际体系处于“混乱危险的无极”状态。[③] 全球政治风险研究和咨询公司欧亚集团总裁伊恩·布雷默，更提出了“群龙无首”的“零国集团”概念。[④] 总之，国际权力体系呈现出“去中心化”和“分散化”两大特点。

权力转移和权力扩散引发了现行全球治理机构的合法性与有效性危机。在这些机构中，重新分配主要成员的代表权和话语权，增加发展中国家的代表性已成为大势所趋。在此形势下，长期作为世界经济治理平台的“八国集团”在寻求改革，更具代表性的20国集团强势崛起。同时，国际社会改革布雷顿森林体系的呼声也空前高涨。2010年4月，世界银行投票权改革方案获得通过，发达国家共向发展中国家转移投票权3.13%，从而使发展中国家整体投票权从44.06%提高到47.19%。[⑤] 此外，国际货币基金组织也对其配额制进行了改革，在2010年11月的20国集团首尔峰会上，各国领导人正式同意向发展中国家转让6%的投票权，同时还将欧洲发达工业国两个执行董事会的席位让给发展中国家。然而，时至今日，国

---

① Fareed Zakaria: “The Rise of the Rest,” *Newsweek*, May 12, 2008.

② Joseph Nye, “Global Power Shifts in the 21st Century,” July 1, 2010, http://www.sweetspeeches.com/s/699-joseph-nye-global-power-shifts#ixzz24v31Voph.

③ Richard Haass, “The Age of Nonpolarity: What Will Follow U.S. Dominance,” *Foreign Affairs*, Vol. 87, No. 3, May/June 2008, http://www.foreignaffairs.com/articles/63397/richard-n-haass/the-age-of-nonpolarity.

④ Scott Horton, “Every Nation for Itself: Six Questions for Ian Bremmer,” *Harpers*, May 2012, http://harpers.org/archive/2012/05/hbc-90008577.

⑤ 石建勋：《可喜的一步：世行投票权改革》，《人民日报》（海外版），2010年4月27日，第1版。

际货币基金组织改革方案依然停留在纸面上。由于改革方案涉及修正组织协定和章程，需要占总投票权 85%的成员国同意，而坐拥 16. 75%投票权、因而能单方面否决重大决策的美国，仍未批准改革方案，已成为改革的最大阻力。与此同时，大量非国家行为体的出现及其不断增长的权力，也极大地挑战了长期以来主权国家合法垄断公共权力的局面。尤其像跨国公司和全球公民社会等非国家行为体，不但是诸多全球问题的“制造者”，而且它们也是“解决者”。概言之，以主权国家为主要治理主体和管辖范围的治理模式，已经无法有效应对全球性挑战。鉴于大量非国家行为体权力的增长，在恐怖主义、核安全、网络安全跨国犯罪和气候变化等诸多领域，治理形势日趋严峻。因而，重视并增强非国家行为体的地位与作用，便成为提升现有治理机构有效性的重要任务。

二、主权民族国家体系致使治理责任错位

17 世纪中叶，《威斯特伐利亚和约》结束了欧洲的“三十年战争”，并确立了一个由主权民族国家构成的国际体系，民族国家成为世界体系中的基本法律和政治单元，也是国际关系中的核心行为体。而且，“到目前为止，民族国家仍然是唯一得到国际承认的政治组织结构”。[①] 在民族国家体系中，“国家利益高于一切”成为指导国家对外关系的基本原则，国家间交往也基本上围绕国家利益而

① ［英］安东尼·D. 史密斯：《全球化时代的民族和民族主义》（龚维斌等译），北京：中央编译出版社 2002 年版，第 122 页。

展开。然而，全球化的深入发展加深了世界范围的相互依存，一系列日趋严峻的全球性问题，增强了“人类命运共同体”意识，彰显出建立在民族国家基础上的国际治理体系的巨大的局限性世界。呼唤一种新的世界政治文明，强调多元、多层次参与全球公共事务管理的全球治理应运而生。全球治理的基石是全球价值观，真正的全球治理要求以全人类共同利益为基本指导原则。由此，主权民族国家体系与全球化和全球问题的内在要求之间出现了严重脱节，随之便产生了国家利益与全球利益、民族价值观与全球价值观之间的二元悖论，也导致了全球治理机制的责任错位，全球治理因而陷入困境。

以全球贸易领域的治理为例。从世界贸易组织（WTO）60年的发展历史中可以看出，这个推动全球贸易发展、规范全球经济和贸易秩序的治理机构，在履行全球责任的过程中，无不体现出主导国的利益偏好，且责任模糊也制约了WTO有效发挥自身功能。WTO的前身是“关税和贸易总协定（GATT）”，成立于二战后初期。当时，美国凭借自身空前强大的经济实力，出于对外扩展国际贸易的需要，打着“贸易自由化”的旗帜，倡导建立了这一多边贸易政策框架。20世纪80年代，随着美国服务业迅速发展，美国迫切需要将自由贸易的一般原则从货物贸易扩展到服务贸易领域。因此，在1986年的“乌拉圭回合”谈判中，美国开始极力推行服务贸易自由化。在此背景下《服务贸易总协定》（CATS）应运而生。CATS首次确定了有关服务贸易规则和原则的多边法律框架，也极大地推动了美国服务贸易的大发展，到1999年美国的服务贸易进出口额均为世界第一。20世纪90年代后，面临发展中国家劳动密集型产品对其传统工业的冲击，以及由此产生的工人失业和其他社会问题，一向标榜自由贸易的美国开始推行贸易保护主义。在 1999 年的西雅图“千年回合”谈判中，美国打出保护劳动者权益和环境的名义，要求各贸易国达到劳工和环境标准，否则，美国将拒绝其产品出口。冠冕堂皇的劳工和环境标准，成为发达国家对发展中国家实行超级贸易保护主义的有力武器，但在发展中国家的抵制下，美国保护主义失效，西雅图谈判也归于失败。[①] 进入 21 世纪以来，在多哈回合谈判中，由于美欧力图通过实施巨额农业补贴和高关税壁垒，保护自身农业利益，严重挤压了发展中国家的农业发展空间，而使谈判长期陷入困境。从 WTO 的发展中可以看出，以美国为首的发达国家从维护自身利益出发，主导了 WTO 规则的建立与变革，使这个全球经济与贸易治理机构出现责任错位，并引发自身发展的困境。

而在气候变化领域，气候问题的全球性与基于地缘政治的解决方案之间的矛盾，也使得气候治理陷入困境，在协调全球利益与国家利益时，国际气候制度难以取得突破。由于气候治理不仅是一个生态环境问题，更是一个发展问题，直接关涉各国的发展权益，所以在气候制度的制定与执行中，各方始终围绕国家利益进行激烈博弈，而全球利益仅仅停留在口头上。各国为了维护自身利益，推卸责任、逃避责任现象随处可见，尤其是在责任与成本分担问题上，发达国家与发展中国家难以达成共识，使得气候变化形势日趋严峻。在气候变化问题上，无论就历史还是当前现状而言，发达国家

① 华桂宏：《美国的贸易政策与 WTO 规则：关系与启示》，《市场周刊（财经论坛）》2003 年第 4 期，第 1—2 页。

都是全球温室气体排放的最大来源国，对环境恶化负有重大责任，然而，它们不但力图逃避应该承担的责任，反而把责任更多地推给新兴发展中国家。而正处于工业化阶段的新兴经济体，在得不到发达国家资金与技术援助的情况下，大多仍沿袭欧美一个多世纪前采用的碳密集型发展之路，更加剧了气候恶化态势。凡此种种，使全球气候治理制度难以承担服务于全球人类共同利益的责任。

三、国际机制复杂性引发治理政策失灵

有效的全球治理离不开合适的制度安排，而全球治理又被解读为“作为世界上所有基于规则的协调总和”。[①] 国际制度有助于在一个缺乏中央政府的全球化世界中，促进合作并建立某种秩序。理性主义认为，国际制度通过加强信息的透明度、降低不确定性和交易成本，从而促成国际合作。而建构主义则强调，国际制度能够塑造国家的认同和文化，进而影响国家行为并增进国际合作。因此，强化以国际制度为核心特征的全球治理成为当今国际社会的共识，由此在一些全球治理议题领域中国际制度大量衍生。

在特定议题领域中，大量国际制度形成了“机制复合体”（regime complex）。所谓“机制复合体”，是指“治理特定议题领域的一群部分重叠的、非等级的制度”，[②] 是“特定制度松散联结而成

① ［德］克劳斯·丁沃、［荷］菲利普·帕特伯格：《如何“全球”与为何“治理”？全球治理概念的盲点与矛盾》，《国外理论动态》2013年第1期，第30—31页。

② Kal Raustiala and David G. Victor, “Regime Complex for Plant Genetic Resources,” *International Organization*, Vol. 58, No. 2, Spring 2004, p. 279.

的制度集”。① 而机制复合体的产生导致“机制复杂性”（regime complexity）问题，从而使国际机制表现出“碎片化”和“多元中心”特征。“碎片化”是指拥有不同成员并在不同范围内运作的大量组织，承担着诸如制定规则并提供公共产品等职责。而“多元中心”则指多数跨国组织都是由特定行为体“自下而上”建立的，他们各自追求自身目标，极少有中心协调机制。② 国际社会对国际制度的需求，使得各治理议题领域产生了不少制度安排，但由于当今全球治理议题交叉重叠，各议题领域中的这些制度安排之间缺乏有效的协调统一，相互间契合程度低，甚至某议题领域的有效制度可能成为另一领域中的破坏者。因此，国际机制复杂性引发了全球治理政策的失灵。

在气候变化领域，除了联合国框架下的全球多边气候制度外，还产生了大量由政府主导但范围更窄的“小多边”乃至双边气候制度，以及各类公私伙伴和民间气候合作制度。即使是在联合国框架下，大量国际组织如政府间气候变化委员会（IPCC）、环境非政府组织以及联合国的相关机构，如联合国贸发会议、联合国开发计划署、联合国环境规划署、世界银行，都对国际气候合作制度的建立运转及延续发挥重要作用。③ 这使得气候治理制度呈现出参与者多但相互间政策不协调的突出特点。气候变化是一个系统工程，涉及

① ［美］罗伯特·基欧汉、戴维·维克托：《气候变化的制度丛结》，《国外理论动态》2013 年第 2 期，第 100 页。

② Kenneth W. Abbott, “The Transnational Regime Complex for Climate Change,” Working Paper, April 2011, http://media.cigionline.org/geoeng/2010%20-%20Abbott%20-%20The%20Transnational%20Regime%20Complex%20for%20Climate%20Change.pdf.

③ 庄贵阳、朱仙丽、赵行姝：《全球环境与气候治理》，杭州：浙江人民出版社 2009 年版，第 165—183 页。

能源粮食、人口、贸易等多个领域，如果没有一个全球性、网络化的协调机制，协调统一各领域的政策与行为，其他领域的制度安排就很可能使气候领域的各种努力化为乌有。如国际货币基金组织和世界银行等在内的金融机构的投资行为，便可直接导致对生态环境具有重要影响的产业结构变化，从而实际上不利于开展气候减排工作。有研究者指出，目前有超过20个国际环境协议正遭遇“无政府主义的低效率”问题。①

当前东亚地区治理也反映出国际机制复杂性问题。从20世纪80年代后期开始，尤其在1997年亚洲金融危机和2008年国际金融危机后，东亚地区签署了大量多边或双边协议，建立了一系列地区性国际组织，使得该地区各种制度建立发展扩散和交叠的情况日益突出。而东亚地区国际制度的扩散、传播、嵌套和重叠，也使在问题领域、管辖权以及成员身份等方面的“交叠”问题越来越明显。②由于不同制度间缺乏协调与配合，制度竞争阻碍了本地区强有力的、统一的制度发展来协调政府间的区域经济合作和构建共同身份认同，从而导致东亚经济地区主义长期难以获得实质性进展。③

① ［英］戴维·赫尔德、凯文·扬：《有效全球治理的原则》，《南开学报》（哲学社会科学版）2012年第5期，第6页。

② 王明国：《国际制度复杂性与东亚一体化进程》，《当代亚太》2013年第1期，第4—5页。

③ 李巍：《东亚经济地区王义的终结？——制度过剩与经济整合的困境》，《当代亚太》2011年第4期，第7页。

四、全球治理议程扩大显现治理"盲点"

当前，全球化、信息化与网络化的快速发展正重塑全球经济社会结构，世界经济、政治、社会和文化均经历全面转型，而国际权力格局的深刻变化，又使得世界各种力量之间的竞争、博弈和较量愈加激烈。根据中国社会科学院发布的 2013 年《国际形势黄皮书》，从 2008 年国际金融危机爆发到 21 世纪前二三十年，乃至前半个世纪，世界格局都可能处于激烈动荡甚至跳跃状态，而这是世界各种重大矛盾长期累积的必然结果。世界范围内存在更深刻、更全面的经济社会危机，当今世界可能处于大动荡、大调整、大变革的前夜。[①] 这种形势不但加剧了旧有的全球性问题，也衍生出一系列新的问题，并随之产生了一些新的全球公共空间，如网络、太空、极地，全球治理议程与范围都在扩大。

科学技术的发展，尤其是计算机和互联网技术的升级换代，使得当今世界真正进入了信息化时代，互联网作为一个"技术奇迹"和驱动经济发展的"发动机"，使世界的联系达到前所未有的程度，并带来巨大的经济增长，与此同时，也伴生了危害国家主权与安全、侵犯公众权益等网络安全问题。2010 年底的西亚北非局势动荡，新兴网络媒体显然起到了推波助澜的作用。2013 年 6 月爆发的美国"棱镜门"事件，到今天已演变成愈演愈烈的美国窃听丑闻，

---

① 李慎明、张宇燕主编：《国际形势黄皮书：全球政治与安全报告（2013）》，北京：社会科学文献出版社 2012 年版，第 324—326 页。

虽然这一事件进一步提高了各国对网络和通讯安全的重视，但更促使国际社会认真思考，在世界日益扩大的“数字鸿沟”面前，谁来保护弱者的利益与安全问题。自由、无国界的互联网关系到各国人民的利益与安全，是一项重要的国际公共产品，仅靠各国政府加以治理显然是不够的。随着网络安全形势日益严峻，建立网络空间行为规范，构建网络空间国际秩序已迫在眉睫。但是，直到21世纪，网络安全问题才被各国提上安全议程，因此网络领域的国际合作十分有限，还没有形成完善的制度化合作框架。在全球和地区层面，网络安全治理制度匮乏的问题非常突出。在全球层面，联合国关于互联网治理问题的第一次全面而深入的讨论，始于2003年的信息社会世界峰会（WSIS）。2004年联合国秘书长安南建立了联合国互联网治理工作组（WGIG），但直到目前，全球层面的网络治理基本停留在协商和论坛阶段，治理结构仍是一片空白，即缺乏一个统一有效的全球性网络管理实体来处理与互联网相关的公共政策问题。在地区层面，网络安全也没有得到足够重视，只是作为地区安全框架下的诸多议题之一，既没有形成自身的程序性、制度化合作框架，也没有独立集中讨论这一议题的机制。所以，某种程度上，全球网络治理还处于制度上的“空白”阶段。

同样，随着太空科技的日新月异，人类对太空的认识不断加深，太空活动也日益增多，人类在认识和利用太空资源的同时，大国争夺太空资源的博弈更趋激烈，太空安全化日渐凸显，并成为太空治理面临的首要难题。而现有的太空制度也显匮乏过时。目前在太空领域，既有国际制度是冷战时期形成的。而冷战后，大国太空角逐愈发激烈，美国太空单边主义有所强化，太空安全更为复杂多变。[①] 与此同时，随着太空经济和商业议题增多，参与太空活动的行为体也日渐多元化，这些都暴露出冷战时期形成的太空制度已难以适应目前管理太空活动的需要，太空治理需要填补当前制度的"空白"。

此外，食品安全、公共卫生、跨国刑事犯罪等问题越来越多，海洋权益、极地资源争夺日趋激烈，都不同程度地显现出全球治理制度的供给不足。对于跨国犯罪问题的全球治理，美国学者戴维·鲁本指出，国际刑法的制度建设还处在初级阶段，尽管充满希望，但像所有的新生儿一样，它还是脆弱的。[②]

五、理念分歧与竞争诱发治理规范缺失

国际规范是国际体系中大多数行为体共同遵循的行为准则，制约和塑造着国家的对外行为。20 世纪后半叶，主要国际规范基本上是由西方国家主导构建的，国际规范的变迁也体现了西方国家对国际社会核心价值和规则认识的发展。然而，进入 21 世纪后，由于国际权力结构的深刻变化，加上全球化与信息化的迅速发展，西方国家主导的国际规范正受到来自各方面的挑战。一方面，公民赋权（individual empowerment）和公民社会组织与网络的迅速发展，将来

① 何奇松：《太空安全问题论略》，《军事历史研究》2009 年第 3 期，第 142 页。

② David Luban, " Fairness to Rightness: Jurisdiction, Legality, and the Legitimacy of International Criminal Law," in Samantha Besson and John Tasioulas, eds., *The Philosophy of International Law* (Oxford: Oxford University Press, 2010).

自社会层面的价值规范带进世界政治舞台；另一方面，新兴国家的崛起，也向国际社会输入了一些新的价值理念，并对西方主导的国际规范构成了极大挑战，引发了西方对可能丧失其长期拥有的“权力优越感”“制度优越感”乃至“文化优越感”的忧虑。由此，世界上各种思想理念的交锋更为明显，不同发展模式与道路之争更加突出。而理念的分歧与竞争，也使得全球治理规范出现缺失。

首先，在国际安全领域，随着国际社会人权规范的发展，传统主权原则面临严峻挑战。主权原则是现代国际体系最根本的一项国际制度，也是国际体系运转的基石。从主权制度引申出的“不干涉内政”，是国际法的一项基本原则和处理国际关系的基本要求。然而，自二战结束后，随着《世界人权宣言》等一系列保护人权国际公约的出台，人权保护问题从纯粹的国内事务向国际领域拓展，人们开始考虑如何在国际层面保护人权。不少西方人士认为，“推进人权是全球治理机制的责任，它非常重要，如果无法履行，则会致使该机制丧失合法性。”[①] 尤其是20世纪90年代以来，随着“人类安全”概念的出现，人道主义干涉思想泛滥，“保护责任”概念也由此产生。“保护责任”概念的提出，使得长期作为全球规范的主权原则面临严峻挑战。个别西方国家借“保护的责任”之名，颠覆他国政权，这种行为对他国主权安全构成重大挑战，同时也造成严重的人道主义灾难，受到包括中国在内的许多发展中国家的抵制。主权与人权，谁将成为全球治理的主导性规范？这是国际社会亟须反思的问题。

---

① ［美］艾伦·布坎南、罗伯特·基欧汉：《全球治理机制的合法性》，《南京大学学报》（哲学、人文科学、社会科学）2011年第2期，第36页。

其次，在世界经济治理中，长期以来，由于国际社会对“自由”与“发展”关系问题处理不当，致使一些严重后果开始显现。现有世界经济治理机制过度强调世界范围内的经济自由化，有意无意地忽视了经济发展这个最重要的主题，从而造成全球公共产品供给严重不足、贫富差距持续扩大和穷国消费力严重萎缩等突出问题。对于一些涉及经济发展的全球性重大议题，如发展援助节能环保领域的技术转让、减少贫困等，特别是在分配全球经济失衡的调整代价时，主要发达经济体采取各种方式推卸责任，在积极推动自由化进程中，基本不考虑弱势经济体及弱势人群的利益和救助问题。[①]事实上，包括恐怖主义、大规模杀伤性武器扩散和气候变化等许多全球性问题，其根源都在于发展问题没有得到重视和解决。因而，全球经济治理首先应该关注发展议题，尤其是世界性均衡发展问题。

再次，在全球贸易领域，金融危机后出现的自由主义与保护主义之争，使当前全球贸易机制面临规制建构问题。在贸易和投资自由化领域，传统大国和新兴大国出现攻守易位，发达国家贸易保护主义盛行：一方面，这些国家通过绿色壁垒、反倾销反补贴、知识产权惩罚等方式，不断加大新兴经济体扩大市场准入的压力；另一方面，美欧凭借自身优势寻求“多哈回合”之外的主导平台，积极推进跨太平洋伙伴关系协议（TPP）和跨大西洋贸易和投资伙伴关系（TTIP）等区域谈判进程。各种形式的贸易保护主义政策，不但不利于世界经济的发展，在自由贸易体系中，也给迅速发展起来的

---

① 张燕生：《世界经济治理机制进入变革期，积极推动和参与世界经济治理机制变革》，《人民日报》2011 年 1 月 5 日，第 7 版。

发展中国家带来了巨大危害，因而遭到发展中国家的联合抵制。实质上，全球贸易机制面临新一轮规则重构。

最后，在气候变化治理中，长期作为国际气候合作制度基石的“共同但有区别的责任”原则，如今也面临严峻挑战。受金融危机的打击，发达国家提供公共产品的能力和意愿都在减弱，加上国际气候谈判的政治格局发生了深刻变化，在减排承诺资金和技术援助等方面，发达国家都表现消极，并极力改变甚至否定气候治理中的基本原则，使得气候治理前景迷茫，举步维艰。

六、全球治理体制改革倡议与发展方向

全球化世界迫切需要一种有效的全球治理体制，而世界秩序转型也为全球治理的制度创新提供了契机。针对全球治理面临的种种制度困境，国际社会出现了改革全球治理体制的各种倡议，择其要者，下述几种观点较为突出：第一，重建世界秩序的基本理念。秦亚青教授指出，在一个全球化的时代，在一个新兴大国群体崛起的时代，需要构建融合各种文明、治理思想的新的治理体系，也需要重建世界秩序的理念原则。为此他提出了三个基本的秩序理念：多元主义（pluralism）、伙伴关系（partnership）和实践参与（participation）。[①] 第二，创建全球领导体制。英国学者罗伯特·斯基德尔斯基主张打造“全球契约”。他认为，当前“我们面临着世界政府与解体二选一的局面”，国际社会不得不打造“全球契约”，

① 秦亚青：《全球治理失灵与秩序理念的重建》，第13—17页。

“否则，全球化的政治经济体系就会开始解体”。[①] 法国学者阿塔利则主张建立“全球政府”。他认为，目前“全球化已经进入一个新的极端，各种国际法规和准则也在逐步趋同，特别是对于人类的价值观，基本有了较为一致的看法，也有合法性得到国际社会普遍认同的联合国等国际机构，目前应该思考成立全球性民主政府问题。[②] 在许多西方“国家破产”后，“全球政府”是必要的替代方案，是一个避免全球毁灭的新的世界秩序框架。美国的伊恩·布雷默倡导树立一个世界领导者。他指出，“在当今世界，从全球经济稳定到气候变化治理，再到防止网络攻击和恐怖主义以及确保粮食和饮水安全等，诸多挑战已经超越国家边界，国际合作的需求从未像今天这样巨大。毫无疑问，合作只有在领导者指挥下才能有效展开。”[③] 第三，倡议网络治理方式。美国学者约瑟夫·奈认为，“全球治理的大部分工作将依赖于正式和非正式的网络。网络组织如 20 国集团，将被用于设置议程、建立共识、协调政策、交流知识及制定规范。”[④] 第四，建立“自愿联盟”。美国学者布拉德·格罗斯曼等人认为，“在缺乏一项全面而统一的全球治理方案的情况下，将出现新的领导方式”，即“自愿联盟”。“它们不如传统的联盟或国际机构那样持久，往往是临时拼凑，经常是就事论事，松散的努力涉及

① Robert Skidelsky, “After the Crash: The Future of Globalisation,” *Survival: Global Politics and Strategy*, Vol. 54, No. 3, June/July 2012, p. 9.

② [法] 雅克·阿塔利：《建立全球政府的十个方向》，第二届全球智库峰会会刊，2011 年 6 月，第 21 页。

③ [美] 伊恩·布雷默：《零国集团时代——谁是新世界格局中的赢家和输家?》(孙建中译)，北京：新华出版社 2013 年版，第 4 页。

④ [美] 约瑟夫·奈：《权力大未来》(王吉美译)，北京：中信出版社出 2012 年版，第 297—298 页。

集中力量处理具体问题的国家和非国家行动者组成的不断变换的联盟。与从前的努力相比，领导权的行使会较为零散，取决于具体情境，也更不稳定，但却更可能取得具体成果。”①

世界秩序转型增强了全球治理改革的迫切性，而有效的全球治理需要体制上的创新。全球治理体制的改革，需要综合考虑国际权力机构出现的新变化和国际规范的多元发展，以及全球性问题的复杂性、交叉性和关联性发展等因素，应该从国际制度的价值、规范和实效三方面入手，增强制度的有效性。

首先，确立以公平为核心的全球治理价值共识。全球治理诞生于主权民族国家时代。西方大国凭借实力优势，将自身价值传统推至全球，甚至强加给非西方世界，形成了当今全球治理的基本价值观，即以人权和民主支撑全球治理的核心价值体系。非西方世界虽在原则上接受这些价值理念，却也有不同的解读和实践运用。所以，“从所显示的实际状况来看，全球治理还远远没有建立起与之相适应的价值共识，也就相应地成为支撑全球治理的关键问题。”②因为若没有价值共识基础，全球治理机制就不会得到人们发自内心的普遍拥护与遵从，也就难以有效实施。

面对国际权力“去中心化”、世界多元文明共存的新形势，确立什么样的价值共识，事有效实施全球治理的首要问题。康德指

① Brad Glosserman, Peter Walkenhorst and Ting Xu, “Creating a New International Order,” April 25, 2012, http://thediplomat.com/new-leaders-forum/2012/04/25/creating-a-new-international-order.

② 任剑涛：《在一致与歧见之间——全球治理的价值共识问题》，《厦门大学学报》（哲学社会科学版）2004 年第 4 期，第 5 页。

出："道德作为我们据之以行动的无条件的命令法则的总体"，[①]"真正的政治不先向道德宣誓效忠，就会寸步难行。尽管正值本身是一种艰难的艺术，然而它与道德的结合却根本不是什么艺术，因为只要双方互相冲突的时候，道德就会剪开正值所解不开的死结。"[②] 因此，全球治理的价值共识首先要服从于道德要求，而道德的基础是公平正义。洛克曾强调指出，如果统治失去了公正性，那么民众就可以理直气壮地撤销对主权的拥护。在自由主义传统中，正义是任何正当统治秩序的固有部分。[③] 全局治理应该确立以公平为核心的价值共识。而以公平作为全球治理的价值基础，就需要治理体制具有广泛的代表性和包容性，能反映出当今权力结构发生的变化和文明多样性的特点。由西方学者也指出，新的全球治理应该是"多个权力中心以及它们多代表的相互竞争的模式，在更加公平的环境下的角逐，有效的全球治理要求在平等分配权力以及增强意识形态多样性的同时，更能形成共同点。"[④]

其次，在多元主义基础上推进国际规范的包容性发展。国际规范是国际社会核心价值观的体现。在当今世界，世界经济政治体系的转型以及经济全球化、政治多元化和社会信息化发展，加速了许多国际行为体的产生发展与壮大，也孕育了各种新国际规范。除了像联合国这样的世界性实体组织外，全球性"弱体"组织，如"77

① ［德］伊曼努尔·康德：《永久和评论》（何兆武译），上海：上海人民出版社 2005 年版，第 42 页。

② 同上。

③ Robert Skidelsky, "After the Crash: The Future of Globalisation," p. 10.

④ Charles A. Kupchan, " America's Place in the New World," April 7, 2012, http://www.nytimes.com/2012/04/08/opinion/sunday/americas-place-in-the-new-world.html? pagewanted=all.

国集团”“20 国集团”“8 国集团”、金砖国家和全球气候环境大会，以及正在向制度化发展的地区组织，如欧盟、东盟、非盟、上合组织等，都为全球以及区域内的交往提供了新的基本规范规则，并推动着全球公共事务的解决。此外，全球公民社会在实现“联合国千年发展目标”、全球零地雷运动、解决生态负债问题、人权与人道主义救援等领域，通过推动国际社会的议程设定、概念和规范推广、自下而上的评价与监督等方式，也发挥着越来越重要的影响力。[①] 它们进而在全球治理进程中发挥着愈加积极的作用。

面对国际规范的大发展，尊重世界的多样性、承认文明多元化是国际社会的必然选择，在多元主义基础上推进国际规范的包容性发展，也是以公平为核心的全球治理价值共识的体现。早在 2005 年联大会议通过的《世界首脑会议成果文件》就指出，各国元首和政府首脑承诺，将致力于增进世界各地的人类福祉、自由进步，鼓励不同文化、文明和人民之间的包容、尊重、对话与合作。

再次，在积极的制度互动中增强全球治理的实效性。全球化的深入发展与全球性问题的日益凸显，增强了国际社会对国际制度的需求，制度数量的增加也提升了制度密度，同时由于全球治理主体的多样性、价值理念的多元性、议题领域的交叉性等原因，国际制度复杂性问题随之出现，兼之世界秩序转型而产生的复杂性变动性和不确定性等因素，这些都极大影响了全球治理制度的实效性。为增强全球治理制度的效用，必须在大量重叠或“碎片化”的多样性

---

① Raffaele Marchetti, “The Role of Civil Society in Global Governance,” in Alvaro de Vasconcelos, ed., *Global Governance: Building on the Civil Society Agenda*, EU Institute for Security Studies, 2011, pp. 15-30, http: //www. iss. europa. eu /uploads/media/Global_Governance_Building_on_the_civil_society_agenda. pdf.

制度中强化积极的制度互动。

在水平层次上，要加强不同议题领域制度的互动，增强制度契合度。一项有效的制度不可能孤立发挥作用，它需要其他制度的协调。以气候变化为例，应对气候变化的《联合国气候变化框架公约》和《京都议定书》这样的全球性制度安排，如果离开其他领域的制度框架，比如世界贸易组织、国际投资和金融市场的监管机制的支持，气候变化问题很难得到有效的解决。在垂直层次上，则要加强国际制度与国内政治的衔接。在如今复合相互依赖的国际体系中，不仅各种国际行为体之间的相互依存关系更紧密，而且国际政治对国内政治的影响以及国内政治向国际政治的延伸日益明显，加强国际制度与国内政治的衔接，已成为有效的全球治理制度的需要。关于制度互动，还要关注互动的作用，通过加强功能性联系和政治性联系，增强制度的效用。[①]

最后，从顶层制度设计入手，通过建设更有效的基层制度，推动全球治理的实施。全球治理是一个多层面的多元行为体共同参与的过程，需要设计全球层面的顶层制度，加强宏观规划和统筹协调。但由于当今世界缺乏一个有强制力的中央权威，并且“在可预见的未来，没有一个大国会放弃独立处理本国内政外交事务，而把这种权力交给一个自己不能控制的国际主权实体”。[②] 此外，塑造“一个综合性的制度”也“面临着巨大的组织和政治障碍”。[③] 但这并不妨碍从顶层制度设计入手进行全球治理，顶层制度不一定都体

① Oran R. Young, et al., *Institutional Interplay: Biosafety and Trade* (New York: United Nations University Press, 2008), pp. 3-4.

② Robert Skidelsky, “After the Crash: The Future of Globalisation,” p. 19.

③ ［美］罗伯特·基欧汉、戴维·维克托：《气候变化的制度丛结》，第 111 页。

现为一个全球性、有法律约束力和强制执行力的国际组织或机制，它可以根据不同议题需要，设计不同的制度形式，只要能够体现全球性制度的代表性，具备统筹协调功能。

建设更有效的基层制度，是走向全球治理的重要路径。由于全球性问题的多样性，全球治理的途径与手段也应该是多元化的。比如全球气候治理一直致力于通过一项具有普遍法律约束力的全球宪章，而艰难的后京都谈判进程显示，这种努力面临着巨大困境，与此同时，各类型的“小多边”气候制度，以及公私伙伴和民间气候合作制度，也在积极发展。因此，全球气候治理可以从探索更有效的基层制度入手，建设包括正式和非正式国际制度在内的灵活、高效的制度体系。此外，加强地区治理机制建设，也可以推动全球治理制度的发展。相对于全球治理来说，地区治理因治理需求相对集中单一、共同利益容易形成和区域共同体观念较强等优势，更易实施并能取得成效。在成熟的区域治理基础之上，通过扩大地区治理机制外延，寻求与周边国家形成灵活多样、议题交错、相互支持的各类小型多边治理制度，将有助于实现更广泛意义上的全球治理制度改革。

总之，全球治理尽管面临种种制度困境，但通过确立全球治理的价值共识、推动国际规范的包容性发展、增加国际制度间的积极互动、重视顶层制度设计和建设更有效的基层制度等措施，国际社会可以改革全球治理体制，以增强制度的实效。

第七章　中国涉非领事保护分析*

夏莉萍**

近期，在非洲国家频频发生中国公民安全事件，涉非领事保护问题引起广泛关注。通过对中国外交部网站海外安全信息（2006年6月至2012年10月）统计和对在非中资公司进行问卷调查，在非中国公民遭遇的安全风险大致可分为政治风险、社会治安风险、因中国公民自身违法违规行为所带来的安全风险、流行性疾病蔓延、恐怖袭击、海盗袭击、意外事故、经济诈骗和自然灾害几种类型。针对非洲国家安全形势复杂的特点，中国驻非使领馆与在非中资企业积极配合，建立了多样化的预防机制和有效的应急反应机制，保护在非中国公民和中资企业的安全。在目前中国涉非领事保护中仍然存在一些值得思考的题。

非洲大陆是中国实施“走出去”战略的重要依托，也是对外直

---

* 本文系2009年教育部哲学社会科学研究重大课题攻关项目“新时期中非合作关系研究”（09JZD0039）子课题“中国在非洲的利益与领事保护”的阶段性研究成果。

** 夏莉萍，外交学院科研处处长、教授、博士生导师。本文原载于《西亚北非》2013年第1期，20—36页。

接投资增长最快的地区之一。目前，非洲是中国的第二大海外工程承包市场和第四大海外投资目的地。截至 2012 年 6 月，2000 多家各类中国企业在非洲 50 个国家生根，[①] 中国公民也随之步入非洲大地。据中国外交部网站资料，进入 21 世纪以来，有 50 多万中国人移居到非洲。[②] 也有媒体报道，至 2012 年初，约有 100 万中国公民在非洲从事各种经营活动。[③] 值得注意的是，近年来，在非洲大陆，如埃及、苏丹、刚果（金）、尼日利亚、加纳等国屡屡发生涉及中国公民安全的事件，这表明涉非领事保护已成为一个突出问题。有鉴于此，2012 年 7—9 月，笔者曾对 18 个非洲国家[④] 的 128 家中资企业就涉非领事保护问题进行了问卷调查。[⑤] 因此，本文拟以调查问卷和文本信息分析为研究方法，以期探求在非中国公民所遭遇的安全风险总体情况，并尝试回答：中国涉非领事保护有何特点？值得思考和改进之处何在？

本文论及的领事保护是指“一国的领事机关或领事官员，根据派遣国的国家利益和对外政策，于国际法许可的限度内，在接受国

---

① 温家宝：《深化务实合作　促进共同发展——在第四届中非企业家大会开幕式上的讲话》，《人民日报》2012 年 7 月 19 日。

② 《在非洲的中国人》，http：//www.fmprc.gov.cn/zflt/chn/zfgx/zfgxrwjl/t883665.htm，2011-11-02。

③ 《专家称我公民在外遭绑架增多因中国影响力大》，http：//news.sina.com.cn/c/2012-02-02/040323868772.shtml，2012-02-08。

④ 这 18 个国家分别为多哥、毛里塔尼亚、乍得、加纳、刚果（布）、刚果（金）、喀麦隆、科特迪瓦、马里、尼日尔、中非共和国、贝宁、加纳、几内亚、尼日利亚、塞内加尔、赞比亚和纳米比亚。

⑤ 在接受调查的企业中，约一半（62 家，占 48%）企业从事建筑承包业；从事采矿和能源行业的有 18 家，占总数的 14%；从事外贸行业的有 9 家，占 7%；从事其他行业的占 26%。另外，还有约 5%的企业未回答这个问题。

保护派遣国及其国民的权利和利益的行为。”[①] 领事保护的内容包括：当本国公民、法人的合法权益在驻在国受到不法侵害时，中国驻外使、领馆依据公认的国际法原则、有关国际公约、双边条约或协定以及中国和驻在国的有关法律，反映有关要求，敦促驻在国当局依法公正、友好、妥善地处理。领事保护还包括我驻外使、领馆向中国公民或法人提供帮助或协助的行为，如提供国际旅行安全方面的信息、协助聘请律师和翻译、探视被羁押人员、协助撤离危险地区等。”[②] 涉非领事保护是领事保护工作的重要组成部分。涉非领事保护的主体为中国驻非使领馆、外交部和其他政府部门，客体是在非中资企业和中国公民，但由于在非中国公民群体主要以成建制派出的员工为主，中资企业在涉非领事保护中发挥着重要作用。

一、在非中国公民遭遇的安全风险类别

笔者对于中国公民在非洲遭遇安全风险的分析主要基于以下两种路径依据：其一是中国外交部网站的海外安全提醒信息。中国外交部网站“海外安全”栏目自 2006 年 6 月 27 日至 2012 年 10 月 30 日之间发布的海外安全信息统计[③] 结果表明，相对于世界其他地区而言，在

---

① 钱其琛主编：《世界外交大辞典》，北京：世界知识出版社 2005 年版，第 1215—1216 页。

② 中华人民共和国外交部领事司：《中国领事保护和协助指南》（2010 年插图版），http：//www. fmprc. gov. cn/chn/pds/fw/lsfw/lsbh/P020091221621946131093. pdf，2010 - 02 - 01 第 20 页。

③ 中国外交部网站目前所能查阅的最早的海外安全信息为 2006 年 6 月 27 日发布的。

非中国公民面临的安全风险较高。从表1中可以看出，在上述统计时段里，外交部网站总共发布了932条海外安全提醒信息，关于非洲大陆的安全提醒信息的数量仅次于亚洲，有288条，占总数的30.9%。

表1　外交部网站海外安全提醒信息区域分布

（2006年6月—2012年10月）

地区	安全信息数量（条）	地区	安全信息数量（条）
非洲	288	北美洲	30
亚洲	302	拉美及加勒比	49
欧洲	192	大洋洲	69
其他	2		
总计	932		

资料来源：笔者根据外交部网站海外安全提醒信息条目统计而成。

表2　在非中资企业和中国公民安全风险类别占比①

<table>
<tr><th></th><th>中资企业</th><th>中国公民</th></tr>
<tr><td>安全风险类别</td><td>政治因素（81%）；
不熟悉当地的法律法规（61%）；
治安不佳，抢劫、盗窃等比较严重（56%）；
签证难办（26.5%）；
与当地居民沟通困难，难以融入（20%）；
当地部族、宗派复杂，难以相处（10%）；
其他（15.6%）</td><td>治安不佳，抢劫、盗窃等比较严重（61%）；
不熟悉当地的法律法规（60%）；
政局不稳（43%）；
当地人对中国不友好（15%）；
其他（12.5%）</td></tr>
</table>

资料来源：笔者根据2012年7—9月进行的涉非领事保护调查问卷统计的结果。

---

① 笔者在涉及问卷时给出了不同的选项，允许多选。

说明：在收回的问卷中，特别标明了中资企业在非洲遭遇安全风险的一些其他情况，如原材料供应不能确保、当地工会势力强大、非洲合作伙伴不诚信、疟疾等流行性疾病、交通安全、中国公司面临双重税收风险等。关于中国公民在非遇到的其他安全风险包括：当地人喜欢敲诈勒索中国人、交通事故、医疗条件差、因语言障碍、风俗习惯不同引起误会，难以融入当地等。

其二是笔者对在非中资企业所进行的涉非领事保护问卷调查。128 家受访企业中，只有 5 家认为所在国非常安全；[①] 约 60%的企业（77 家）认为所在国比较安全，日常工作和生活基本上没什么问题；约 30%（39 家）的企业认为所在国安全状况一般，外出需谨慎；5%（7 家）的企业认为所在国非常不安全，时刻需要小心。关于安全风险的种类的调查结果见表 2。

从总体看，中国公司在非洲遭遇的安全风险大致可分为以下几类：

（一）政治风险

政治风险是指因为所在国大选、政局变化等因素所带来的局势动荡。此类风险位列各类风险首位。外交部发布的此类海外安全信息有 83 条，占总数的 28.8%。在接受问卷调查的 128 家在非中资企业中，超过 1/3（36.7%，47 家）认为政治风险是他们在非洲经营遇到的最大风险。据笔者统计，过去 6 年中，外交部网站所发布的关于局势动荡的安全提示涉及埃及、布基纳法索、布隆迪、刚果（金）、吉布提、几内亚、几内亚比绍、加蓬、喀麦隆、科摩罗、科

① 这五家公司分散在四个非洲国家，分别是毛里塔尼亚、加纳、塞内加尔和赞比亚。

特迪瓦、肯尼亚、莱索托、利比亚、马达加斯加、马里、莫桑比克、南非、尼日尔、尼日利亚、塞内加尔、苏丹、南苏丹、突尼斯、乌干达、赞比亚、乍得等27个非洲国家，占非洲国家总数的一半。

非洲国家的局势动荡大致分为以下几种情况：其一，大选前后局势动荡。除“逢选易乱”外，由于非洲政治体制的脆弱性，选举以外的其他原因，如领导人突然病逝，也可能引发局势动荡。尤其值得注意的是，在全球化迅猛发展的大背景下，一国局势动荡所产生的“外溢”效应变得特别明显。自2010年年底、2011年初开始的所谓“阿拉伯之春”现象是一个突出的例子。2011年上半年，突尼斯、埃及、利比亚等这些原先局势比较稳定的北非国家先后出现局势突变。受此影响，马里和布基纳法索这两个一向被视为局势比较稳定的非洲国家也出现了军人哗变。这些都对当地中国公民的安全造成了严重影响。其二，武装力量分裂割据加剧了局势的不稳定性。索马里自1991年1月原西亚德政权被推翻后，陷入内战，多个政权并存。此外，尼日利亚、乍得和苏丹等国的局势都受到反政府武装力量的影响。其三，边界争端也是局势紧张的导火索。例如，2012年4月，由于苏丹与南苏丹在边界地区哈季利季发生冲突，中国公司与公民不得不撤离该地区。其四，非洲国家工会势力比较强大，工会组织大规模的罢工常常使社会陷入瘫痪。

（二）社会治安风险

社会治安问题包括因社会治理能力欠佳而导致的盗窃、抢劫、绑架等案件。这是影响在非中国企业和公民安全的重要因素。中国外交部关于此类问题的安全提醒共有 50 条，涉及 19 个非洲国家，占非洲国家总数的 35%。在收回的调查问卷中，56%认为中资企业在非洲面临着社会治安风险，61%认为在非中国公民的日常安全受到此类风险的影响。治安问题中最为突出的是抢劫和绑架等恶性案件，对人们的生命财产安全造成极大威胁。在南非、尼日利亚、安哥拉、刚果（布）等国家，每逢节假日或重大活动时期，抢劫盗窃等现象就更为严重。值得注意的是，受北非政局动荡的影响，一些原来治安形势尚佳的非洲国家也开始出现问题。例如，埃及和突尼斯这两个国家受到政局突变的影响，国内武装抢劫和偷盗等犯罪现象增多。2012 年 3 月，在埃及首都开罗还发生了两名中国工人遭武装分子绑架的事件。据一位埃及安全部队官员称，这是他记忆中在开罗发生的首起绑架外国人并索要赎金的事件。①

（三）因中国公民自身违法违规行为所带来的安全风险

中国外交部领事司曾进行过统计，在海外中国公民遇到的安全问题中，一半事件由中方人员的不当行为引起。② 外交部网站发布的安全提醒信息的内容也在不同程度上反映了这一点，在非中国公民违法违规行为主要包括以下八类：（1）违反当地就业和经营规定；（2）出入境时携带象牙、色情制品等违禁品或超过规定额度的现金；（3）持用假签证、所持签证种类与入境停留目的不符或出入

① 刘一、屈畅：《两名中国工人埃及遭绑架后获释》，《北京青年报》2012 年 3 月 2 日。

② 参见中国外交部领事司司长魏苇在 2008 年 8 月 5 日举行的《世界知识》论坛上的发言，论坛主题为“企业和个人，海外遇事怎么办”，http：//news. xinhuanet. com/overseas/2008-08/31/content_ 9743308. htm，2012-10-28。

境时文件准备不全；（4）随便拍照；（5）在飞机上吸烟；（6）涉嫌向警察行贿；（7）非法饮酒；（8）未遵守当地其他法律法规。例如，2012年5月22日，105名中国商人在尼日利亚移民局实施清理“三非”外国人行动中被抓。同日，38名中国公民因涉嫌非法采金在加纳被警方逮捕。10月，加纳执法部门对一些采金矿区进行清查，先后拘捕了90多名涉嫌非法采金的中国公民，清查行动中1名中国公民死亡。中国公民违法违规的情况又可分为两种：一是如调查问卷中所反映的那样，在非中国公民对非洲国家的法律法规不了解；二是在非一些中国公民确实存在存有侥幸心理，为利益驱动，不惜以身试法。

（四）流行性疾病蔓延

非洲是世界上流行病高发区。且不说非洲大陆艾滋病和疟疾的肆虐，仅就中国外交部网上提及的其他流行病而言，其关于流行性疾病的安全提示涉及20个非洲国家，占非洲国家总数的37%。流行性疾病频发的几个国家为刚果（布）、加纳、乌干达、坦桑尼亚、莫桑比克等。疾病类型主要包括埃博拉、切昆贡亚热、霍乱、“甲型H1N1”、骨髓灰质炎、登革热、炭疽热、裂谷热、“H5N1”、黄热病等10种。其中，爆发面积最广、最频繁的是霍乱。根据外交部网站资料，2006年6月至2012年10月，在安哥拉、刚果（布）、刚果（金）、几内亚比绍、加纳、津巴布韦、马拉维、莫桑比克、尼日利亚、塞拉利昂、坦桑尼亚和中非共和国均发生了规模较大的流行性疾病。这无疑也给在非中国公民带来安全威胁。

(五) 恐怖袭击

外交部网站公布的此类安全提醒信息共 33 条，涉及尼日利亚、尼日尔、肯尼亚、马里、卢旺达、塞内加尔、毛里塔尼亚、阿尔及利亚、摩洛哥、埃及、坦桑尼亚等 11 个国家。在非中国企业和公民直接受到恐怖活动的影响，其中又分为两种情况，其一是专门针对中国公民的恐怖袭击。例如，2007 年 1 月，5 名中国工程人员在尼日利亚河流州被不明身份武装分子劫持，这是在该地区发生的第一起绑架中国工人的事件。同年 4 月，一中资石油公司项目组在埃塞俄比亚索马里州遭武装分子袭击，中方 9 人死亡，7 人被绑架。7 月，一家中国公司在尼日尔工地的负责人被“尼日尔人争取正义运动”组织绑架。2008 年 10 月，尼日尔反政府武装“尼日尔争取正义运动（Niger Movement for Justice）”宣称，计划袭击在尼中资机构和人员。2012 年 1 月，中水电集团公司在苏丹南科尔多凡州的公路项目遭到反政府武装“苏丹人民解放运动”（北方局）的袭击，29 名中国工人被劫持，一名员工伤亡。其二是恐怖袭击并不专门以中国企业或公民为目标，但他们不幸成为恐怖活动的受害者。例如，2010 年 6 月，阿尔及利亚布伊拉省一军警检查站遭自杀式汽车炸弹袭击，一中资公司人员驾车经过，不幸遇难。

(六) 海盗袭击

中国外交部网站发布的此类安全提醒信息共 15 条，海盗袭击的风险集中发生在索马里周边海域。索马里自1991年以来一直战乱不断，沿海地区海盗活动猖獗，被国际海事局列为世界上最危险的海域之一。2008年下半年，外国船员、船只在索马里附近海域被袭击或劫持事件频繁发生。中国政府明令禁止本国船员、船只进入索马里附近海域。2009年4月，随着各国军舰加强在亚丁湾及附近海域护航，索马里海盗活动范围逐渐东扩并南下，扩大到索马里海域以东600海里、塞舌尔以北海域，劫持行动更趋猖獗，多国多艘船只被索马里海盗劫持。在非洲其他地区也发生了中国船只和中国船员受海盗袭击事件。例如，2012年2月，在尼日利亚距离拉各斯港约170公里的水域，中国“天维”号轮船被8名持枪海盗强行登船，中国船长和轮机长在与海盗搏斗中中弹身亡。

（七）意外事故

意外事故主要表现为交通事故和军火库爆炸等案件。交通事故频发，伤亡惨重。例如，仅2012年2月间，在尼日利亚连续发生3起涉中国公民恶性交通事故，均造成中国公民严重伤亡。比较罕见的是，近两年还发生了两起军火库爆炸事件。2012年3月4日，刚果（布）首都布拉柴维尔一军火库发生爆炸。爆炸地点附近为北京建工集团承建的社会住宅项目，爆炸造成中国员工6人不幸遇难，45人不同程度受伤。

（八）经济诈骗

关于此类风险的安全提示信息主要涉及尼日利亚、利比里亚、刚果（金）、贝宁等4个国家。2009年，利比里亚和贝宁先后发生了多起劳务被骗案件。2010年12月，32名通过熟人介绍或网络招工信息赴刚果（金）一中资医院务工的中国公民到中国驻刚果（金）大使馆求助，称被限制人身自由，超负荷工作，并被老板克扣工资，还经常遭打骂、关押，要求大使馆协助回国。2011年11月和12月，多家中国在尼企业人员向中国驻拉各斯总领馆反映，称其被当地诈骗集团利用汇款方式敲诈。总领馆连续发出两则提示，提醒中国公民注意尼日利亚的经济诈骗活动。

（九）自然灾害

坦桑尼亚和尼日利亚曾发生严重洪涝灾害，给当地居民和相关中方机构和人员的生活和工作造成严重影响。例如，2012年4月，中国驻坦桑尼亚使馆发出雨季安全提示，提醒中资企业和中国公民对可能到来的洪水及可能引起的传染病有足够重视，做好防灾减灾及疾病预防措施；提醒在当地的中国公民，特别是住所、工作单位、工厂位于低洼处的人员注意预防洪水、山体滑坡，制订相应应急方案。10月，中国驻拉各斯总领馆网站发出安全警示，告知中资机构和中国公民，近期总领馆领区有6个州将面临暴雨带来的洪灾威胁，提醒他们采取有效措施，做好雨季防洪工作，确保人身财产安全。

上述情况表明，中国公民在非洲所遭遇的安全风险复杂多样。其中，有些风险是世界其他地区的中国公民也曾遭遇的，例如公民自身违法违规、意外事故、自然灾害等。但是，有些安全风险在非洲显得比较突出，如政治风险、治安问题、流行性疾病、海盗袭击等，显示出高度地域性特点。

二、涉非领事保护的特点

如前所述，与其他地域相比，涉非中资企业和中国公民在当地遭遇的安全风险既有共通之处，又有异质特点。为了应对这些安全问题，中国涉非领事保护亦需随之调整，体现符合该地区自身情势的特点。

（一）面对非洲政局易变和治安形势不佳之问题，中国外交部、驻非使领馆和其他政府部门、中资企业重视以多种方式开展领事保护预防工作

第一，针对非洲国家“逢选易乱”的特点，中国驻非使领馆在大选前提醒当地中资企业和华侨提高警惕，注意安全防范。2010 年 4 月，苏丹全国大选临近。中国驻朱巴总领馆采取措施提醒当地中资企业和华侨提高安全防范意识，彼此间及时交流相关信息，团结互助，同时与总领馆保持密切联系。2012 年马里“3·22”军事政变前，中国使馆多次提醒各有关企业预先采取防范措施。马里政变发生后，使馆先后 3 次召开中资机构和企业负责人会议，通报马里最新政治安全形势，指导企业根据项目施工情况有序减少不必要人员，采取一切可能措施保障施工人员人身安全。

第二，在政局发生突变的国家，注意就保护中资企业财产安全

和中国公民人身安全问题与新政权保持及时联系。在利比亚局势尘埃初定之后，2011 年 9 月 12 日，中国政府宣布承认利比亚“全国过渡委员会”为利比亚执政当局和利比亚人民的代表，希望中利双方此前签署的各项条约及协议继续有效并得到认真执行。[①] 在马里政变后，同时，使馆还多次做军方和过渡政府领导人工作，要求其采取切实措施，维护我中方企业和人员人身财产安全，得到对方的积极回应。[②]

第三，根据非洲政治发展的特点，中国驻非使领馆和在非中资企业重视与当地有势力集团的接触。2011 年 3 月，中国驻埃塞使馆的外交官驱车来到海拔 3200 多米的多多拉（Dodola）项目主营地，与项目所在地行政官员和部落长老等进行会谈，认真听取他们的意见。[③] 中土集团是进入尼日利亚的十多家中国工程承包公司之一，也是较早进入尼日利亚的中国企业，刚到尼日利亚的时候也发生过员工被劫和被抢事件。公司后来定下规则：公司进入非洲后，每到一个新地方，开展新业务，必须主动拜访当地有影响力的人和当地青年组织，或有影响力的团体组织。[④] 在利比亚的中资企业在日常经营中，注意发展与当地部族长老和实力派之间的联系，与当地民众关系相处比较融洽，积累了较好的人脉关系。这些资源在撤离的

① 《中方宣布承认利比亚“全国过渡委会”》，http：//news. xinhuanet. com/world/2011-09/12/c_122022307. htm，2011-09-12。

② 《驻马里大使曹忠明会见马过渡政府总理迪亚拉》，http：//cs. mfa. gov. cn/lsxw/t925568. htm，2012-04-25。

③ 《驻埃塞俄比亚大使顾小杰出席领保工作座谈会并考察中资企业》，http：//cs. mfa. gov. cn/lsxw/t806421. htm，2011-03-15。

④ 2007 年 1 月 24 日，中国土木工程集团公司董事陈晓星在接受中央电视台记者采访时所言，参见《中国驻非洲机构应加强自我保护》，http：//news. cctv. com/world/20070124/108131. shtml，2008-02-05。

关键时刻，发挥了无可替代的作用。例如在撤离行动中，几大央企牵头，分区协助政府完成撤离任务。中交集团就曾因中方租用邮轮无法靠岸，主动联系当地实力派人物，成功打通撤离的“海上生命线”。

第四，针对非洲国家治安状况不佳的情况，中国驻非使领馆重视与驻在国的司法部、内政部和警方保持联系，在一些国家成立了中非警民联防机制或安全联席会议机制，而且中国警方与非洲国家警方联合打击侵害中国公民权益的犯罪行动，这是一个创举。其实，早在2004年3月，在中国驻南非使领馆的大力支持下，南非华人警民合作中心正式开始运作。警民合作中心是个非营利性组织，由华人华侨共同筹划。警民合作中心负责接听华侨华人求助电话，帮助他们处理因为语言障碍、法律生疏等问题而面临的难题。警民合作中心还与当地警政单位建立业务联系，熟悉警方工作程序，构筑华侨华人与警政单位互动的渠道，让警方更多地了解华侨华人社区面临的困难，同时尽全力协助警方工作。2011年，中国驻莫桑比克大使馆和莫桑比克警方建立了“中莫警民联防机制”。[①] 中国驻莱索托使馆与莱索托外交部、内政部等有关部门一起建立了安全联席会议机制。[②] 中国驻坦桑尼亚大使馆的领事保护工作主要由商务参赞负责。大使要求商务参赞定期与坦桑政府的内政部及警方会晤，及时解决涉及中国公民的保护案件，以防止一些关于中国公民安全

---

① 《驻莫桑比克大使黄松甫会见“中莫警民联防机制”莫方总协调人》，http：//cs.mfa.gov.cn/lsxw/t906360.htm，2012-02-19。

② 《驻莱索托使馆临时代办赖波会见莱助理内政大臣），http：//cs.mfa.gov.cn/lsxw/t918749.htm，2012-03-29。

的事件积少成多、由个别事件转变成大规模的安全事件。① 2011 年 10 月，驻安哥拉使馆领事官员与警察局和华商代表举行治安联席会议，共同商讨打击恶性犯罪措施。② 2009 年以来，在安哥拉的中国籍不法人员频繁针对在安哥拉的中国公民实施抢劫、绑架、敲诈勒索、拐骗妇女强迫卖淫等犯罪活动。2012 年 5 月 11 日，公安部派出先遣组赴安哥拉就侵害中国公民合法权益犯罪情况开展调查，并部署国内涉案地公安机关同步开展相关案件调查工作。7 月 19 日至 8 月 25 日，公安部派出专案工作组赴安哥拉开展打击侵害在安哥拉的中国公民权益犯罪专项行动。这是中国警方在非洲组织开展首次大规模打击侵害中国公民权益犯罪的行动，开启了中非警务合作的新篇章。③

第五，中国驻非使领馆官员举行和出席各种与中国公民和中资企业代表的座谈会，与他们就驻在国的安全形势进行沟通，向其介绍领事保护工作，敦促企业履行社会责任，积极融入社会，为企业的长远发展和公民的安全保护奠定良好的基础。2011 年 10 月，驻肯尼亚使馆举行在肯中资企业座谈会，就中肯经贸合作、在肯中资企业如何履行社会责任等进行交流。④ 2012 年 3 月，驻拉各斯总领馆出席了尼日利亚拉各斯民营企业座谈会，与领区 20 多家民营企业

---

① 2012 年 10 月 24 日，笔者对中国驻坦桑尼亚使馆高级外交官的采访。

② 《驻安哥拉使馆与安警方、华商代表举行治安联席会议》，http：//cs. mfa. gov. cn/lsxw/t872004. htm，2011-10-31。

③ 徐灿、杨婕：《孟建柱在公安部侦破侵害在安哥拉中国公民权益犯罪专案座谈会上强调继续加大国际警务执法合作力度坚决打击侵害海外中国公民权益犯罪活动》，参见中国警察网：http：//www. cpd. com. cn/n10216060/n10216144/c13238651/content. html，2012-08-28。

④ 《驻肯尼亚使馆举行在肯中资企业座谈会》，http：//cs. mfa. gov. cn/lsxw/t868096. htm，2011-10-17。

负责人沟通交流。[1] 4 月，驻博茨瓦纳使馆召集当地中资企业协会会长、孔子学院中方院长、华商会会长、和统会会长、妇女协会会长和弗朗西华商会会长等各界代表举行领事保护座谈会，听取他们对领事保护工作的意见和建议。[2]

第六，中国驻非使领馆与驻在国有关部门一起召集当地华侨社团和中资企业代表开会，向中国公民介绍驻在国的政策法规，提醒中国公民和企业遵纪守法，减少因此而带来的安全隐患。2011 年 11 月，中国驻博茨瓦纳使馆与博茨瓦纳反腐败与经济犯罪调查局联合举办研讨会，由博反腐败和经济犯罪局负责人向旅博华侨华人、中资机构宣讲该局和博工商人力资源联合会联合制定发布的博茨瓦纳私有企业《行为准则)。[3] 2012 年 2 月，中国驻赞比亚使馆邀请赞比亚雇主协会为在赞主要中资企业和中华商会负责人作关于赞劳工政策问题的专题讲座。[4] 4 月，驻多哥使馆组织举行多哥签证与居留证政策介绍会，多移民局主管负责人应邀来馆，向与会的中国公民介绍了多哥移民政策、工作签证及申请长期居留证的规定和要求。[5] 6 月，驻拉各斯总领馆举办“总领馆大讲堂”系列活动，面向领区中方人员、机构，举办有关当地法律法规、风俗习惯、行业规则、风

① 《驻拉各斯总领事刘显法出席拉各斯民营企业座谈会》，http：//cs. mfa. gov. cn/lsxw/t916517. htm，2012-03-19。

② 《驻博茨瓦纳使馆举行领事保护座谈会》，http：//cs. mfa. gov. cn/lsxw/u927375. hum，2012-04-27。

③ 《驻博茨瓦纳使馆举办预防腐败和经济犯罪研讨会》，http：//cs. mfa. gov. cn/lsxw/u877912. hum，2011-11-16。

④ 《驻赞比亚大使周欲晓出席赞雇主协会专题讲座》，http：//cs. mfa. gov. cn/lsxw/u909701. hum，2012-03-01。

⑤ 《驻多哥使馆组织举行多哥签证与居留证政策介绍会》，http：//cs. mfa. gov. cn/lsxw/u925547. hum，2012-04-20。

险防控等方面的讲座和见面会。

第七，中国驻非洲国家的大使视察当地中资公司，考察安全工作情况。2011 年 3 月，中国驻埃塞俄比亚大使前往中资企业相对集中的奥罗莫州首府阿达玛市，与企业代表举行领保工作座谈会。① 11 月，驻尼日利亚大使视察中兴、华为两家公司在阿布贾的办事处，强调中资公司要在思想上高度重视安保工作，及时建立健全相关安全制度，制定和完善应急预案，努力确保安全。②

第八，创制华侨领事保护卡和建立领保联络员制度。为帮助侨胞准确及时地向使馆反映情况，寻求领事保护，中国驻博茨瓦纳使馆特制定了《在博华侨领保卡》，供广大侨胞在需要时根据卡片指示向领保官员报案，以便使馆及时、高效地开展领保工作。③ 此外，中国驻博茨瓦纳使馆还要求各侨团选派外语好、责任心强的侨胞作为领保联络员，就本社团内的领保情况与使馆保持有效沟通。使馆领事部定期召开领保联络员会议。④ 中国驻苏丹大使馆也建立了安全联络员制度，与在苏中方人员和机构建立起广泛的沟通联系网络，覆盖在使馆登记备案的所有中资机构和人员。⑤

第九，中国驻非使馆经商处与在非中资企业通过不定期会议和网络等方式保持联系。笔者所进行的问卷调查结果显示，58.9%的

① 《驻埃塞俄比亚大使顾小杰出席领保工作座谈会并考察中资企业》，http：//cs.mfa.gov.cn/lsxw/u806421.hum，2011-03-15。

② 《驻尼日利亚大使邓波清慰问在尼中资企业》，http：//cs.mfa.gov.cn/lsxw/u875508.hum，2011-11-09。

③ 《驻博茨瓦纳使馆举行领事保护座谈会》，http：//cs.mfa.gov.cn/lsxw/t927375.htm，2012-04-27。

④ 同上。

⑤ 牟宗琮、黄培昭：《中国企业在海外如何确保员工安全》，《人民日报》2012 年 2 月 2 日。

受访企业表示使馆会召集当地中资企业不定期开会，遇有紧急情况，使馆会立刻告知；32.3%的受访企业表示，中国使馆会定期召集当地中资企业开会，讨论当地安全形势。笔者从对中国驻非使馆经商处官员的采访中也得知，使馆经商处不定期召开安全会议，大部分中资企业都会派代表参加。经商处还可以通过网站，包括使馆网站、"QQ 群"、华人网站等发布安全通知。[①]

第十，在非大型中资企业安全风险防范意识较强，采取了多项措施。2011 年 11 月，驻肯尼亚使馆的外交官在接受笔者访谈时表示，鉴于肯尼亚的治安形势一直不太好，中资公司一直雇用当地保安，一般 10 人左右，有的公司雇用 50 人以上，有的还雇用武装警察。在当地中国公民组织方面，有肯尼亚中国经贸协会和华人华侨联合会。使馆通过这两个组织分别向在肯尼亚的中资企业和华侨传达安全防范措施。[②] 2012 年 5 月，中国水电建设集团国际工程有限公司驻埃塞俄比亚总代表告诉笔者，其所在的公司为了保护员工安全采取了多项措施。首先，在出国之前对工人进行培训，但培训的主要内容是承包工程管理条例规定的安全内容，如注意施工现场安全。其次，在工人到达埃塞后，代表处聘请一些专家给工人做讲座，内容包括简单的宗教知识，埃塞南北方的差异，中国人和非洲人思维习惯差异等，以增加中国人对非洲人的了解，避免误会和冲突。最后也是最重要的是，在危险地区，公司花钱请当地的警察，聘请当地的安保公司保护工地和工人的营地，不上夜班，加高工地围栏等，财务人员去银行领取现金都聘请当地持枪保安护卫。此外，中

---

① 2012 年 5 月 24 日，笔者在亚的斯亚贝巴对中国驻埃塞大使馆经商处官员的采访。

② 2011 年 11 月 18 日，笔者在内罗毕对中国驻肯尼亚大使馆外交官的采访。

国驻埃塞的商会也不定期组织一些培训，例如关于当地的司法、劳务税务制度等，请律师来现场讲解。中国公司之间也相互交流经验。驻埃塞的中资公司代表之间建有“QQ 群”，可以在网上就设备资源、人员管理、财务事宜等进行经验交流。①

在回答“您所在的公司为保护员工安全都采取了哪些措施？（可多选）”这一问题时，78.9%的受访公司回答聘用了当地保安公司；70.3%的受访公司表示公司在工地或居住地建了围墙；64.1%的受访公司表示，公司制订了详细的安全预防措施并定期检查和演练；20.3%表示有当地军队力量协助公司进行安全保卫工作。分别有 7.8%和 7%的受访公司表示公司在工地或住宅外围挖壕沟和聘用国内保安人员。

（二）在领事保护的应急处理方面，准备充分，应急启动及时顺畅

第一，中国驻非使馆要求驻在国的大型国有企业准备应急预案并上报，并建有多种渠道发送紧急信息。例如，中国驻埃塞俄比亚使馆经商处要求在埃塞的中国国企和大型民企上报应急预案。对没有上报预案的企业，使馆经商处予以通报。使馆要求预案内容包括紧急情况下的撤离路线，并指定专门负责人，各企业要将部门负责人的联系电话张贴在办公场所的墙上。使馆还专门为此到各企业进行检查，要求企业当场拿出应急预案，并查看消防通道、安全警示

① 2012 年 5 月 22 日，笔者在亚的斯亚贝巴对中国水电建设集团国际工程有限公司埃塞俄比亚代表处总代表刘海林先生的采访。

等。使馆本部与经商处都有应急预案。应急预案将可能出现的紧急情况分成几级，不同的情况会有不同的颜色标示。使馆领事部对于领事保护的应急处理也有相关文件。经商处依靠商会向中资企业发通知，商会与中资企业之间建有“QQ 群”。遇有情况，经商处通知商会会长和两位秘书（分别负责在埃塞的承包企业和投资企业），然后由他们通知企业代表。①

第二，在处理在非中国公民安全突发事件方面，领事保护应急机制“四位一体”的特点得到了充分的体现。中国领事保护应急机制在近些年的发展过程中，逐步形成了中央、地方、企业和驻外使领馆“四位一体”的特点。② 2011 年的利比亚撤离最明显地体现了这一特点。在此次撤离行动中，中央、地方、企业和驻外使领馆协调一致，高效地完成了撤离任务，得到了中外媒体的一致称赞。③如果说在利比亚撤离中还是中央政府起主导作用，在 2012 年 3 月发生的刚果（布）弹药库爆炸事故中，则是地方政府牵头组织了工作组前去协助使馆处理。中国驻刚果（布）大使在第一时间赶赴现场，协调营救并指导有关企业开展善后工作。5 日，外交部副部长约见刚果（布）驻华使馆临时代办做工作。6 日，中国政府紧急派出由北京市政府牵头、外交部等部门参加的联合工作组赴刚果（布）开展工作。北京市政府派出 5 人医疗专家组赶赴前方，有关

---

① 2012 年 5 月 24 日，笔者在亚的斯亚贝巴对中国驻埃塞大使馆经商处官员的采访。

② 具体可参见 2012 年 3 月 11 日，新华社记者对外交部主管领事工作的副部长谢杭生的独家专访：《领事官员每人“保护”14 万人》，http：//www.people.com.cn/h/2012/0312/c25408-3342200168.html，2012-03-12。

③ 关于中国从利比亚撤离的具体过程，可参见夏莉萍：《从利比亚撤离透视中国领事保护机制建设），载《西亚非洲》2011 年第 9 期，第 105—119 页。

企业也派员赴当地。①

第三，外交部、驻外使领馆和在非企业重视利用“微博”“QQ”等新通讯手段及时了解信息，提供紧急救助。在撤离中国在利比亚人员的行动中，中国外交部领事保护中心除了通过两部热线电话和传真等传统方式了解公民求助信息，还高度重视中国在利公民和机构通过网络和微博发出的信息，及时协调驻外使领馆和前方工作组联系核实，为他们提供帮助。例如，有网民反映的黎波里地区中国通信服务公司 80 余人请求协助。领保中心立即要求驻利比亚使馆联系核实，还有网民通过微博反映，利比亚米苏拉塔地区有 800 余名人员请求协助，领保中心指示前方工作组提供帮助。另有 48 名中国在利比亚公民通过微博发出救助请求。领保中心即要求驻利使馆和前方工作组核实。② 2012 年 3 月，刚果（布）发生军火库爆炸事件后，不少网友都在微博上发布信息。中国外交部非洲司官方微博“直通阿非利加”播报了多条相关此事件的信息，对不幸遇难的中国同胞表示哀悼，对遇难者家属及伤者和北京建工全体员工表示慰问，向刚果（布）驻华使馆表达了慰问。中国驻埃塞、马里等使馆也创新工作方式，利用“QQ 群”主动向华侨华人发布消息，增进交流，了解大家的实际需要。③

总之，针对非洲国家安全形势复杂的特点，中国驻非使领馆与

① 杨讴、胡泽曦：《在刚果（布）爆炸事件中受伤的中国工人返抵北京》，http：//cs. mfa. gov. cn/lsxw/t913035. htm，2012-03-12。

② 《外交部重视中国公民微博求助》，http：//cs. mfa. gov. cn/lsxw/t802626. htm，2011-02-27。

③ 《驻马里大使曹忠明就对在马里中国人的领事保护工作接受新华社记者专访》，http：//cs. mfa. gov. cn/lsxw/t934952. htm，2012-05-23。

在非中资企业积极配合，在保护在非中资企业和中国公民方面，建立了多样化的预防机制和有效的应急反应机制。

三、对中国涉非领事保护的一些思考

不可否认，我国涉非领事保护取得了显著成效，2011 年初的利比亚大撤离充分说明了这一点。但从目前看来，涉非领事保护中还存在一些值得我们重视和思考的问题。

第一，在非中资企业和中国公民亟须增加对非洲国家法律法规的了解。如上文所述，在收回的 128 份调查问卷中，61%的受访者认为中资公司在非洲的经营活动中面临着不熟悉当地法律法规的风险。60%认为中国工人在非洲的日常生活中也面临着同样的安全风险。2012 年在加纳发生的中国“非法”采金者被抓捕的情况也说明了这一点。因此，我们非常有必要做好两方面的工作：一是加强对非洲国家法律法规的调查研究工作，二是做好有关知识的普及工作。

第二，由于非洲地区的政治风险比较突出，对于赴非运营的中资企业来说，购买投资风险保险（又叫政治风险保险）就显得尤为重要。问卷调查的结果显示，只有不到 1/3（27.3%）的中资公司购买了投资风险保险，35.2%的受访者回答没有购买，另外还有 37.5%的受访者回答不清楚。从发达国家的经验来看，它们的海外投资保险制度都比较发达。投资保险承保的风险就包括战争及政治暴乱。如果没有购买保险，若遇到战争或者政局动荡，企业损失无法得到赔付，而企业的员工自然也会受到一定程度的影响。目前，我国与此相关的保险业还不是很发达，为此，政府应扮演重要的推动者角色。

第三，在处理在非中国人违法犯罪的问题上，由于近年来国内各界对领事保护十分关注，迫于压力，一些驻外使领馆在处理此类问题时出现过于“偏袒”中国公民的情况，极力说服驻在国有关方面对违法的中国人从轻处或免于处罚。笔者在非洲调研时得知，曾经有中资公司用假发票逃税，数额巨大，被驻在国警方逮捕。而中国驻当地使馆知道情况后，立即派人前往交涉，当事人获保释。有的中国人在非洲国家因携带象牙制品出境或象牙交易被抓扣，非方通知翻译（当地人）代表中方前去帮助涉案中国公民录口供、摁手印，然后安排住旅馆。第二天开庭，翻译帮助中国公民上交罚金，获释。而在该国因为同样原因被抓的韩国人，则得不到韩国使馆提供的这样的待遇。从短期看，部分中国在非机构对违法中国公民的保护有力地维护了中国公民的利益，但从长远来看，必然会促使部分公民的法律意识更为淡薄，对中国在非形象和中非关系的长远发展十分不利。目前，已出现了一些在非中国公民与前来执法的当地警察发生肢体冲突的现象。由此看来，非常有必要出台相关的法律，规定领事保护的明确界限，同时媒体也要做好引导工作，使公众对领事保护有一个合理合法的期待。问卷调查结果显示，53.1%的受访者表示听说过领事保护，但具体内容不太清楚。另外，还有10.2%的受访者回答根本不清楚什么是领事保护。

第四，在非中国公民，尤其是中资企业中方员工的行为已成为影响中国在非形象塑造的重要因素，进而关系到中资企业和中国公民在非洲的安全环境。大量的中国工人进入非洲之后，与当地人朝夕相处，但对当地文化习俗了解甚少。少数中国工人不尊重当地习俗，导致与当地人的肢体冲突，并进而引发较大规模的冲突。2012年5月，接受笔者采访的在非中资公司负责人表示，这种现象发生的频率日渐增加。此外，有些公司在处理一些与当地人的冲突时，有时方式欠考虑，导致矛盾升级，企业的整体安全环境受到严重影响。例如，2012年6月16日，某中资公司驻贝宁项目组人员发现一名当地人偷窃中方燃油，遂用土枪示警并追赶，窃贼倒地死亡。随后，当地民众约70余人围攻该公司工地，中方施工人员和财产安全受到威胁。这些说明，在涉非领事保护中，个人利益、企业利益与国家利益已经紧密地交织在一起。中资企业对其员工进行必要的有关培训已成为刻不容缓的任务。

第五，在全球化的大背景下，各国的命运息息相关，这一点在涉非领事保护中也有所体现，在华非洲人的境况也影响着非洲国家如何对待在非的中国公民。2012年6月18日，广州一名尼日利亚籍黑人男子因车费问题与当地一电动车主发生纠纷和打斗，双方被民警带至派出所处理。由于该男子情绪激动，并有过激行为，民警遂采取措施予以制止。几个小时后，该男子昏倒在地，经抢救无效死亡。次日，10余名尼日利亚人在该派出所聚集，要求中方解释死因，引起周围经商的140余名非洲人和大量中国人围观，一度导致交通堵塞。[①] 事发后，中国有关部门多次向尼日利亚驻华使馆做解释性工作，但尼日利亚驻华使馆临时代办仍表示，尼方掌握情况与中方初步调查结果存在差距，希望中方尽快查明事件真相并及时通

① 广州市政府新闻办公室2012年6月25日通报，http：//forum. home. news. cn/thread/100347793/1. html，2012年9月2日。

报尼方，希望中方重视并解决尼日利亚在华公民遭受“差异性”待遇的问题。6 月 28 日，中国驻尼日利亚使馆收到英文匿名恐吓信，威胁将对在尼日利亚的华人进行报复。

综上所述，在非中资企业和中国公民所遭遇的安全风险复杂多样，涉非领事保护任务艰巨。近年来，中国涉非领事保护成效显著，但仍然存在着一些问题。在涉非领事保护中，中国公民个人的利益、中资企业的利益与国家的利益紧密地交织在一起，要做好涉非领事保护，需要我们分清眼前利益与长远利益，统筹国内国外两个局面，这是一项长期而艰巨的复杂工程，需要中国政府、企业、媒体、公民个人等方面的共同努力。

第八章　小行为体与国际制度

——亚信会议、东盟地区论坛与亚洲安全

魏　玲*

小行为体能否有效建立与主导国际制度？笔者试图从亚信会议和东盟地区论坛的经验出发，探讨在大国战略互信缺失、地区安全机制不足的情况下，小行为体发挥主导作用，建设地区安全机制的可能性与条件。亚信会议由哈萨克斯坦倡议成立，东盟地区论坛由东盟倡议成立并主导，二者都属于国际体系中的中小行为体。笔者提出，小行为体有效建立并主导国际制度依赖三条路径，即规范制度、网络权力与过程实践。首先，在规范上必须实现普遍规范的本地化改造，在制度建设中须遵循协商一致、循序渐进与低制度化原则。其次，小行为体的主导权来源于网络，即小行为体应能以自己为中心将相关大行为体织入制度网络中，通过网络获得大国认同、

---

* 魏玲，外交学院教授、外交理论研究中心主任、博士生导师。本文原载于《世界经济与政治》2014年第5期，第85—100页。感谢《世界经济与政治》杂志匿名评审人提出的修改意见和建议。文中错漏由笔者负责。

进行大国平衡，从而获得制度网络权力。最后，制度动力来源于多重过程与规范实践，过程导向给予制度以发展动力，制度通过主导性实践被界定和强化。笔者以亚信会议和东盟地区论坛为例对上述分析框架进行了阐释，并指出小行为体主导国际制度的前提条件与局限性。

一、引言

2014 年中国首次主办“亚洲互相协作与信任措施会议”（以下简称“亚信会议”）峰会。亚信会议是 1992 年哈萨克斯坦倡议成立的，并于 1993 年 3 月起开始活动，迄今已有 24 各成员国和 13 个观察员，成为各相关方就亚洲地区安全问题进行对话与磋商的论坛。[①] 亚信会议的基本情况不禁让人联想到另一个亚洲安全对话机制——东盟地区论坛（FAR）。1992 年东盟首脑会议就加强地区政治安全对话达成共识，1994 年首次东盟地区会议在曼谷召开。迄今东盟地区论坛已有 27 个成员，举行了 20 届外长会议，成为目前亚太地区最主要的官方多边安全对话与合作渠道。[②]

亚信会议与东盟地区论坛有诸多相似之处。首先，他们覆盖的区域大体相同，成员有相当的重合度。其次，二者的组织性质基本相同，都是进行地区安全对话的论坛。再次，提出倡议和成立的时间、背景相同，都是 20 世纪 90 年代上半期，两极格局解体，亚洲

① 中国外交部：《亚洲相互协作与信任措施会议》，http：//www. finprc. gov. cn/mfa-chn/gihdq-603914/gihdqzz-609676/Ihg-610758/，登录时间：2014 年 2 月 10 日。

② 中国外交部：《东盟地区论坛》，http：//www. finprc. gov. cn/mfa-chn/gihdq-603914/gihdqzz-609676/Ihg-610254/，登录时间：2014 年 2 月 10 日。

安全局势复杂但由缺乏地区合作机制。最后，二者都是由国际体系中相对弱小的行为体（lesser agents）倡议成立的，在它们所主导的论坛中，哈萨克斯坦相对而言是个小国，东盟也是一个由中小国家构成的相对弱小的行为体。

迄今，亚信会议和东盟地区论坛已经成为一北一南两个主要地区安全对话机制。二者的高度相似性是偶然还是必然？在安全因素复杂、地区秩序变动、大国互信缺失的亚洲地区，亚信会议与东盟地区论坛的经验为未来亚洲多边安全合作的制度化或者亚洲地区安全架构建设提供一些启示？进而在理论层面上，亚信会议与东盟地区论坛的实践能否帮助我们建立一个小行为体建设国际制度的理论模型？本文拟结合亚信会议与东盟地区论坛的经验，从规范制度、网络权力与过程实践三个方面分析小行为体建设国际制度的路径与要素，并在最后简要讨论其前提条件和局限性。

二、规范与制度

小行为体建设甚至主导国际制度的第一个重要因素就是规范与制度因素。就规范而言，任何国际制度都必须以特定普遍规范为基础。但是，小行为体要主动创建国际制度就不能完全照搬现有国际规范，而是必须对之进行有针对性的改造，使之既保持普遍性，又具本土化（localization）[1] 或者情境化（contextualization）特征。只

① Amitav Acharya, "How Ideas Spread: Whose Norms Matter? Norm Localization and Institutional Change in Asian Regions," *International Organization*, Vol. 58, No. 2, pp. 239–275.

有经过本土化或者情境化后的普遍规范，才能使小行为体成为有能力的规范倡导者，并为制度建设准备必要的条件。就制度而言，小行为体能否有效创建国际制度，关键在于制度化程度。国际制度本身意味着必要的制度化，但是小行为体的实力和能力局限性又决定具有强约束力的制度化是不现实的，因此协商一致的决策原则、容留灵活度和舒适度的弱制度化以及制度建设的循序渐进方式应是小行为体主导下实现制度合作的重要因素。

特定制度的建设必须基于特定规范，因此规范倡导是制度建设的第一步。制度建设也是治理需求和利益需求的反映。① 因此，小行为体建设国际制度首先要倡导适当的规范，该规范必须处于国际规范体系内，但又有本土化或者个体化的特征，这样才能同时被国际社会和目标群体所接受。本土化是指“本土行为体对外来观念的积极建构过程，在这个过程中外来观念得以与本地信念与实践相一致”。② 根据阿米塔夫·阿查亚（Amitav Acharya）的研究，有两个因素对于规范的本土化具有至关重要的作用：一是规范倡导者是否为信誉度高的本土行为体，二是外来观念是否能够巩固而不是颠覆本土的规范等级体系。③ 情境化强调在对普遍规范进行本土化或个性化改造的过程中背景性知识的重要作用。背景性知识是“无意识的、非表象的、无以言明的知识”，与放之四海而皆准的表象性知识不同，它是地方的、具体的、自下而上的、自发的知识，并且随

---

① ［美］罗伯特·基欧汉：《霸权之后：世界政治经济中的合作与纷争》（苏长和等译），上海：上海人民出版社 2001 年版。

② Amitav Acharya, “How Ideas Spread: Whose Norms Matter? Norm Localization and Institutional Change in Asian Regionalism,” p. 245.

③ Ibid., pp. 247-250.

着实践的开展而不断发生演变，处于变化之中。①

在制度建设方面，小行为体主导国际制度要走弱制度化的方式，即协商合作，容留灵活度，保证舒适性。协商合作是协商承诺、建设共识的过程：首先，协商承诺没有强约束性，对于目标、手段和结果都没有强制性规定，都是开放的；其次，协商一致的关键在于协商过程，过程往往比达成特定具体的结果更为重要，过程可以独立于结果；最后，协商一致不是将主导者的意志强加于人，而是充分考虑全体成员的意见和感受。

建设共识、培养合作的习惯。协商合作的以上特征有力地推动了合作的达成：协商合作的非强制性，比如在决策和落实模式及规则上的灵活性，为成员国的国内政治谈判预留了空间，从而为最大程度的多边合作创造了更大的可能性；协商合作的非敌视性环境对于达成初步合作至关重要，而舒适度实际上也是协商的前提；协商承诺是在获得广泛支持的情况下推进合作，保证成员国的基本利益都得到关注，保证成员国都不失面子、不被孤立。②在互信不足、成员身份异质性大的情况下，以协商合作为基本特征的弱制度更加有利于合作的推进和制度的维护。协商过程是构建共识、塑造身份的过程，协商合作是基于规则的制度治理的重要补充，也是小行为体在国际治理中获得比起自身物质实力更大的权力的重要原因。③

---

① 秦亚青：《行动的逻辑：西方国际关系理论"知识转向"的意义》，《中国社会科学》2013年第12期，第189页。

② Amitav Acharya, "Ideas, Identity, and Institution-building: From the 'ASEAN Way' to the 'Asia -Pacific' way?" *The Pacific Review*, Vol. 10, No. 3, 1997, pp. 319-346.

③ 秦亚青：《全球治理失灵与秩序理念的重建》，《世界经济与政治》2013年第四期，第4—18页。

亚信会议和东盟地区论坛都选择了“普适性”安全机制和规范作为规范倡议和制度建设的借鉴和基础，即欧洲安全与合作会议（欧安组织）及其“共同安全”规范。召开亚信会议的倡议是哈萨克斯坦总统努尔苏丹·阿比舍维奇·纳扎尔巴耶夫（Nursultan Abishevich Nazarbayev）在1992年10月举行的第47届联合国大会上正式提出的，其核心是在亚洲建立一个有效和普遍的安全与信任机制。随着导致地区紧张和对抗的两极格局的解体，地区合作成为国际合作的主要趋势之一，维护和平、安全与稳定，共同应对非传统安全挑战和经济社会问题成为亚洲各国的共识。因此纳扎尔巴耶夫提议在亚洲建成一个类似欧安会的安全合作体系，为解决亚洲的各种复杂问题提供现实的可能性。[①] 东盟地区论坛是亚太地区第一个致力于应对安全问题的地区机制。冷战的最后几年里（1986—1990年），亚太多个国家提出了建设地区多边安全合作机制的倡议。这些倡议都受到欧洲“共同安全”观念的影响，并且都以欧安会为制度模型。1991年，东盟战略与国际问题研究所（ASEAN—ISIS）正式提出，应推进合作安全，建设多边安全制度。[②]

但是，亚信会议和东盟地区论坛并没有盲目照搬欧洲经验，而是对欧安会的“共同安全”规范进行了本土化或情境化改造。欧安会的“共同安全”理念包含四个核心要素：第一，拒绝以敌对或制衡的方式谋求安全；第二，拒绝单边主义，推崇以包容的方式，采

---

① 参见《关于召开“亚洲相互促进与信任措施会议”倡议的回顾与前瞻》，《国际信息资料》1998年第4期，第16页；努尔朗·耶尔梅克巴耶夫：《亚洲安全问题》，《俄罗斯中亚东欧研究》2007年第5期，第92页。

② Amitav Acharya, “How Ideas Spread: Whose Norms Matter? Norm Localization and Institutional Change in Asian Regionalism,” pp. 254-257.

取多边安全措施管理安全困境；第三，强调通过信心建设、军控、多边合作以及联合国的集体安全功能的强化提供安全保证；第四，在国内、地区和国际安全之间建立联系。[①]

1993—1997年，相关亚洲国家就亚信会议进行了数年的筹备工作，就重大问题达成了一致，其中包括“不反对适当借鉴其他地区同类组织筹建和工作的经验”，但是“建立新的安全与合作机构必须重视亚洲地区国家关系的特点”。[②] 此后，亚信会议陆续通过了一系列基础文件和纲领性文件，形成了自己的国家间关系原则和地区安全规范。[③]《亚信成员国相互关系指导原则宣言》（1999年）将八条原则列为成员国间相互关系的根本性指导原则，即主权平等、不使用或威胁使用武力、领土完整、和平解决争端、不干涉他国内部事务、裁军和军控、开展互利的经济社会和文化合作、尊重人权和基本自由。[④]《阿拉木图文件》（2002年）强调通过多边合作增进亚洲和平、安全与稳定，指出应增进文明间的相互尊重、理解与宽容，强调侵犯国家主权、领土完整和政治独立，干涉别国内政以及进攻性战略是对地区和国际安全的威胁。[⑤]《亚信会议对外关系基本

① Amitav Acharya, “How Ideas Spread: Whose Norms Matter? Norm Localization and Institutional Change in Asian Regionalism,” p. 255；朱立群、林民旺：《赫尔辛基进程30年：塑造共同安全》，《世界经济与政治》2005年第12期，第18—20页。

② 《关于召开“亚洲相互促进与信任措施会议”倡议的回顾与前瞻》，《国际信息资料》1998年第4期17页。

③ 参见亚信会议官方网站：http://www.8-cica.org/page.php?page-id=12&lang=1，登录时间：2014年1月30日。

④ CICA Secretarist, “Declaration on the Principles Guiding Relations between the CICA Member-State,” http://www.s-cica.org/page.php?page_id=439&lang=1&parent_id=12，登录时间：2014年1月30日。

⑤ CICA Secretariat, “Almaty Act,” http://www.s-cica.org/page.php?page_id=439&lang=1&parent_id=12，登录时间：2014年1月30日。

原则》（2002 年）指出亚信会议对外关系应遵循《亚信成员国相互关系指导原则宣言》和《阿拉木图文件》规定的原则，所有相关决策都应通过磋商，经协商一致决定。① 从亚信会议的基础文件和纲领性文件来看，亚信会议在吸收欧安会多边安全、包容性安全规范的同时，仍然保留了强主权、不干涉内政规范，不考虑国内安全、地区安全和国际安全之间的联系，也没有接受具有法律约束力的集体安全规范。

东盟地区论坛则是在对欧安会的共同安全规范改造成功后才得以建立的。东盟战略与国际问题研究所承担了规范倡导者的角色。该组织认为，一方面，就规范的社会情境而言，亚太地区不同于欧洲：一是亚太安全威胁多元化，没有共同、单一的安全威胁；二是各国政治体制、经济发展水平和社会文化差异性大，缺乏共同体意识。另一方面，就规范的适应性而言，欧安会及其共同安全规范对东盟当时遵循的避免军事安全合作、避免大国干预地区安全事务以及坚持最小程度制度化的东盟方式构成了挑战。于是，欧安会的“共同安全”规范被改造成了“合作安全”规范，保留了共同安全中的两个基本要素，即包容的多边方式和反对敌对性的基于威慑的安全体系，但是去掉了具有法律约束力的安全合作和国内政治与地区安全的关联性这两个要素。② 正是因为这样的本土化和情境化改造，使得该安全规范得以融入以强主权规范为主导的地区规范体系之中，从而使得东盟地区论坛的建立成为可能。

---

① CICA Secretariat, “Guidelines for CICA’s External Relations,” http://www.s-cica.org/page.php?page_id=439&lang=1&parent_id=12，登录时间：2014 年 1 月 30 日。

② Amitav Acharya, “How Ideas Spread: Whose Norms Matter? Norm Localization and Institutional Change in Asian Regionalism,” pp. 256-257.

在制度建设方面，亚信会议和东盟地区论坛都坚持论坛性质，不急于推进制度化，而是遵循协商一致、低制度化与循序渐进原则。这种制度模式是强主权规范占据主导和地区相关行为体相互认同不足的必然结果，也是在这种规范情境和社会情境下推进合作的现实选择。《阿拉木图文件》规定，亚信会议是对话和协商的论坛，它基于协商一致原则就亚洲安全事务进行决策、采取措施。《亚信信任措施目录》（2004 年）规定，亚信会议信任措施的实施基于渐进和自愿原则，目录及措施都属推荐性质。[①] 亚信会议实行最小制度化原则，建立了国家元首和（或）政府首脑会议（峰会）、外长会议、高官委员会会议、特别工作组会议等机制。峰会和外长会议均为每四年举行一次，举办峰会和外长会议的国家任主席国。[②] 亚信会议"不是组织，而是论坛，它将'非官僚主义化'方式与针对具体问题的实用性解决方式和措施有机地结合在一起"。从成立之初，亚信会议就确立了一个原则，即"首先关注所有成员国都感兴趣的问题，然后再研究矛盾和有争议的问题"，正因为这样，它才能够"由简入繁、由浅入深"，不断取得进步和成绩。[③]

1994 年，首次东盟地区论坛外长会议在曼谷召开，它被定义为论坛性质，是各方就地区政治安全问题举行的非正式磋商。东盟地区论坛的制度建设依照东盟方式，实行最小制度化原则。东盟地区

① CICA Secretariat, "CICA Catalogue of Confidence Building Measures (CBMs)," http://www.s-cica.org/page.php? page_id = 439&lang = 1&parent_id = 12，登录时间：2014 年 1 月 30 日。

② 中国外交部：《东盟地区论坛》，http://www.mfa.gov.cn/chn//pds/gihdq/gihdqzz/lhg_2，登录时间：2014 年 1 月 30 日。

③ 努尔朗·耶尔梅克巴耶夫：《亚洲安全问题》，《俄罗斯中亚东欧研究》2007 年第 5 期，第 93 页。

论坛会议机制包括外长会议、高官会议、安全政策会议、建立信任措施与预防性外交会间辅助会议、会间会和国防官员对话会等。东盟地区论坛不设秘书处，外长会议每年轮流在东盟主席国举行。[①]东盟地区论坛的政策工具也不是直接照搬西方模式，而是与现有地区结构的演进发展相适应。与欧安会不同，东盟地区论坛的信任措施没有监督机制的介入和约束，而是坚持了“东盟方式”的不干涉原则，各方自愿遵守，措施没有法律约束力。《东盟地区论坛概念文件》（1995 年）规定，东盟地区论坛进程分为建立信任措施、开展预防性外交和探讨解决冲突的方式三个阶段；但是，建设冲突解决机制应是东盟地区论坛的最终目标，而不是近期目标。做出这个说明是因为冲突解决机制的介入性和干预性太强、太西方化。《东盟地区论坛预防性外交的概念与原则》（2001 年）规定东盟地区论坛进程应遵循逐步进化方式、协商一致决策，并以全体成员感到舒适的节奏推进。[②]

三、权力与网络

经典国际制度理论认为，制度供应实际上是以权力为支撑的。一方面，霸权国需要通过国际制度建设维护自身霸权主导的国际秩

① 中国外交部：《东盟地区论坛》，http://www.mfa.gov.cn/chn//pds/gihdq/gihdqzz/lhg_2，登录时间：2014 年 1 月 30 日。

② ASEAN Secretariat, “The ASEAN Region Forum: A Concept Paper,” 载中国外交部：《东盟地区论坛成立 20 周年纪念册》，北京：世界知识出版社 2014 年版，第 56 页；ASEAN Secretariat, “The ASEAN Region Forum (ARF) Concept and Principles of Preventive Diplomacy,” 中国外交部：《东盟地区论坛成立 20 周年纪念册》，第 63 页。

序和国际体系；另一方面，制度建立也需要以霸权国的物质实力为重要依托。[①]那么为什么东盟和哈萨克斯坦等国际体系中相对弱小的行为体能够“以我为主”建设国际安全机制，其动力与实力何在？本文认为，小行为体的国际制度权力不是物质力，而是平衡力（balancing）和杠杆力（leverage），来源于制度建设的网络化（networking）过程。

网络产生社会资本。在社会学研究中，网络成员通过社会关系占有和分配资源，即社会资本。社会资本通过网络嵌入（embeddedness）产生，嵌入包括关系性的（relational）和结构性的（structural）。关系性嵌入是指行为体的行动嵌于互动关系网络中，处于持续建构中的网络的期望、规范和原则会对其偏好、认知和行动产生重要的塑造作用；结构性嵌入是指该网络与其他社会网络的联系性，即该网络嵌于更宏大的社会网络结构之中，并受到这个结构的文化和价值因素影响。[②]

网络化是指行为体以自己为中心建设网络体系的过程。体系中的行为体以某些议程为基础和推动，与相关行为体建立某种联系、安排和制度；与此同时，为保持关系的开放性，通过相关议程、行为体和制度安排推动关系的流动、延展和扩张，将新的行为体纳入进来，形成与所有相关行为体的网络化关系。网络化过程最初是理性推动的，建立和加入网络是利益驱动的，网络化过程也是以务实合作为主要内容的实践过程，并不以制度建设为标尺和终极目标。

① ［美］罗伯特·基欧汉：《霸权之后：世界政治经济中的合作与纷争》，2001 年版；John Ikenberry, “The Rise of China and the Future of the West,” *Foreign Affairs*, Vol. 1, 2008, pp. 23-37。

② 参见魏玲：《第二轨道进程：清谈、非正式网络与社会化——以东亚思想库网络为例》，载《世界经济与政治》2010 年第 2 期，第 29 页；Mark Granovetter and Richard Swedburg, *The Sociology of Economic of Life*, (Boulder, Co.: Westview Press, 1992)。

但是，随着合作的发展和网络的流动，互动关系网络系统逐步形成，网络嵌入效应也就日益显现。关系性嵌入塑造行为体与网络的认同，使之成为网络节点和新的生长点。网络身份成为行为体的当然身份，脱离网络不仅不符合行为体的具体利益，而且在已经内化网络体系身份的行为体看来已经根本不是一个可选项。结构性嵌入使单个网络的活动受到网络体系的制约，随着网络体系密度和强度的增大，其紧耦合性使得网络体系的社会规范和文化价值因素对单个网络的活动能够发挥重要的制约或塑造作用。

网络体系中的“平衡力”或“杠杆力”不是来源于单个节点的物质实力，而是主要通过节点主导推进的网络化过程来实现的。网络节点发挥主体能动性，以自己为中心，通过规范倡导和议题设计建设网络，并使之不断扩张和生长。“平衡”具有东亚文化特性，主要不是物质力量的平衡，而是影响力和关系平衡。平衡不是静态的，而是动态的，动态平衡才能给予网络化进程活力和动力。动态平衡意味着处于网络中心的行为体要不断调整与其他网络节点的关系亲疏，一方面维护和巩固节点的网络认同感，另一方面又通过负面刺激迫使节点不断加强与网络的关系与认同；与此同时，网络中心行为体要对各组关系进行相对平衡，既要让各节点有一定的空间和舒适度，保持网络扩展性和动力，同时又制造一定的紧张，在维系关系和保持紧张之间实现微妙的动态平衡。

东盟正是通过地区合作制度的网络化过程以及在网络进程中的大国平衡，来实现“东盟主导”的。东盟地区论坛是东盟主导的地区制度网络体系的重要构成部分，其本身经过 20 年的制度、规范和议程建设，成了一个相对独立的网络体系。东盟成立于 1967 年，随后以“东盟+1”的方式与地区相关大国建立伙伴关系，比如东盟—日本（1973年）、东盟—美国（1977年）、东盟—澳大利亚（1974年）等。当时，东盟成为这些对话伙伴关系的中心，但是各对关系均独立发展，并没有成为网络。直到冷战结束后随着中国与东盟对话伙伴关系的建立，以东盟为制度中心的地区合作才发展起来。1991年东盟与中国建立对话伙伴关系，不仅为其“东盟+1”的伙伴关系模式注入了新动力，而且还为开启东亚和平合作进程创造了重要条件。1994年东盟地区论坛成立，《东盟地区论坛概念文件》规定东盟发挥“核心”作用，是“最主要的推动力量”。[①] 1997年亚洲金融危机推动东盟与中日韩（“东盟+3”）机制建立。2005年首届东亚峰会（“东盟+6”）召开，2011年东亚峰会扩员成为“东盟+8”机制。2010年旨在推动地区安全和防务对话的东盟防长扩大会议（ADMM+）机制建立。2012年，以东盟与其对话伙伴的双边自贸协定，即6个“东盟+1”自由贸易区为基础的《区域全面经济伙伴关系协定》（RECP）建设进程启动。以“东盟+”为模式的地区进程不断生长，不仅纳入多个行为体、建设了多个架构，而且多重机制平行发展，并在每个制度进程中又发展出丰富的层次，形成了以东盟为中心节点的地区合作网络体系。

各大国进入网络之中，首先是出于理性和利益考虑，比如，中日韩三国是为了共同应对亚洲金融危机，美国和俄罗斯是担心被排除在东亚经济一体化进程之外。但是进入网络体系之后，随着网络的广度、强度和密度不断增加，不仅各大国内嵌于网络的利益变得

---

① ASEAN Secretariat, “The ASEAN Region Forum: A Concept Paper,” 载于中国外交部：《东盟地区论坛成立20周年纪念册》，第53页。

越来越重要，而且不得不接受东盟规范，被东盟规范社会化。“东盟+”是一种制度模式，也是地区合作规范中的规范，它规定东盟是地区合作的制度中心，是合作规范的倡导者和议程设定者；在程序上，东盟首先在内部协商一致，然后再与其他各方协商。历年历次的各种领导人会议和峰会文件都强调东盟在地区进程中的“驾驶席位”，地区相关大国一再表示坚定支持东盟发挥主导作用。[①] 关于“东盟主导”的宣示和表态已经成为“理所当然之事”，这就是规范社会化的体现。此外，这些大国还成为网络体系中新的节点和生长点。比如，中日韩三国合作机制起源于“东盟+3”领导人会议时的三国领导人会晤。在各个机制之间，甚至在同一机制之内，各大国为了竞争影响力而竞相投入资源、抛出倡议，从而为机制提供了新的生长点和动力，中国与日本在“东盟+3”框架下的良性竞争曾经是该机制迅速发展的重要推动力。

东盟启动地区网络化进程是“大国平衡”思想和战略推动的。处于大国博弈关系中的东盟，最初建立对话伙伴关系也是为了保证自身安全。后来东盟发现引入大国后，能从大国的良性竞争中受益，于是开始主动建设以自己为中心的地区网络。一方面，不断将各大国引入网络中，通过网络借力打力，使大国相互制衡；另一方面，也通过网络建设保证自己的地区制度中心地位，保证自己的议程和规范设定权以及在大国竞争中利益的最大化。东盟的平衡力和杠杆力包含了中道、协调的意味，既借力打力，又维持基本面的合作与和谐，并从中受益，具有东亚文化特性。1997—2008 年，东盟

① 可参见东盟秘书处网站发布的历次东盟与中日韩领导人会议与东亚峰会的《主席声明》（http：www. asean. org）以及各官方网站发布的相关领导人和官员讲话（http：//www. fmprc. gov. cn，http：www. mofa. go，jp，http//www. whitehouse. gov，http：//www. state. gov 等）。

的大国平衡战略主要是平衡中国与日本；2009 年以来，主要是平衡中国与美国。东亚峰会本身就是东盟在网络化进程中平衡各大国关系的产物。2001 年，东亚展望小组提出以 13 个国家平等参与的东亚峰会取代“东盟+3”，作为建设东亚共同体的主渠道，而到 2005 年首届东亚峰会召开时，却变成了“东盟+6”的模式，且与“东盟+3”并行发展。东盟不仅保证了自己的整体身份，而且还引入更多大国使之相互制衡，从而进一步加强了自己的网络平衡和杠杆力量。

东盟地区论坛既是东盟地区合作制度网络体系的重要组成部分，也是该网络体系的缩影。东盟地区论坛框架下的各种会议和活动均实行共同主席制（cochair），东盟主席为共同主席之一，确保东盟主导权。会议成果往往以《主席声明》的形式发表。《主席声明》是东盟地区论坛的一个创举，此后以东盟为中心的制度合作往往都以该形式来发布结果。《主席声明》不同于一般的《联合宣言》，具有更大的灵活性，使得会议主席成为声明的主要责任人，是主席对会议的一般性总结。[①] 因此，东盟坚持在东盟地区论坛的主席权力，坚持制度中心，坚持东盟首先协商一致，并不仅仅只是名义上和形式上的主导，也不仅仅只是“搭台”，而是真正在“唱戏”，具有实实在在的制度权力内涵。而东盟地区论坛的共同主席制实际上就是“东盟+”模式。外长会议只能由东盟主席国主办，保证了东盟在东盟地区论坛体系网络的中心地位，其他会议和活动都采取“东盟+”的共同主席模式，实际上把其他参与方，包括各大国在内，都发展成为东盟地区论坛网络体系的节点，既保证了东

① Suriya Chindawongse, “Present at the Creation: Looking Back at the First ASEAN Regional Forum in 1994,” 载于中国外交部:《东盟地区论坛成立 20 周年纪念册》, 第 24—25 页。

盟网络中心的主导，又容留了相当的空间，通过网络亲疏关系的刺激，使各方自觉成为网络的维护者和发展者。2013 年，东盟地区论坛迈向预防性外交阶段。中方提出主办“预防性外交培训”项目，新西兰和美国要求共同主办并愿意提供物力和智力上的支持。无论各大国怎样在东盟地区论坛网络体系中竞争与投入，东盟的中心权力已经获得了制度和规范保障。2013 年，东盟主席国文莱成为该培训项目的当然共同主席，项目虽然可以在东盟成员国以外的国家举行，但是未来预防性外交培训很可能要由东盟和平与和解研究所（AIPR）来主导和协调。①

与东盟地区论坛相比，亚信会议的发展相对滞后，这在很大程度上是因为其发起者尚未建立起动态的网络化进程和体系。没有中心节点，就难以推动网络进程，发展新的生长点；没有囊括政治安全、经济和社会文化的综合网络体系为依托，小行为体主导的制度实力就会受到很大局限，难以发挥平衡力和杠杆力。冷战结束后，中亚五国② 积极探索建立新的地区安全机制，但是主导权之争相当激烈。中亚国家先后加入《独联体集体安全条约》、通过“和平伙伴计划”与北约建立长期军事互助关系、建立中亚无核区，并倡议召开了亚信会议、中亚安全与合作论坛、伊塞克论坛等。然而这些机制分别由不同的行为体发起或主导，各自为政，甚至相互掣肘。不仅中亚周边大国对地区安全事务的主导权争夺激烈，甚至中亚五

① 相关信息是笔者在参与东盟地区论坛预防性外交培训研讨会期间了解到的“AFR Roundtable on Training Resources for Preventive Diplomacy,” Wellington, March 20-21, 2014。

② 中亚五国指哈萨克斯坦、吉尔吉斯斯坦、塔吉克斯坦、乌兹别克斯坦和土库曼斯坦。

国内部也各有主张。[①]因此，尽管中亚安全对话与合作日趋活跃，地区信任机制建设也受到高度重视；但是没有中心节点，难以形成网络体系。而经济一体化进展缓慢，导致中亚地区整体的一体化进程发展非常困难，[②]因而亚信会议缺乏大的地区合作网络体系依托，哈萨克斯坦或者中亚五国等相对弱小的行为体的制度权力受到较大局限，难以通过大国平衡来推进地区进程。

四、过程与实践

小行为体进行国际制度建设要实行过程导向。与过程相对的是结构，过程是不确定的、开放的、流动的，结构是由特定属性界定的、静态的。过程导致结构变化。在国际体系中，结构是由实力在主要行为体之间的分配定义的，物质实力、制度实力和规范实力在主要行为体之间的分配决定了国际体系的物质实力结构、制度结构和规范结构。因此，小行为体在国际体系结构中难以成为界定性的要素。然而，如果将国际体系本身视为不断演进的过程，参与实践作为过程实践，不追求界定性结构和特定结果，那么小行为体就有了比较广阔的作为空间，甚至具备了大行为体所不具备的优势。过程导向包括过程本体和过程方式。过程本体就是将制度视为制度化的过程，将制度放在不断展开的交往互动之中进行塑造，保持制度

① 朱新光：《中亚安全合作机制评析》，《俄罗斯中亚东欧研究》2004 年第 2 期，第 61—62 页。

② 朱新光：《中亚安全合作机制评析》，《俄罗斯中亚东欧研究》2004 年第 2 期，第 64 页。

的开放性、流动性以及在制度网络中的互嵌性与复杂联系。① 过程方式就是通过合作过程吸引大国参与并实现渐进式的社会化，过程推动权力的社会化、孕育合作的规则和规范并催生集体认同。过程本身是手段，也是目的，过程导向给予制度以发展动力。②

亚信会议与东盟地区论坛的制度建设都是过程主导的。③ 它们建立的时期大致相同，都是在冷战结束，两极格局瓦解，地区实力、制度和规范结构进入调整和演进的时期。它们的建立不是应对性的，不针对特定的既有威胁，而是前瞻性的，旨在推动地区战略文化朝着对话与合作的方向发展。它们在建立之时并没有预设具体目标，也没有设立具有法律约束力的条约或规章，而是采取了最小制度化的模式，坚持制度建设的渐进方式。它们将欧洲共同安全规范本土化，坚持以对话合作促进安全，坚持不干涉、协商一致，维护成员舒适度，以保证最大程度的合作。甚至宁愿牺牲合作效率，也不愿意让合作面临破裂的风险。上述观念和规范引导的制度化过程提供了一个主体间互动与成员社会化的框架与场所，不仅使制度的不断发展进化成为可能，而且能够产生“交感而化”，推动成员的

---

① 参见魏玲：《后本质主义文明与国际政治》，《世界经济与政治》2010 年第 11 期，第 40 页；亦参见杰克逊对文明过程和罗家德对社会网络过程的研究，帕特里克·杰克逊：《如何进行文明研究》，载彼得·卡赞斯坦主编：《世界政治中的文明：多元多维的视角》（秦亚青等译），上海：上海人民出版社 2012 年版，第 200—224 页；罗家德：《社会网分析讲义》，北京：社会科学文献出版社 2010 年版。

② 秦亚青，魏玲：《结构、进程与权力的社会化——中国与东亚地区合作》，《世界经济与政治》2007 年第 3 期，第 7 页。

③ 阿米塔夫·阿查亚最早提出了东盟地区论坛制度建设的过程主导，参见 Amitav Acharya, “Ideas, Identity, and Institution - building: From the ‘ASEAN Way’ to the ‘Asia - Pacific’ Way?” p. 139。

社会化。[①] 进而，它们保持开放性和流动性，一方面，与地区其他相关制度进行“复杂互嵌”；另一方面，不断丰富自己的体系层次，使行为体进一步嵌入多重、多元制度网络化进程中，加深与制度的认同。起初，人们普遍认为美国和中国不会参与或支持东盟地区论坛。因为多边制度在一定程度上是对大国权力的制约，双边博弈更符合大国的利益。但是中国与美国不仅一开始就加入了东盟地区论坛进程，而且后来都成为积极参与者。[②] 中国的“新安全观”就是在1996年的东盟地区论坛会议上首次提出的，美国也将东盟地区论坛作为推动其地区安全议程的重要平台。2014年中国将主办亚信会议，成为2014—2016年主席国，这体现了中国对亚信会议及其安全合作规范的认同。作为小行为体倡导和主导的亚洲多边安全机制，亚信会议和东盟地区论坛实行过程主导，不仅在大国权力博弈的场域之中成功建立起来，而且还吸收了大国参与，并在一定程度上成功推动了大国的社会化。

制度化过程的重要内容是实践，特别是规范实践和话语实践。实践就是实施适当的绩效行动（competent performances）。具体而言，实践是有社会意义的有规律活动，具有不同程度的适当性，它蕴含并展现背景性知识和话语，并能物化这样的知识和话语。实践将话语世界和物质世界编织起来，它产生于物质世界并对物质世界产生影响。它将行为者与结构联系起来，是一个充满活力的物质和理念过程，这个过程使得结构趋于稳定或者发生重构。因而可以

① 秦亚青，魏玲：《结构、进程与权力的社会化——中国与东亚地区合作》，载《世界经济与政治》2007年第3期，第7页。

② Amitav Acharya, “Ideas, Identity, and Institution-building: From the ‘ASEAN Way’ to the ‘Asia-Pacific’ Way?” pp. 339-340.

说，实践引导行动，是体系和结构变化的动力。实践是行动的文化、行动的话语。实践理性产生于背景性知识又体现背景性知识。背景性知识不同于表象性知识，它往往是“无意识的、非表象的、无以言明的知识”，主要来源于行动者的经验知识，是经验的自然积累。与表象性知识的抽象与普遍不同，背景性知识是“地方的、具体的、自下而上的”。因而实践理性是背景性知识塑造的经验理性，是一种弱意识和内在习性。①

实践创造了制度的内在逻辑，也不断塑造和再造制度的相对边界。其中，主导性实践发挥着最根本和最重要的界定作用。② 作为过程的国际制度是动态、松散、多元的“实践共同体”，其边界随着实践延展。实践共同体既是共享的知识领域，是参与社会学习的人的共同体，也是蕴涵着共有知识的共同实践。它超越了互主意义和我们感觉（we-feeling），是由“我们行动（we doing）”塑造和界定的。“我们行动”是具有社会意义的适当绩效行动，是以成员共有知识和相互默契为基础的自然而然的思维和行动。③ 主导性实践实施和体现决定性规则和原则，为“不断重复的有规律的国际活动”提供“基础架构”，界定行为体之间以及行为体与国际制度的互动模式。这个基础架构使得某些战略是可行的，而另外一些则根

---

① Emanuel Adler and Vincent Pouliot, “International Practices: Introduction and Framework,” in Emanuel Alder and Vincent Pouliot, eds., International Practices, (Cambridge, New York: Cambridge University Press, 2011), pp. 6-14；秦亚青：《行动的逻辑：西方国际关系理论“只是转向”的意义》，《中国社会科学》2003 年第 12 期，第 186—189 页。

② Ole Jacob Sending and Iver B. Neumann, “Banking on Power: How Some Practices in an International Organization Anchor Others,” in Emanuuel Alder and Vincent Poulioteds, *International Practices*, pp. 236-240.

③ 关于实践共同体可参见伊曼纽尔·阿德勒《欧洲文明：实践共同体视角》，载于彼得·卡赞斯坦主编：《 世界政治中的文明：多元多维的视角》，第 75—76 页。

本不被考虑。主导性实践为行为体“继续”当前实践和参与其他实践活动提供实用的工具和资源。主导性实践包含各种相互交织的更具体的实践，并对后者产生决定性作用，使之得以实施。因此可以说，作为背景性知识和地方文化要素的载体，实践通过塑造行为体的战略选择，而不是行为体所追求的目标来塑造行为体结构。主导性实践相对稳定，不仅因为习惯使得行为方式和标准根深蒂固，而且还因为要合作就必须回到共同的结构上来。①

亚信会议与东盟地区论坛是合作安全主导的实践，通过合作安全的实践来推动地区以合作行动促共同安全、建构地区安全合作规范、培育合作习惯，通过塑造成员的战略选择来塑造安全合作架构和地区结构。合作安全规范依赖于协商一致和不干涉的背景性知识和地方经验，同时又以行动呈现着背景性知识，即通过协商合作培育互信、共同应对潜在挑战、增进安全，这是相对于以表象性知识为基础的普遍性规范的创新。正如亚信会议和东盟地区论坛的一些亲历者所指出的那样，二者最大的成就不在于找到某个具体的解决方案，或者解决了某个具体问题，而在于能够将政治文化和发展水平迥异的各方聚集在一起，使它们能够相互熟悉和了解，建立一定程度的信任，形成以对话、协商与合作的方式应对地区安全挑战的基本共识，并为之共同努力；正因为如此，合作安全实践主导下的这两个地区安全机制成为地区安全架构塑造进程中的关键因素。② 在

① Ole Jacob Sending and Iver B Neumann, “Banking on Power: How Some Practices in an International Organization Anchor Others,” pp. 231-251.

② 参见 Lim Jock Seng, “The ASEAN Regional Forum,” 载于中国外交部：《东盟地区论坛成立 20 周年纪念册》，第 6 页；Chris Elder, “The ASEAN Regional Forum after 20 Years,” 载于中国外交部：《东盟地区论坛成立 20 周年纪念册》，第 20 页。

合作安全的主导下，亚信会议和东盟地区论坛都产生了应对地区非传统安全合作的实践，其中有些已经成为地区相关行为体安全互动的重要架构和载体。2007 年，亚信会议高官会通过了《以合作方式落实亚信会议信心建设措施》的文件，该文件不仅规定落实信心建设措施要以协商一致为原则，以自愿参与和循序渐进的方式进行，而且规定了信心建设措施的四个优先落实领域，包括经济、环境、人文及其他新型威胁和挑战。[①] 东盟地区论坛正在从信心建设措施向预防性外交迈进，优先合作领域包括灾害管理和人道主义援助、打击恐怖主义和跨国犯罪、海上安全、不扩散与裁军以及维和行动。[②] 可以看到，两个机制都以非传统安全合作作为信心建设的优先领域，因为非传统安全威胁敏感度较低，而合作需求高。这种制度化架构和成员间互动是由合作安全的主导性实践决定的。主导性实践不仅决定了其他具体实践，而且还有塑造地区安全架构的作用。比如，近年来，中美在东盟地区论坛框架下大力加强了面向地区的灾害管理合作，涉及规范、技术、实战演练和桌面推演等方方面面。[③] 亚信会议和东盟地区论坛推动的非传统安全领域的大国安全合作对于地区未来安全架构具有重要的塑造意义。

---

① CICA Secretariat, "Cooperative Approach for the Implementation of the CICA CBMs," http://www.s-cica.org/page.php?page_id=439&lang=1&parent_id=12，登录时间：2014 年 1 月 30 日。

② 中国外交部：《东盟地区论坛成立 20 周年纪念册》，第 178—234 页。

③ Wei Ling, "Disaster Management and Regional Cooperation in East Asia," presented at "The 3rd United States, ASEAN and East Asia Summit Strategic Dialogue Symposium", Washington D. C., September 16, 2013.

五、结论

从亚信会议和东盟地区论坛的经验中，我们可以看出小行为体主导国际制度是在相应的体系前提条件下发生的，即体系处于转型期，大国缺乏战略互信但存在足够的战略共识。也就是说，体系实力和制度结构处于转型进程中，而相关大国战略互信严重不足，任何一个大国都难以主导体系中的多边合作；与此同时，大国面临的跨国和共同威胁上升，任何一国都难以独自应对，相互合作需求增大，导致大国之间能够形成一种基本默契和战略共识，即避免冲突、维护稳定，在能合作的领域争取合作。这时小行为体为在大国政治和体系转型中维护自身身份和利益，有可能发挥能动作用，促成各方的制度合作，同时大国也乐见其成。

小行为体有效建立并主导国际制度依赖于三条路径，即规范制度、网络权力与过程实践。首先，在规范上必须实现普遍规范的本土化改造，在制度建设中须遵循协商一致、循序渐进与低制度化原则。其次，小行为体的主导权来源于网络，即小行为体应能以自己为中心将相关大行为体织入制度网络中，通过网络获得大国认同、进行大国平衡，从而获得制度网络权力。再次，制度动力来源于多重过程与规范实践，过程导向给予制度以发展动力，制度通过主导性实践被界定和强化。最后，小行为体主导安全制度合作的条件是大国战略互信严重缺乏，但具备基本合作共识，局限性在于小行为体对“度”的把握，挑战在于大国投入、制度成长与小行为体制度能力之间的悖论。

小行为体主导国际制度是有局限性的，这个局限性就是“度”的把握。所谓小行为体主导也是在大国需要、大国允容和大国自我约束下的主导，如何一方面有效调动大国参与、塑造大国对制度过程的认同，而另一方面又有效约束大国行为，需要把握好各种关系、各个过程之间的微妙平衡。在网络化的制度过程中，既要保持网络的适度紧张以增强网络强度与活力，但又不能紧张过度，导致网络彻底破裂，其底线应该是不能挑战大国的重要和核心利益。在2012年东盟外长会上，由于个别东盟国家要求将南海争议写入《主席声明》，导致东盟内部产生分歧，最终无法协商一致形成《主席声明》，导致会议无果而终。这个结果被普遍看作是东盟自身的危机。因为这是东盟自1967年成立以来首次无法达成会议《主席声明》，意味着东盟团结和东盟身份受到重大冲击而面临破灭的风险。这次争议与分歧的背后实际上是涉及中国领土主权利益的大国博弈。这个例子说明，一旦触碰大国核心与重要利益或卷入相关争端，并试图为己所用或在其中选边站队，那么小行为体不仅难以主导多边制度合作，而且自身的核心利益都将面临重大风险。①

小行为体主导国际制度要不断面临的重大挑战就是大国投入、制度成长与小行为体自身能力不足的悖论。小行为体主导的国际制度能够吸引大国参与和投入固然是有助于制度与合作的发展，但同时也对小行为体的主导能力构成挑战。制度是一个实践过程，在这个过程中，能否在观念、规范上继续发挥引领作用，能否加强自身

① Wei Ling, “Rebalancing or De-Balancing: U. S, Pivot and East Asian Order,” *American Foreign Policy Interests*, Vol. 35, Issue3, 2013, p. 152.

能力建设去适应和驾驭体量日益增长的制度体系，这对小行为体是一个重大和关键的挑战。比如，随着各大国竞相对东盟主导的地区合作进行参与和投入、提出各种倡议，东盟就面临着制度能力建设的重大挑战而不得不采取应对之策，被迫加强以东盟为中心的制度网络。在安全合作方面，东盟没有按照美国的意愿，在东亚峰会框架下建设实质性的安全机制。相反，它将“东盟+”制度模式扩展到防务领域，于2010年建立了东盟防长扩大会议机制，并宣布将之作为地区安全磋商的主要机制，从而保证了自己在地区安全事务磋商与合作中的中心地位。在经济一体化领域，2012年，由六个“东盟+1”自贸协定构成的《区域全面经济伙伴关系协定》进入谈判进程，这也是东盟面对各大国经济一体化倡议和行动，为维护东盟主导地位而进行的制度能力升级。

在相当长的一段时间内，东盟引领东亚地区合作的模式被称为“小马拉大车”。至今，学界和政策界仍然有很多人坚持认为，亚信会议和东盟地区论坛等由小行为体倡导或主导的地区安全合作制度化程度低、产生的实际效用有限。但不可否认的是，亚信会议和东盟地区论坛的确为地区相关各方提供了就安全事务进行对话和磋商的平台，推动了非传统安全领域的地区安全合作，而且还在培育合作习惯、积累合作经验和背景性知识方面发挥了重要作用，对于未来地区安全架构的塑造也具有探索性的积极意义。更为重要的是，这两个安全机制都是在地区大国战略互信严重缺乏、难以主导地区多边安全安排的困局下，由地区体系中相对弱小的行为体倡议成立并主导运行的。因此，亚信会议与东盟地区论坛的实践不仅对于亚洲安全建设具有重要现实意义，而且对于国际制度建设和国际体系转型研究也具有重要学术价值和启示意义。

第二部分　城市外交与北京市对外交流

第九章　口岸发展与“一带一路”建设：形势、问题及对策
郭宏宇　竺彩华

第十章　北京市银行业开放研究　张翠珍　王　岑

第十一章　北京人口、资源、环境协调发展的评价指标体系构建方法探讨　杨　莉

第十二章　北京的国际形象研究报告　张翠珍

第十三章　新媒体环境下北京城市形象的传播策略研究
欧　亚

第十四章　北京市清洁能源国际合作策略研究　闫世刚

第十五章　争论中的城市外交与东南亚国家的经验　查　雯

第十六章　外国驻华外交官的特殊法律规制研究　张春燕

第九章　口岸发展与“一带一路”建设：形势、问题及对策

郭宏宇　竺彩华*

口岸是“一带一路”的重要节点，其发展态势也决定着“一带一路”建设的成效。基于对我国三类口岸——沿海、内陆和沿边口岸的实地调研，本文认为口岸在参与“一带一路”建设时面临四大问题，分别是口岸协调制度难以落地，硬件设施难以满足发展需求，政治热点与新兴产业的冲击，以及市场配置资源的决定性作用未能充分发挥。“一带一路”将给口岸发展带来重大机遇，为使口岸在“一带一路”建设中获得更好发展，同时更好地服务于“一带一路”建设，本文提出五个方面的政策建议，分别是立足于行政效

---

* 郭宏宇，外交学院国际经济学院副教授；竺彩华，外交学院国际经济学院教授。本文受“中央高校基本科研业务费专项资金”重大项目“‘一带一路’建设中的经济合作机制研究（3162015ZYKA01）”和重点项目“口岸经济在互联互通中的地位、影响及政策建议（3162015ZYQA02）”共同资助。课题其他成员包括：刘曙光、欧明刚、杨莉、崔绍忠、付韶军、何敏、李锋、张璐超和陶懋炜。本文原载于《国际经济合作》2016 年第 1 期，第 46—55 页。

率和经济效率来完善并推动“大通关”战略，立足于企业需求和公平竞争来完善市场化机制，立足地区特色和产能优势来推动口岸发展，立足于“硬件”和“软件”的连通来推动基础设施建设，以及借助经济外交工作来推动口岸连通。

口岸是我国对外开放的门户，也是经济体制改革的“试验田”，我国许多重大改革措施都是依托口岸先行先试的。同时，口岸也是深化同周边国家互联互通和积极推进“一带一路”建设的重要节点，口岸的发展态势决定着“一带一路”建设的成效，因而成为落实“一带一路”倡议的关键。但是，目前对口岸和“一带一路”建设之间的研究仍呈分离的态势。对口岸的研究主要注重口岸本身的发展或电子口岸的建设，[①] 一定区域内的互联互通建设，[②] 以及口岸城市因素与口岸产出之间的关联。[③] 对“一带一路”则多注重宏观面的国际经济效应研究，并由定性分析逐步转向对“一带一路”沿线国家全要素生产率、贸易效应的实证研究。[④] 许多区域经济合作中的产业结构转型问题和跨境治理问题（Pichamon Yeophantong,

---

① 刘建利：《我国沿边口岸经济特殊性分析及发展建议》，《中国流通经济》2011 年第 12 期。Evelyn Goh，“The Modes of China's Influence：Cases from Southeast Asia，” *Asian Survey*，Vol. 54，No. 5（September/October2014），pp. 825-848。

② 王勤、李南：《东盟互联互通战略及其实施成效》，《亚太经济》2014 年第 3 期。

③ Shuk Man Sherman Cheung，Tsz Leung Yip，“Port City Factors and Port Production：Analysis of Chinese Ports，” *Transportation Journal*，Vol. 50，No. 2（Spring 2011），pp. 162-175.

④ 付韶军：《“丝绸之路经济带”沿线 TFP 测算及影响因素研究——基于随机前沿面板数据模型的分析》，《经济问题探索》2015 年第 11 期。何敏、郭宏宇、竺彩华：《基础设施互联互通对中国东盟贸易的影响——基于引力模型和边界效应模型的研究》，《国际经济合作》2015 年第 9 期。

2014)[①] 的研究虽然涉及“一带一路”沿线国家，但是既未在“一带一路”主题下进行，也未深入到口岸层面。由于口岸是落实“一带一路”倡议的关键，基于此，考察各口岸发展现状及其与“一带一路”建设的契合度也成为必要。2015 年 7 月下旬至 8 月下旬，课题组以“五通”为主线，重点对我国 10 个省市（分别是上海、宁波、天津、满洲里、郑州、西安、深圳、海口以及广西、云南地区）的三类口岸——沿海、内陆和边境口岸进行了实地调研，分析目前口岸发展在我国新一轮对外开放和“一带一路”建设中的现状和存在的问题，并最终形成此文。

一、口岸发展的基本态势

（一）各类口岸发展快速推进

按照批准开放的权限划分，中国的口岸分为由国务院批准开放的一类口岸和由省级人民政府批准开放并管理的二类口岸。目前，我国有一类水运口岸 135 个、航空口岸 68 个、铁路口岸 20 个、公路口岸 70 个。口岸发展呈现出以下三个特点：

第一，口岸建设正在向“互联网+通关”的智慧型口岸发展，

① Pichamon Yeophantong, “China’s Lancang Dam Cascade and Transnational Activism in the Mekong Region: Who’s Got the Power?” *Asian Survey*, Vol. 54, No. 4 (July/August2014), pp. 700-724.

这一模式充分利用已有的信息系统与互联网优势，以降低企业的通关成本。如广东自贸区的“智慧型检验检疫口岸综合信息平台”，为企业提供实时在线咨询、投诉和查询等服务，让企业实现“零纸张、零距离、零障碍、零门槛、零费用、零时限”的“六零申报”。

第二，口岸通关工作正在从实物商品向无形商品扩展。口岸部门加大对自主知识产权的保护力度，有效遏制侵权贸易。为此，一些口岸增设无形产品通关的管理机构，如天津海关所属新港海关设立咨询窗口和知识产权保护工作联络人，并以关企交流会、查验大讲堂等形式提高海关关员知识储备及查缉能力。海关总署也积极推广知识产权保护经验，于 2015 年 4 月 23 日公布了“2014 年中国海关知识产权保护十大典型案例”。

第三，口岸功能定位正在从“安全屏障”向“政策工具”转变。随着我国外贸形势趋向严峻，国家颁布一系列外贸支持政策，口岸也从传统的保障安全向外贸刺激政策工具转变。2015 年 4 月 1 日，国务院印发《关于改进口岸工作支持外贸发展的若干意见》，提出简政放权、改进口岸通关服务、清理规范收费和推进通关作业无纸化等一系列要求。地方政府也发布了地方性的改进口岸工作支持外贸发展意见，并推出《开展口岸查验配套服务费改革试点实施方案》等一系列配套措施，促进相关惠企政策落地。

我国口岸发展在良性轨道快速推进，相比而言，邻国口岸发展滞后，不适应我国部分口岸的发展要求。虽然中央和地方政府已经批准了众多口岸，但是由于边境口岸需要双方对接，部分口岸由于对方口岸建设进度落后、法律手续尚未完备或其他原因休关而仍未实际开通。例如，2015 年黑龙江省尚有孙吴、呼玛、漠河和嘉荫四个一类口岸处于闭关状态，未开通运行。

(二) 口岸协调机制正在形成

随着改革开放进程的深入，中国的口岸数量、功能、运量均大幅提高，但是因多个口岸执法部门均对进出境的货物、人员、交通运输工具及物品实施查验监管，导致通关环节多、效率低、成本高的问题日益突出，迫切要求进一步完善口岸执法体制和协调机制。

为改进口岸工作以支持外贸发展，党的十八届三中全会和四中全会要求“实现口岸管理相关部门信息互换、监管互认、执法互助”和“完善执法程序、推进综合执法”。2014 年 8 月 25 日，国务院副总理汪洋在全国口岸工作座谈会上重点强调口岸协调问题，要求加快推动口岸各部门“信息互换、监管互认、执法互助”，即执法信息数据全面共享、查验结果互认、联合执法范围更广，力求在全国范围内加快推进关检“一次申报、一次查验、一次放行”；同时要统筹口岸发展布局，适当增设内陆口岸，大力支持沿边口岸，全面提升沿海口岸，并通过信息化、智能化建设提升口岸监管能力和服务水平。2014 年 12 月 26 日，国务院发布《落实“三互”推进大通关建设改革方案》，推动口岸管理相关部门的信息互换、监管互认和执法互助，提出推进“单一窗口”建设、推进“一站式作业”、建立健全信息共享共用机制、整合监管设施资源、推动一体化通关管理、打造高效的口岸通关模式和建立口岸安全联合防控机制等一系列大通关协作机制。2015 年 7 月 15 日，国务院常务会议确定大力提高口岸通关效率，推动全国一体化通关，加快复制推广自贸试验区的贸易便利化措施，在沿海各口岸开展国际贸易“单一窗口”试点。

口岸之间的协调需要强有力的协调机构。中央政府从口岸工作的顶层设计着手，以权威的协调机制统筹协调全国口岸工作。在颁布《落实“三互”推进大通关建设改革方案》《关于改进口岸工作支持外贸发展的若干意见》之后，建立了国务院口岸工作部际联席会议制度，同时撤销国家电子口岸建设协调指导委员会，其职能并入联席会议。联席会议由中央编办、外交部、发展改革委、海关总署等 21 个部门和单位组成，由国务院分管口岸工作的领导同志担任联席会议召集人，海关总署主要负责同志和协助分管口岸工作的国务院副秘书长担任副召集人，其他成员单位有关负责同志为联席会议成员，在国务院领导下，统筹协调全国口岸工作。

（三）口岸在“一带一路”建设中的地位日益突出

对“一带一路”的广泛共识是应优先发展互联互通，口岸则是“五通”建设的前沿与重要节点。早在 2008 年，电子口岸便已经进入“互联互通”时代。2014 年 11 月 12 日，亚太经合组织领导人非正式会议批准了亚太经合组织《互联互通蓝图》，确立了在 2025 年前实现加强软件、硬件和人员交流互联互通的远景目标，中方提出的《建立亚太电子示范口岸网络》倡议得到了 APEC 成员的一致响应，各个经济体正在提交自己的示范口岸，并力求在十年内实现电子口岸数据的互联互通。2015 年 4 月 1 日，国务院印发《国务院关于改进口岸工作支持外贸发展的若干意见》，要求完善“一带一路”

内陆地区口岸布局，在沿海地区打造若干具有较强国际竞争力的枢纽型水运、航空口岸和区域口岸集群，并加快形成陆海空统筹、东中西互济的口岸开放新格局。

二、口岸在“一带一路”建设中的机遇

“一带一路”倡议的提出给口岸发展带来了前所未有的机遇，主要体现在区位优势更加凸显、合作平台更加深化、优惠政策更多落地、产业集群形式更加多样。

（一）区位优势更加凸显

作为“一带一路”的节点，口岸通常是经济圈的交汇点、交通网络的枢纽，有着地理上的天然区位优势。

1. 经济圈的交汇点

口岸是经济圈之间的联系点。世界有三大经济圈，分别是北美经济圈、欧洲经济圈和亚洲经济圈。“一带一路”的起点，是亚洲经济圈，以东亚、东南亚环西太平洋的“新月带”为重点，各国经济有很强的互补性，是全球经济发展最有活力的地区。“一带一路”的另一端是欧洲经济圈，以欧盟为核心，包括经合组织、欧洲自由贸易联盟、经济互助委员会等区域性经济组织。随着“一带一路”建设的推进，活跃的亚洲经济圈与发达的欧洲经济圈相联系并融

合。口岸作为经济圈的交汇点，必然要承担更重要的连通与服务职能。

2. 交通网络的纽带

口岸是交通网络的枢纽。历史上的“一带一路”是以交通网络的形式诞生的。陆上丝绸之路经甘肃、新疆，到中亚、西亚，并联结地中海各国陆上通道。海上丝绸之路经东南亚、南亚到阿拉伯、东非，覆盖欧亚非三洲。口岸则是这些交通网络的起点和节点。现代的“一带一路”诞生于全球化时代和中国新一轮改革开放进程，其沿线口岸通常是水陆空交通网络的重要枢纽，并且往往连通其中的数个交通网络，覆盖面广、运输量大，对周边城市有着很强的辐射和集聚功能，是推进沿线各国经贸合作的纽带。

3. 经济发展的前沿

口岸既是经济、金融、贸易中心的基本依托和基础，也是各国参与国际经济交往和国际航运市场竞争、发展本地经济的前沿。沿海口岸多在当地的中心城市，本身便是所在经济区域的经济增长点。边境口岸可以通过边境贸易逐步发展边境物流、加工，带动口岸经济，有效拉动当地发展。口岸之间的连接形成垂直型和水平型分工交织的跨国、跨区域经济带，可以拓宽合作领域，拓展对外开放的广度和深度。内陆口岸可以和沿海和边境口岸协作，将对外经济合作机制向内地延伸。总体来看，多数口岸都是作为当地经济发展的前沿而存在的。

（二）合作平台更加深化

“一带一路”倡议是新型的国际区域合作倡议，是在既有合作机制的进一步深化，与既有的合作平台是包容而非替代关系。经过多年的建设，我国许多口岸已经参与各类合作平台建设，并在合作平台中占有重要地位。

1. 国际合作平台

各口岸在建设与发展过程中充分依托并推进已有的国际合作平台。这些合作平台所涵盖的国家对“一带一路”倡议给予高度的关注，并且这些国家的参与态度对“一带一路”倡议的最终落实发挥着至关重要的作用。与口岸相关的国际合作平台包括三个层次，分别是多边层面、区域层面和双边层面。

在多边层面的合作平台中，最重要的是2015年9月4日加入的《贸易便利化协定》，这是我国加入世界贸易组织后参与并达成的首个多边货物贸易协定。我国是第16个接受议定书的成员，一旦生效和实施，将对成员国口岸基础设施、管理方式以及口岸管理部门之间的协同等方面提出更高的要求。

区域层面的贸易平台集中于东亚和东南亚，已有的主要合作平台包括中国—东盟自由贸易区、泛北部湾经济合作、上海合作组织等。其中，中国—东盟自贸区正致力于打造“升级版”，以进一步提高地区贸易投资自由化和便利化水平，推进东亚经济一体化。上海合作组织主要致力于密切本地区国家间的相互联系，促进各领域互利合作的发展。

双边层次上，目前我国已经与 22 个国家和地区签署了 12 个自贸协定，涵盖了我国 1/3 的进出口贸易额。但总体来说，除去东盟，我国与“一带一路”沿线国家的自贸协定数量较少，水平较低，较少涉及贸易便利化合作。

2. 国内合作平台

典型的国内合作平台包括京津冀协同发展机制、上海自贸区、泛珠三角区域合作和新亚欧大陆桥国际协调机制。京津冀协同发展机制的核心是将京津冀三地作为一个整体协同发展，通过构建现代化交通网络系统来推进产业升级转移，最终形成京津冀目标同向、措施一体、优势互补、互利共赢的协同发展新格局。上海自贸区是中国大陆境内第一个自由贸易区，虽然从地域上看仅包括上海市部分地区，但由于其定位是中国经济的试验田，所以其经验被推广到中国各个口岸。泛珠三角区域合作包括广东、广西、海南、云南、贵州、四川、湖南、江西、福建 9 个省区和香港、澳门两个特别行政区，是在互相尊重、自愿互利的基础上充分发挥各方优势和特色，按照市场原则推进区域合作，以形成合作互动、优势互补、互利共赢、共同发展的局面。新亚欧大陆桥国际协调机制是联合国开发计划署丝绸之路区域合作的协调枢纽，立足新亚欧大陆桥，并推动其从亚欧大陆的主要运输通道发展至经济发展带。这些合作机制已经推动了国内口岸之间的合作，并成为国内口岸以协作落实“一带一路”倡议的基础。

(三) 优惠政策更多落地

中国经济改革的成功经验是先建设改革试验区，再将成功经验推向全国。在“一带一路”的建设中，许多口岸所在城市也被划入改革试验区，并获得配套的优惠政策。

1. 试验区与试点城市

改革试验区是中国在经济社会发展的新阶段所提出的新举措，吸收了改革开放之初设置特区的成功经验，也被称为中国的“新特区”。其中，国家综合配套改革试验区是全方位改革试点，截至2015 年，已经批准建立上海浦东新区、天津滨海新区等 12 个国家综合配套改革试验区。另有区别于“综合配套改革试验区”的试验区，其配套措施相对较少，如云南瑞丽市国家级重点开发开放试验区。这些改革试验区有不同的主题，由于口岸是进出口的通道，所以以开发开放为主题的改革试验区直接与口岸相关。为实现国家的战略目标，中国也设立了相应的试点城市，如跨境贸易人民币结算试点城市、国家金融体制改革试点城市、金融电子化试点城市、金融对外开放试点城市和私募股权投资试点城市，这些城市也是我国主要的口岸城市。这就使得口岸在“一带一路”建设中成为优惠政策的执行者之一，并可借助这些配套的优惠政策获得更快速的发展。

2. 跨区域口岸协同

“一带一路”建设给口岸发展带来的另一个政策优势是跨区域

协同政策。经过多年建设，中国口岸之间已经开始协同运作，并且其协作潜力也不断增强。随着“一带一路”建设的推进，口岸之间的协同变得更加重要，沿线各口岸也在积极推进区域通关一体化工作。口岸协同使得沿海、沿边口岸与内陆口岸之间紧密联系，打破了关区设置的限制，内陆口岸可以发挥其陆路运输的枢纽作用，成为重要的货物集散地，并进而成为连接内陆与沿海、沿边口岸国际贸易的节点。

（四）产业集群更加多样

1. 传统产业集群

在“一带一路”倡议的推动下，口岸可以充分发挥辐射带动作用，使得产业集群在原有的基础上进一步扩张。产业集群和口岸之间的影响是相互的。一方面，产业集群对口岸发展形成支撑，许多口岸城市，尤其是发达地区的口岸城市已经具有良好的功能布局，并建立了优势支柱产业，成为各地区的现代工业高地，给口岸带来强劲的进出口需求。另一方面，口岸的发展使得口岸城市的企业具有更低的物流成本，吸收更加优质的要素资源，面向更广阔的海外市场，为产业集群的发展带来强劲的动力。随着“一带一路”倡议的落实，口岸将推动所在城市的产业集群向产业链两端不断延伸，实现先进制造业集约集群的扩张，从而带来更强的区域辐射带动作用。

2. 金融产业集群

金融产业集群对“一带一路”沿线的口岸发展有很强的推动作

用。一方面，发达的金融业可以为口岸建设和口岸所依托的产业集群提供融资支持，并吸引优质生产要素的流入；另一方面，一些金融工具与实物商品联系密切，带动实物商品市场的发展。后者的典型例子是期货市场和融资租赁市场。期货可以进行实物交割，所以期货市场的发展必然伴随实物商品市场，即期货保税交割业务的发展。通过积极参与期货保税交割业务试点建设，相关口岸可以利用期货市场资源配置功能将辐射范围逐步扩大至国际市场，使得口岸城市向国际物流中心、航运中心升级。与之相似，融资租赁是现代化大生产条件下产生的实物信用与银行信用相结合的新型金融服务形式，是集金融、贸易、服务为一体的跨领域、跨部门的交叉行业。融资租赁的发展有利于转变经济发展方式，促进二、三产业融合发展，可以加快商品流通、扩大内需，为口岸的发展提供经济支撑。

三、口岸在“一带一路”建设中存在的问题

尽管“一带一路”倡议为口岸发展提供了新的机遇，但是受目前的发展阶段所限，我国口岸仍存在制度和设施、政治和经济、政府与市场等多方面、多层次的问题。

（一）口岸协调制度难以落地

1. 地方发展定位不明晰

在“一带一路”倡议的带动下，沿线口岸纷纷制定发展规划，

所在城市和地区也相继制定配套政策。但是，部分口岸所在城市和地区的发展定位并不明晰，定位雷同、缺乏特色、单纯依靠项目数量等现象比较突出。发展定位不明晰的原因主要有两个：

一是缺乏战略高度和全局视野。口岸的发展依托特定经济圈，但是这些特定经济圈的战略高度往往与“一带一路”不配套，不符合“一带一路”走向更大范围和更高层次开放的要求。

二是地方发展目标与“一带一路”建设目标的短期冲突。相邻的口岸在客观上存在竞争，相近交通线路的口岸也存在竞争，部分口岸会更注重维护本口岸与所在地区的经济发展，造成地方发展目标与“一带一路”建设要求不一致问题。

2. 口岸建设规划短期化

“一带一路”建设需要有长期的规划，但是部分口岸重开放、轻规划、轻管理的现象较突出。相对而言，基层口岸更偏好能带来短期快速发展的建设项目，在“一带一路”建设中存在“重项目、轻政策”的倾向，往往在前期政策沟通尚未充分的情况下，就急于推动一些合作项目的实施。对建设规划的忽视导致两个负面影响：

一是管理层对对方口岸的管理体制和运行机制变化等不能及时了解，在比照我国的管理体制进行交流时，往往出现难以对接的情况，影响沟通效率。

二是导致有些地方口岸资源不足以满足通关的实际需求，而有些地方口岸却资源过剩，利用效率低下。

3. 口岸间相互竞争激烈

“一带一路”给各个口岸均带来发展机遇，口岸之间也会形成激烈的竞争。目前，口岸之间的竞争在很大程度上还处于无序状态。

第一，当前“一带一路”建设正值世界经济增长乏力、我国出口增速低位徘徊时期，一些口岸，尤其是内陆口岸很难获得足以支撑其常态化运营的物流规模。因此，竞相争抢其他地区物流的问题难以避免。

第二，对于位于同一产业集群的多个口岸而言，货源种类相似、经济腹地重叠，再加上上级机构的协调处于真空，其结果就是导致在基础设施、中转效率、资源组织、运输价格等方面存在恶性竞争，特别是区域内部的货源竞争比较激烈。

第三，口岸所在的城市有着不同的行政地位，一般情况下，行政地位较高的城市可以获得更多的行政资源，在未来重大项目安排、重要资源获得等区域要素分配上占有更大优势，这种虹吸效应有可能打乱区域正常的产业转移梯度和秩序，并导致口岸城市之间门户功能、产业发展等领域的差距进一步拉大。

4. 基层协调机制不完善

“一带一路”覆盖范围广阔，运行机制差异巨大，基层管理措施种类繁多，协调不畅的问题较为突出。造成基层协调机制不完善的原因主要有四点：

一是“重上层、轻下层”，忽视了与影响较大的媒体、非政府组织（NGO）和民众之间的关系。

二是存在部门利益的阻碍。通关过程中所涉部门过多，虽然我国也在推进“三个一”（即一次申报、一次查验、一次放行）和“三个互”（即信息互换、监管互认、执法互助），推广“一关两检”“一站式”“大通关”“单一窗口”等服务，但是这些改革措施必然触动一些部门的利益，使得具体的制度设计在现实工作中很难贯彻与协调。

三是中央与地方政府的协调机制不够顺畅。“一带一路”建设中的新情况处理需通过中央部委审批，地方政府只能不断向上级部门提交报告，并经过长期的审批、审核才获得相应的优惠与权限，不能完全适应“一带一路”下口岸迅速发展的实际情况。

四是中央的口岸管理机构不统一。对全国口岸进行统一管理的机构是海关总署下设的全国口岸办公室，但是直接归海关总署管理的仅是沿海口岸，内陆地区的口岸实际上不归海关总署管理。虽然中央层面已经建立国务院口岸工作部际联席会议制度，但是基层的口岸管理机构不统一问题并未得到根本解决。

（二）硬件设施难以满足发展要求

1. 基础设施仍待连通

“一带一路”对基础设施连通提出了更高的要求，虽然我国许多口岸已经拥有较好的交通等基础设施，但是仍难以满足“一带一路”建设要求。基础设施连通不足的问题主要体现在三方面：

一是口岸的辐射作用要求发达的交通基础设施从口岸向其他地区扩展，但是，一些口岸所在城市及辐射地区的交通设施仍不够完善，并且交通设施分属不同分支机构管辖，影响了联通效率。

二是对于经济欠发达地区的二类口岸和边民互市贸易点，由于基础建设投入不足，导致边境口岸基础配套设施严重不足或老化。

三是对方口岸的基础设施难以与我国口岸对接。我国周边国家的口岸基础设施建设大幅滞后或是建设标准不统一，在一定程度上减慢甚至阻碍了“一带一路”的推进。

2. 设施运力难以保障

口岸基础设施的正常运营需要有一定的运力保证，许多通关环节是必不可少的，只有达到一定规模才能实现规模效应，降低通关成本。但是，一些口岸的进出口仅满足特定区域的需求，而这些区域的经济总量不足以支撑其基础设施的运力。在有些运力较小的口岸，进出的货物种类仍然十分丰富，往往涵盖了重工业品、轻工业品以及农产品等各类产品，呈现出贸易量小但品种复杂的特点，这使得口岸营运成本非常高。

3. 连通未能向纵深发展

需要连通的基础设施不仅在国家之间，也在各国内部，基础设施在各国境内的断裂同样不利于“一带一路”倡议的落实。对我国而言，口岸基础设施不仅要与对应口岸连通，也要与国内的供应链相连通，口岸的基础设施连通也需要顺应供应链方向，向中西部纵深发展。

（三）各种地缘政治因素带来的风险

1. 大国的利益博弈

“一带一路”是新的理念，在客观上对旧的国际经济秩序形成挑战，必然会面临大国博弈的问题。在陆上丝绸之路，主要面临的大国是俄罗斯，俄罗斯一直致力于保持在中亚地区的地缘影响力，对“一带一路”的建设仅会给予有保留的支持。在海上丝绸之路，面临的大国主要是美国、日本和印度。美国正在推行重返亚太战略，面对崛起的中国，美国必然会维护其唯一的超级大国地位，并采取各种形式介入东南亚地区的“一带一路”建设。日本一直寻求在亚洲的主导权，东南亚地区是其长期建设的地区，其规划与“一带一路”理念有较大差别。印度一直巩固其在南亚的重要地位，近年经济的快速增长使其更注重国际政治与经济的影响力，对“一带一路”仅可能有非常有限的支持力度。

2. 东盟的政治阻力

东盟国家是“一带一路”沿线的重要主体，是建设“一带一路”必须团结的对象。对中国的迅速发展，东盟国家心态复杂，既希望搭乘中国经济发展的顺风车，又担心会受制于中国。因此，对“一带一路”倡议既有期盼，又迟疑不决。与东盟国家的团结是求同存异下的团结。来自东盟的政治阻力主要包括三方面：第一，许多东盟国家有着民族主义和实用主义倾向，并且与我国面临南海等问题的争端；第二，东盟国家与中国的贸易逆差是导致争端的潜在原因；第三，企业社会责任越来越受到关注，中资企业如果不能获得当地民众和政府的认同，很可能引起东盟国家对“一带一路”倡议的潜在抵触情绪。

3. 恐怖主义的威胁

我国边境环境相对复杂，往往成为“三股势力”的渗透重点，给边境口岸运行带来沉重的安全压力，主要体现在三个方面：第一，存在较大规模的跨境民族。以云南德宏州为例，五个世居少数民族与缅甸和印度东北部的掸、克钦、勃欧、阿萨姆等民族同族同宗、同语同俗，虽然这些民族因人为划定的边界跨境而居，但是具有深厚的人缘基础和文化积淀，大量存在“一寨两国”，甚至“一户两国”的情况。第二，通道和便道太多。仅德宏州就包括21条正式通道和110多条历史上形成的便道（渡口），是中缅边境界碑最密集、便道最多、国家级口岸和特殊经济功能区最密集的区域。第三，部分边境地区长期存在境外边民走私犯罪现象。如中越边境地区无天然屏障，山水相连、村寨相望，口岸通道众多，为走私及跨境贩毒者提供了有利的地理条件，尤以广西东兴—越南芒街、广西凭祥—越南新清段为甚，为“三股势力”的滋生提供了温床。

(四) 政府与市场之间的矛盾犹在

1. 简政放权仍显不力

为落实“一带一路”倡议，在口岸管理上以“简政放权”为主。但是，“简政放权”需要结合各个口岸的实际情况，否则很容易形成表面的简化流程而实质上的缺乏效率。“简政放权”不力的问题具体表现在三个方面：

一是一些地区的简政放权主要是上级政府的简政放权，事务并未减少，只不过下放到基层部门，行政事务向基层部门转移，基层的行政审批事项反而增加，使基层不堪重负。

二是向基层口岸的简政放权缺乏配套措施，尤其是缺少相关法规的调整和接管下放权限的专业人才。

三是简政放权要求政府转变职能，从管理型政府转变为服务型政府，然而问责机制和权力制衡机制尚未完善，难以实现科学确权、科学授权和科学治权。

2. 政策的市场导向性不足

“一带一路”需要以市场为导向，虽然在初期由政府推动，但是最终要让市场在配置资源时起决定性作用。从已有的口岸创新制度改革来看，或是相关政策脱离了地方经济发展的实际情况；或是在政策出台前缺乏对企业真实需求的摸底，导致政策流于形式，看似节约企业通关的时间，但由于所需的报关程序并未省去，实际操作结果和之前并无差别；或是政策出台时仅规定某些部门简化操作流程，却未协同其他相关部门同时简化相关流程，使得实际通关程序无法简化。以海南离岛免税政策为例，海南岛是继日本冲绳岛、韩国济州岛和金门、马祖之后第四个实施离岛免税政策的区域，中央推动海南经济的力度不可谓不大，但是从建设海南国际旅游岛的实际情况来看，政策力度却并不能满足游客的购物需要。离岛免税政策的限额虽然已从设立之初的5000元提高至8000元，表面上提高幅度很大，但是免税店内大多为奢侈品，8000元的限额完全不能满足客户的消费需求。这使得海南省始终无法依托离岛免税政策成为购物天堂，优惠政策的实际效果非常有限。

3. 新增需求难以满足

“一带一路”带动国际贸易和要素流动，产生新的通关需求。新增需求的重要特点是复杂化，针对原有通关政策所做的简化往往难以与之适应。“一带一路”建设推动了沿线的商品贸易和要素流动，进出口岸商品的类别增加，而通关便利化改革是针对旧有通关制度进行的，如果不能根据“一带一路”所带来的通关新情况进行动态的通关制度改革，那么改革后的制度仍将无法适应通关情况复杂化的现实。如海关的行政审批单一窗口是为了简化和统一单证格式与数据标准，实现申报人通过“单一窗口”向口岸管理相关部门一次性申报，口岸管理相关部门通过电子口岸平台共享信息数据、实施职能管理，执法结果通过“单一窗口”反馈申报人。但是，在实际执行中由于涉及多种通关类别、不同的通关情况，面临的问题可能在已有的单一窗口模式下难以解决。尤其跨境电商带来日用消费品、大宗商品跨境贸易电子商务平台和金融综合服务平台的基础设施建设需求，并要求与之相适应的跨境电子商务海关监管和检验检疫模式改革。已有的口岸基础设施已经不能满足业务激增的需要。

四、口岸发展并服务“一带一路”建设的政策建议

为使口岸更好地发展并服务于“一带一路”建设，口岸的各项政策需要在口岸自身建设的基础上放眼地区、全国乃至“一带一路”沿线的整体发展，以重效率、促公平、有特色、软硬兼顾、经济和外交相结合作为政策推动的主要方向。

（一）“大通关”战略需注重行政效率和经济效率

推进“一带一路”倡议，必须破除口岸带来的壁垒，提高通关效率，这就需要运用现代管理、信息化和高科技手段，对单证流、货物流和信息流进行整合，即所谓的“大通关”。

1. 围绕“大通关”进行制度设计

“大通关”的制度设计要在提高行政效率的基础上进一步提高经济效率。第一，进一步深化口岸管理体制机制改革，逐步建立健全口岸大通关领导体制和工作机制。第二，推广试点口岸的成功经验，通过简化和清理不必要的监管工作实现简政放权。第三，完善各口岸联网的信息共享平台，包括在线审批监管平台、企业信用信息公示平台等，并在此基础上实现各口岸之间的信息互认。第四，立足通关成本来协调“大通关”，通过考核“大通关”对各个产业的全部通关成本的降低程度来衡量“大通关”的效率。第五，建立

有效的沟通机制。对于属于计划单列市的口岸城市，需与所在省份之间有效沟通和联动发展；对于海关、国检等部门，需要中央从国家层面进行统筹协调，有必要建立跨部门的沟通机制，甚至考虑大部制改革。第六，口岸各部门要正视风险的存在，在追求便利化的同时也要控制通关风险。

2. 做好“大通关”相关产业对接

大型口岸的产业结构非常复杂，同时存在多个潜力巨大的产业，要注重“大通关”下的产业对接，尤其是多个产业在对接中的协同发展。一是国内口岸之间的产业对接需要有统一的规划，并着力测算与应对各口岸产业链延长可能引发的竞争。二是对于拥有陆、海、空、铁多个口岸的城市，口岸布局要和产业布局相适应，要建成各交通形式高效衔接、区港联动、多式联运的综合口岸体系和立体开放格局。三是重视不同产业链向内地的延伸程度，发挥口岸区位优势与内地货源优势，推进沿海口岸和内地口岸功能相互延伸，进而形成“大通关”区位联合优势，更好地服务区域经济发展。

（二）市场化机制需要注重企业需求和公平竞争

“一带一路”倡议下的口岸发展要建筑在稳定透明的政策环境、高效规范的行政环境和公平竞争的市场环境之上。

1. 以企业的实际需求为导向

口岸通关的各种便利性措施要以企业的实际需求为导向，给予适度的政策支持和财政补贴，避免打乱市场的自我调节能力或是造成企业对政府的过度依赖。

第一，口岸管理部门需要牵头组织口岸机构及各级政府相关部门面向企业开展调研工作，了解相关企业对口岸工作的需求、意见和建议，以及企业面临的困难和需要协调解决的问题。针对企业提出的问题，需要有强有力的协调机构组织口岸各部门进行反馈，并对口岸各部门创新举措与企业需求的对接经验进行评估与推广。

第二，不要盲目设立口岸。在设立口岸之前应该“重论证”，以发挥市场的资源配置作用为基础，在对“投入—产出”进行详细全面的论证后再投入；在设立之后，要“重执行”，严格监管。

2. 放宽并完善市场准入的机制

口岸建设要避免国内外企业利用关税或非关税壁垒的保护获得额外的竞争优势。

第一，口岸部门及各级政府需要打破垄断，尽可能消除企业依托政府干预而形成的垄断力量，对各种所有制企业实行平等竞争。

第二，对于外资要吸引与规范并重。既要争取新建一批高水平、大规模、现代化、与沿线国家接轨的大型市场，又要利用登记管理职能，规范企业行为，防止外商转嫁污染危害。

第三，优化招商引资环境。金融方面，改善金融服务与监督管理，建立健全支付清算体系等重要金融平台，通过设置离岸金融机构推动人民币结算，为加工贸易产业实现跨越式发展提供充满活力的金融环境与信息环境。人才引进方面，中小型口岸城市要做好对外贸易人才的引进战略规划，形成人才吸引机制。投资审批方面，要尽量精简海外资本的投资审批流程，提高政府部门的工作效率。

第四，推广第三方检验机制。关检部门可以在一定范围内借助民间力量，让国内的相关第三方检验机构与国外的外贸公司合作。

（三）口岸发展需基于地区特色和产能优势

“一带一路”倡议要求各口岸发挥比较优势进行建设与发展，这要求口岸的发展与特色、优质产能相衔接，避免恶性的同质化竞争。

1. **集合地区特色进行错位发展**

各个口岸及口岸城市需要结合地区特色进行错位发展，避免同质化竞争。一是积极配合所在地区参与“一带一路”建设的相关前期工作，打造各种合作机制的“升级版”。二是口岸建设要有针对性，有具体的目标与规划，要重点明确，行动具体。三是中央部门要支持基层部门在现有政策的基础上不断拓展其职能空间，通过便利化改革而不是政府补贴和优惠来促进主导产业的健康发展。四是围绕“一带一路”的推进方向，支持发起有地方特色的经济合作组织，培育发展与口岸特色相关的大型物流集团，推进特色化的通关服务，将口岸建设为区域性或全国性的联运枢纽。

2. **依托产能优势带动口岸建设**

口岸建设要与所在经济圈的产能优势集合起来。一是建立产业集群国际合作交流机制，推动“一带一路”沿线产业集群的整合。二是口岸的基础设施建设要与优质产能相配套，既帮助中国的优质企业“走出去”，又以优质产能的发展带动口岸建设。三是充分发挥口岸的龙头与枢纽作用，完善口岸基础设施，推进相关产业链的有效整合和利用，增强口岸的整体竞争力。四是要依托优质产能进行各部门的制度整合。垂管部门需要对基层机构有较大的放权，允许基层机构基于所在地区口岸发展优质产能的需要对监管政策进行较为灵活的调整。五是口岸城市需要借助中国经济转型升级的机遇，选准产品定位和市场需求定位，吸引高新技术产品和高新产业链的部分环节，以特色产品打开国际市场，从而实现自身产业结构的优化升级。

（四）基础设施建设需注重软硬件配套

作为“一带一路”的重要节点，口岸要做好产业链的整合工作，不仅需要强化相关基础设施的“硬件”建设，还要强化法律规章体系的“软件”建设。

1. 加强基础设施建设

加强交通基础设施建设是口岸发展的关键。第一，口岸的基础设施要注重体系化建设，提升边境口岸国际合作水平，最终实现“一带一路”沿线交通体系的全面融合。第二，支持进一步完善边境口岸基础设施，对口岸站场、码头、道路交通、水电气等基础设施在科学规划布局的前提下，进行扩能升级。第三，解决物流“动脉”瓶颈。除加强口岸国际航线的开发以及口岸能力的提升外，还需要加强国内发展多式联运承接物流的扩能改造。

2. 重视制度规则融合

部门规章重在化繁为简，在国内各部门规章与各国相应部门规章的基础上寻找“最大公约数”。

第一，地方机构与垂管机构的规章做好协调，如“单一窗口”与“一次申报”，由于申报系统的频繁更换会增加企业申报负担，所以建议有条件的口岸以“单一窗口”代替“一次申报”。

第二，以“中国发展模式”作为制度规则融合的依托。可以在尊重对方国情的基础上，实行“咨询服务、工程建设、融资安排、资源开发、产业转移”等一系列措施，推动适应沿线各国需求的发展模式，同时为中国企业带来新的发展机遇。

第三，以人力开发合作促成制度的融合。加强与“一带一路”国家的人力开发合作，既增进了沿线各国的了解，又可培养更多乐于与中国进行制度合作的精英人才。

第四，重点推进人民币国际化进程。可立足于“一带一路”建设需求，加强与“一带一路”沿线国家金融中心的交流合作，主动承接金融产业转移和金融功能外溢，加快建设人民币跨境业务和离岸业务的结算中心，积极开展并购贷款、异地贷款、银团贷款业务，提高国际上对人民币的接受程度。

（五）口岸发展需要与经济外交工作相结合

“一带一路”建设与口岸发展不仅是经济问题，也是政治问题，需要发挥经济外交的优势，政治和经济目标并重，政治和经济手段并行。

1. 注重非经济手段的运用

对于“一带一路”建设面临的政治阻力，仅用经济手段是不足以克服的，还需要运用非经济手段。第一，注重非正式的协调机制。政府部门需要与媒体、非政府组织和民众之间建立长效的交流机制，兼用正式与非正式机制促进规章对接。第二，加强对沿线国家的援助。可以在沿线和周边国家重点推进民生项目，将援助更多地投向扶贫、减灾、职业教育、农业发展等能够使广大周边受援国民众直接受益的援助领域，使相关国家能够如期实现联合国所确定的 2030 年可持续发展目标。第三，注重旅游业的文化沟通作用，使游客在与当地居民交流的过程中接受中国的文化，与中国人民真正相知相交。

2. 外交部门参与经济协调

口岸发展应更加重视地缘政治风险，外交部门应该发挥政治协调上的优势，积极拓展经济外交，做好与相关口岸的对接和协调工作。第一，向国内口岸部门和大型企业的高管人员普及处理“一带一路”沿线各国关系的基本基调，使他们在对外交往时能够与国家外交政策协调一致。第二，针对与我国经济政治制度差异较大的“一带一路”沿线国家，外交部及驻外使领馆需要向驻外企业全面深入普及在外方通关所需的相关贸易知识、法律及最新动态，并将领事保护工作作为驻外领事机关的工作重点。第三，打破对外援助、金融服务、产业、贸易之间条块分割的局面，在口岸部门和基层外交外事部门之间建立常态化、制度化的协调机制，进而实现口岸信息与外交外事部门的实时对接。

第十章　北京市银行业开放研究

张翠珍　王　岑*

2005年国务院批准的《北京城市总体规划（2004—2020年）》明确了北京建设世界城市的目标，并提出到2050年前后建设成为经济、社会、生态全面协调可持续发展的城市，进入世界城市行列。正如伦敦、纽约、东京的发展所表明的，全球金融中心是世界城市的重要标志。2008年北京市委、市政府发布的《关于促进首都金融业发展的意见》明确了北京的定位，即北京是国家金融决策中心、金融管理中心、金融信息中心和金融服务中心，目标是建成具有国际影响力的金融中心城市。全球金融中心是一个开放的市场，具有强大的吸引力和辐射力。伴随着中国履行加入世界贸易组织的承诺，2004年北京正式取消了外资银行经营人民币业务的地域限制和客户限制，在承诺基础上对外资银行实行国民待遇。2011年北京金融业创造增加值2055亿元，占北京市地区生产总值的12.8%，说明

---

* 张翠珍，外交学院国际经济学院副教授；王岑，北京对外经贸控股集团有限公司投资管理一部专员。本文原载于经济科学出版社2013年出版的《区域经济研究（第一辑）》。

金融业在北京经济发展中的地位。但这不同于市场的开放或国际化，开放的市场是双向的，即包括“引进来”和“走出去”两个方面。本文以银行业为例，分析北京金融业“引进来”与“走出去”的特点。

一、北京银行业“引进来”的特点

北京是国家宏观经济管理决策部门、一行三会等国家金融管理部门的总部所在地，是国家金融决策中心和金融管理中心。北京也是我国各主要金融机构的总部所在地，总部经济优势明显。工、农、中、建四大银行，民生、华夏、中信、光大等全国性股份制商业银行的总部都在北京。北京总部经济发展能力综合得分位居全国第一，上海、广州分列二、三位。[①] 如表 1 所示，北京的银行业机构类型日渐丰富，到 2011 年，北京市共有大型商业银行、政策性银行、股份制商业银行、城市商业银行、农村合作机构等十几类，设有 3672 个营业网点。其中，外资银行有 7 个法人机构、94 个营业网点。总体而言，北京银行业开放表现出以下特点。

① 北京市社会科学院：《2006—2007 年中国总部经济发展报告》。

表1 2011年北京市银行业金融机构基本情况

机构类别	营业网点			法人机构
	网点（个）	从业人数（人）	资产总额（亿元）	（个）
大型商业银行	1662	47340	53116	—
国家开发银行和政策性银行	17	744	11134	—
股份制商业银行	416	16551	22942	—
城市商业银行	205	9413	11395	—
农村合作机构	693	7008	3771	1
财务公司	33	1488	4569	33
信托公司	3	287	62	3
邮政储蓄	532	1927	1238	—
外资银行	94	4510	2911	7
新型农村金融机构	8	318	46	8
其　他	9	1541	983	9
合　计	3672	91127	112167	62

注：营业网点不包括总部；农村金融机构含农村信用社、农村合作银行及农村商业银行；新型农村金融机构包括村镇银行、贷款公司和农村资金互助社三类机构；“其他”包含金融租赁公司、汽车金融公司、货币金融公司、消费金融公司等。

资料来源：中国人民银行营业管理部：《2011年北京市金融运行报告》。

（一）外资银行机构数波动大

1979年，国内第一家外资银行机构——日本输出入银行在北京设立代表处，拉开了我国银行业对外开放的序幕。作为首都，北京具有信息、人才、总部经济等吸引外资银行进入的优势，特别是

2001 年我国加入世界贸易组织以来，外资银行在北京的发展呈现加速之势。[①] 2004 年 12 月 1 日北京向外资银行开放人民币业务，中外资银行之间的竞争日趋激烈。一般而言，机构的扩张是争夺客户最简单的方式，而外国银行显然没有走这条路。表 2 数据显示，2005—2011 年，外资银行的机构数呈现了先增长后下降的特点，且波动较大。例如，2007 年北京共有 158 家外资银行机构，2011 年下降为 94 个。这表明外资银行在取得人民币经营权后不会建立庞大的机构网点体系，它们会更多地通过网络银行展开竞争。[②] 当然，外资银行的从业人员数基本上处于持续增长态势。

表 2　2005—2011 年北京市外资银行机构情况

时间	机构数		从业人员		资产额	
	绝对数（个）	%	绝对数（人）	%	绝对数（亿元）	%
2005	124	3.7	1200	2.0	711.1	1.9
2006	117	3.5	2105	3.0	1062	2.4
2007	158	4.7	3884	5.0	1702	3.3
2008	153	4.4	4454	5.5	1856.9	3.0
2009	81	2.3	6069	6.8	2724.4	3.4
2010	92	2.6	6491	7.1	2424.9	2.6
2011	94	2.6	4510	5.0	2911	2.6

资料来源：根据相应年份《北京市金融运行报告》计算。

① 薛彤：《外资银行进入对北京银行业的影响》，《商场现代化》2008 年 4 月。

② 《外资银行在中国：业务竞争状况及其发展趋势》，http://www.pbc.gov.cn/publish/yanjiuju/703/1485/14854/14854_.html，2012 年 12 月 27 日。

(二) 外资银行业务多样化，资产稳步提高

为弥补自身网点不足、文化差异等缺陷，外资银行的发展呈现出“客户多元化、网点多样化、人才本土化、合作深入化”的特点。外资银行通过积极开拓市场、加快网点建设、拓展服务范围，丰富业务品种，人民币业务持续快速发展，资产质量保持着较好水平，取得了良好的经营业绩。[①]如表 2 所示，在机构数下降的背景下，2011 年外资银行资产达 2911 亿元，是 2005 年的 4 倍多，增长趋势明显。

在营业性机构存在方式上，外资银行已经进入本土化阶段。在法人导向政策的引导下，许多国际银行均改制为在京注册的法人银行，致力于本土化经营和发展。截至 2011 年年底，外资法人银行机构个数已达 7 家。随着资产、业务规模的扩大，为有效解决业务发展与管理能力不匹配的问题，外资银行开始将部分授信审批、风险管理职能由境外移至境内，一些经验丰富的资深管理人员与技术人员从境外被派遣到境内工作。特别是改制法人逐步建立健全包括董事会及下设的相关专业委员会和高级管理层的公司治理架构，在战略决策、预算管理、风险管控等方面相对独立于境外母行，为外资银行在京管理体系的完善奠定了基础，将进一步推动外资银行的本土化。

在客户服务对象上，不同于我国中资银行奉行的“大企业”战略，外资银行特别重视中小企业客户。外资银行不认为中小企业风

① 徐丹丹、高扬：《2007 年首都金融业发展报告》，北京：知识产权出版社 2008 年版。

险高、成本大、收益低，他们认为可以通过不同的模式、产品和服务降低风险，提高回报。一些外资银行明确提出把中小企业作为目标客户发展，如渣打银行提出“专注于中小企业”，成为第一家为中小企业业务设立专属团队的外资银行。此外，花旗、汇丰、大华等也都积极表示要大力发展中小企业客户。事实证明，中小企业业务已经为外资银行取得不俗的回报，成为新的利润增长点。[①] 此外，外资银行不仅提供一般银行业务，还包括金融衍生产品、保险代理业务、国债承销业务以及合格境外机构投资者（QFII）在内的我国自主开发的业务和产品。总的来说，在京外资银行已经像中资银行一样能够为客户有序、稳健、全方位的金融服务。

（三）外国金融机构借助股权投资进入北京市场

从外资的进入方式上看，除开设独立的机构外，股权投资的案例也在不断增多。2005 年下半年，美国银行和新加坡淡马锡控股（私人）有限公司的全资子公司亚洲金融控股私人有限公司取得建设银行 14.1%的股权；苏格兰皇家银行出资 31 亿美元，购入中国银行 10%的股权，淡马锡、瑞银也入股中国银行。2006 年年初，工行和高盛集团、安联集团及美国运通公司签订了战略投资与合作协议，其中，高盛将投资约 25.8 亿美元取得工行 7%股权，安联以约 10 亿美元买下 2.5%股份，美国运通则投入 2 亿美元左右。[②] 德意志银行购买华夏银行 7.02%的股份；荷兰国际集团凭借在中国市场推

① 薛彤：《外资银行进入对北京银行业的影响》，《商场现代化》2008 年 4 月。

② 周雪飞：《外国银行进入及其威胁》，《广东金融学院学报》2006 年第 4 期，第 13—21 页。

出的保险和资产管理产品的优势战胜德意志银行，以约人民币17亿元的价格收购北京银行19.9%的股份。①

(四) 外资银行多方式吸揽人才

目前进入北京银行业的外资银行都是在国际上有一定影响、竞争力强的大银行，为了能在竞争激烈的中国市场上站稳脚跟，这些外资银行不仅会把国外优秀的金融人才引进到中国，同时也通过各种方式吸揽国内人才。例如，汇丰银行和花旗银行相继推出了“管理培训生计划”和“见习管理制度”。汇丰的管理培训生可以了解银行每个部门的业务流程，同时还有很多课堂培训课辅助加强认识。同时，汇丰还会给培训生提供海外培训机会，如香港，甚至是英国汇丰总部，可以了解很多在中国还没有开展的业务，也会深刻了解汇丰的企业文化。而花旗的“见习管理制度”规格更高，只面向著名院校应届毕业的经济管理类专业研究生，名额也只有十几人。在见习管理生中会选拔其中优秀的人才参加花旗的“未来经理人”培训项目，即直接送到海外花旗分行接受两年的系统业务培训。

二、北京银行业“走出去”的特点

目前，中国银行业“走出去”实行跨国经营的银行主要集中于

① 黄泽民：《进入全面开放时代的中国商业银行业的机遇与挑战》，载吴景平、李克渊主编：《改革开放进程中的中国金融变迁》，上海：复旦大学出版社2009年版。

国有银行、国家政策性银行以及少数几家股份商业银行，而这些银行的总部多数都在北京。因此，北京银行业“走出去”可以说是中国银行业“走出去”的缩影。

（一）“走出去”的银行少，多为国有商业银行

表3数据表明，中资商业银行国际化发展的主力军是大型商业银行如中国银行、中国工商银行、中国建设银行、交通银行，其中前三家的总部都在北京。分银行的机构统计显示，中国银行的海外机构数占总数的50%以上，在国际化的发展中居领先地位。实际上，中国银行是我国历史最悠久的商业银行之一，也是最早向海外发展的中资银行。继1917年中国银行在香港设立经营性分支机构，1929年中国银行伦敦分行成立，这是我国银行业在国外设立的第一家分支机构。经过近百年的发展，中国银行构建起了以亚太和欧美为主的遍布全球的服务网络。

随着实力的不断积累，一些中小股份制银行和城市银行也开始开拓国际市场。例如，民生银行在2008年投资8.87亿元收购美国联合银行9.9%的股权。① 北京银行分别于2008年和2010年在中国香港和荷兰阿姆斯特丹设立代表处，率先迈出我国城市商业银行国际化发展的步伐。②

① 中国民生银行：《中国民生银行股份有限公司2008年度报告》。

② 北京银行：《北京银行股份有限公司2010年度报告》。

表 3 2001—2010 年中资商业银行海外机构数

年份	中行	工行	建行	农行	交行	光大	民生	广发	招商
2001	36.5	9.5	7	3.5	5	1	0	1.5	0.5
2002	38.5	10.5	7.5	3.5	5	1	0	1.5	1
2003	40.5	12.5	8	3.5	5	1	0	1.5	1.5
2004	41	12.5	8	3.5	5	1	0.5	1.5	1.5
2005	42	12.5	8	3.5	6	1	0.5	1.5	1.5
2006	45	13.5	9	3.5	6	1	0.5	1.5	1.5
2007	46	15	9	3.5	7.5	1	0.5	1.5	1.5
2008	46	17	9.5	3.5	7.5	1	0.5	1.5	2
2009	47	18	9.5	4.5	8	0.5	0.5	1	3
2010	47.5	21	11	5	9.5	0.5	0.5	1.5	3.5

注：分行、子行统计为 1，代表处统计为 0.5，支行和附属公司的数目不计入在内。

资料来源：2002—2011 年《中国金融年鉴》以及各银行年度报告。

除商业银行外，我国的政策性银行业在海外的业务与机构也在不断扩展。成立于 1994 年的国家开发银行是我国最大的对外投融资合作银行，已经在开罗和莫斯科设立了代表处。同样成立于 1994 年的中国进出口银行，在境外设有东南非代表处、中西非代表处、巴黎代表处和圣彼得堡代表处，并与 1000 多家银行的总分支机构建立了代理行关系。①

（二）海外资产比重低

花旗银行与汇丰银行是典型的跨国银行，其海外资产比重均为

① http://www.eximbank.gov.cn/yhgk/yhjj_new.shtml，2012/12/26.

70%以上,[①] 而中资商业银行境外资产的比重较低。以国际化发展较早并且程度相对较高的中国银行为例。2010 年，中国内地仍然是中国银行最重要的业务活动开展区域，内地、海外资产占集团资产总额的自重分别为 77.61%和 22.39%，内地、海外利润分别占集团利润总额的 78.77%和 21.23%。同时，在海外资产比重和利润总额中，港澳台地区的贡献分别占到 67%和 81%。[②]

（三）境外市场高度集中于亚太

由于海外分支机构的主要客户是华人华侨，中资商业银行海外机构主要集中于亚太地区，特别是中国香港和澳门。以中国工商银行为例（见表 4)，截至 2011 年底的全球机构分布表明，亚太地区的集中度最高，其次为欧美地区，最少的是非洲。其中，亚太地区（包括港澳）的机构数量占其海外机构总数的 90%，占海外资产总量的 70%，占税前利润的 63%。

表 4　2010—2011 年末中国工商银行境外机构分布

项目	资产（百万美元）		税前利润（百万美元）		机构（个）	
	2011	2010	2011	2010	2011	2010
港澳地区	69035	48411	679	658	150	126
亚太地区（除港澳）	23753	13568	187	117	65	56

① 姚余栋、刘肯：《大型银行走出去与人民币跨境使用》，《中国金融》2012 年第 7 期。

② 中国银行：《中国银行 2011 年年度报告》。

续表

项目	资产（百万美元）		税前利润（百万美元）		机构（个）	
	2011	2010	2011	2010	2011	2010
欧洲	14324	6216	86	56	13	12
美洲	21976	6592	46	33	10	9
非洲	5122	5971	375	321	1	—
抵消调整	（9481）	（5031）	—	—	—	—
合计	124729	75727	1373	1185	239	203

资料来源：《中国工商银行股份有限公司 2011 年度报告》。

当然，中国银行业的海外空间分布与国家战略导向不无关系，我们以非洲为例。2000 年中非合作论坛的建立，凸显了非洲对于中国的战略意义。在这样的背景下，中非经贸合作不断深化，金融合作也成为中非合作的重要内容，越来越多的中国金融机构（包括政策性和商业性金融机构）进入非洲。如表 5 所示，在政策性银行中，国家开发银行及其设立的中非发展基金已在非洲设立了 5 个代表处，覆盖北非、中非、西非、南非和东非，中国进出口银行更是早在 1996 年就在非洲设立了代表处。在商业银行中，中国银行最早非洲开设营业机构，并已在赞比亚和南非设立了分行，此后中国建设银行也在南非开业分行，2007 年中国工商银行通过收购南非标准银行 20%的股份成功进入非洲市场。

表 5　在非洲的中国银行机构

机构类别	机构名称	驻非洲机构名称及时间
政策性银行	国家开发银行	开罗代表处（2009）
	中非发展基金	南部非洲代表处（2009，南非约翰内斯堡） 东部非洲代表处（2010，亚的斯亚贝巴） 中部非洲代表处（2011，赞比亚） 西非代表处（2011，加纳阿克拉）
	中国进出口银行	中西非代表处（1996，科特迪瓦阿比让） 东南非代表（1999，约翰内斯堡）
商业银行	中国银行	赞比亚分行（1997） 约翰内斯堡分行（2000） 内罗毕代表处（2012）
	中国工商银行	收购南非标准银行 20%的股份（2007）
	中国建设银行	约翰内斯堡分行（2000）

资料来源：笔者根据各银行网站资料及媒体报道整理。

三、北京银行业国际化需要解决的问题

以上分析表明，北京银行业的“走出去”落后于“引进来”，这与我国开放政策的演进是一致的。1978 年以来，我国的对外开放“从沿海到沿江、沿边，从东部地区到中西部地区，从贸易到投资，从货物贸易到服务贸易，从‘引进来’到‘走出去’，逐渐形成了

全方位、多层次、宽领域的对外开放格局”。[1] 据此，可以说，中国的对外开放始于“引进来”，21世纪以来进入“走出去”阶段，中国企业尤其是金融机构的对外投资还处于起步阶段。北京距离具有国际影响力的金融中心还有很大距离，至少以下问题亟待解决。

(一) 培育国际化人才

北京金融业处于国际化起步的初级阶段，金融国际化人才的短缺，尤其是创新型自有人才和了解国际金融机构管理经验的人才的严重缺失，是北京金融业难以顺利“走出去”的重要原因。外资银行也认为人才短缺将制约其在中国的发展。根据普华永道2012年发布的《外资银行在中国》调查报告，人才仍然是外资银行的重大挑战，超过一半的受访者认为人才短缺会对他们的收入增长产生“重大”或“非常重大”的影响。[2] 汇丰银行也感慨“所有银行都能等到钱，但并不是所有银行都能得到人”。随着金融业的不断发展，金融专业人才的需求性和流动性将持续加大，人才供应的结构性矛盾将更加突出。其缘由在于，北京的金融服务长期以来处于垄断经营的封闭运行状态，在金融服务自由化过程中，开放时间短、传统的金融机构体制固化、人才的培养和运用上缺乏灵活性、更缺乏有效的创新激励，对新形势缺乏适应性，应对金融创新的能力弱。同时，市场竞争意识弱、竞争能力弱。北京拥有全国著名的高等学府，

---

① 国家统计局：《从封闭半封闭到全方位开放的伟大历史转折——新中国成立60周年经济社会发展成就回顾系列报告之二》。

② 《外资银行在中国取得立足点》，http：//www. pwccn. com/home/chi/pr_170712_chi. html，2012/12/27。

每年培养了大量的金融专业人才，总量供应充足，但从业人员的培养均定位于低层次的操作型、应用型人才，而金融业“走出去”所需要的专门人才，不仅要求拥有雄厚的金融理论功底，同时也需要丰富的国际性金融机构从业经验的积累，是集知识、能力、技术和经验于一体的高潜质专业从业人员。因此，这种人才供应模式导致了一般人员多，优秀人才少，金融业发展所需的专业人才存在结构性缺失，尤其是理论功底扎实又精通金融实务的人才极其匮乏。

（二）开拓东道国本土客户

目前中国金融机构的海外业务主要以华人华侨、中资机构的业务为主，东道国本土的客户很少。为此，金融机构跨国经营应加强跨文化管理和跨文化融合，扩大跨国经营机构的业务范围。随着北京金融机构国际化的发展，其海外机构和业务将涉及世界的不同地区，这就要面临着多种民族文化。加强跨文化管理和跨文化整合，理解文化差异，克服文化障碍，探寻不同文化背景下的经营管理模式，对于要进行海外发展的金融机构而言，将具有极其重要的战略意义。就像北京金融市场对外开放一样，要想进入海外金融市场，北京的金融机构就需要东道国的金融人才以及开发符合东道国居民要求的金融服务，只有这样才能拓宽海外业务、逐步占据海外市场。

（三）创新不足

中国金融机构金融创新制度基础薄弱，金融创新驱动力不强。

北京作为一级地方政府，对金融创新有一定程度的抑制，导致金融创新在行业层面上发展缓慢，创新效率不高。北京的金融服务业事权集中在中央政府，出于北京的金融安全性和金融稳定性考虑，地方政府对金融的控制力不高，金融创新存在着一定的制度瓶颈。北京是国有四大商业银行（工商银行、中国银行、农业银行、建设银行）、政策性银行、大型保险集团、证券公司总部聚集地，总部经济效应显著突出。现有银行业结构布局中，国有银行、国有政策性银行在全部金融机构数量及业务总量中均占主导地位。四大银行占据信贷市场极大的份额，行业寡头型特征突显，竞争不充分，缺失金融创新的市场环境。同时，直接融资占比小，资本市场不完善。而且，在金融自由化的进程中，北京的金融机构变迁缓慢，这种机制改革的滞后直接导致了国有银行资产质量较差，管理水平较低，缺乏主动应对国际竞争的创新动力，创新能力不高使得中资金融机构在海外的融资能力减弱、产品较为单一、金融服务能力较弱、业务拓展能力有限。

（四）加强跨境管理风险管理

当中资金融机构的经营管理跨出国门之后，除了要面对来自市场、信用和操作的风险之外，还要面临着更为复杂的政治、国别、国际市场、汇率等新的风险。同时，由于管理的范围不断扩大，内部控制与管理的压力增大，整个集团的系统将变得更加脆弱，一旦境外机构的经营管理稍有不慎，将直接威胁到整个金融机构的安全。

此外，一些金融的改革仍偏重于机构的增设和人员的增减，对金融制度和组织结构创新不够重视。银行业的战略规划也比较薄弱、竞争同质化、考核机制和经营模式不科学等问题尚未得到根本改观。①

① 李德、安起雷：《我国金融业改革与发展的几个问题》，《区域金融研究》2010 年第 8 期。

第十一章　北京人口、资源、环境协调发展的评价指标体系构建方法探讨

杨　莉*

本文对衡量北京人口、资源、环境协调发展评价指标体系的构建进行研究，通过利用曲线插值和拟合方法、多目标优化方法的综合性评价指标，探讨了量化指标体系的构建方法。文章最后从子系统的划分，影响因素的分析，离散型多属性指标的获取。灵敏度不高的指标剔除等方面探讨了评价指标体系构建中应采取的技术手段。

一、引言

现阶段的北京市尚处于国际化大都市的发展阶段，为了以更高

* 杨莉，博士，外交学院国际经济学院教授。研究方向：决策理论、系统分析与评价（该文受北京市哲学社会科学规划项目“优化产业布局，促进北京人口、资源、环境协调发展研究”资助。本文原载于《改革与战略》2014 年第 12 期，第 98—100 页。

标准推动首都经济社会又好又快发展，更好地为加快实施“人文北京、科技北京、绿色北京”发展战略提供服务，探讨利用评价指标体系进行引导和指导，以明确北京经济社会发展的努力方向，构建衡量北京人口、资源环境协调发展的评价指标体系具有重要意义。

北京人口、资源、环境协调发展评价指标体系是个阶段稳定、分期动态、逐步完善的体系，在构建中，应尝试比较借鉴国外国际化大都市发展进程中的经验教训，通过参考现有国际化大都市不同阶段的发展经验，揭示其发展规律。因此，对其构建进行研究是一项复杂的工程，很多问题有待解决：一是在构建评价指标体系选择指标时，如何解决由于指标信息不明确、相互重叠和干扰、评价结果相互矛盾、主观性较强等原因，影响到评价结果科学性的问题；二是为了追求完备性会选择尽可能多的指标，大量的评价指标和过于复杂的评价系统加大了信息采集和处理的难度，如何解决评价指标体系的可操作性；三是有必要用科学的方法对指标进行有效的筛选，筛选掉一些代表性不强、灵敏度不高的指标，同时保留能够综合反映发展水平和特征的指标，本文尝试从量化处理的角度解决这些问题。

二、量化指标体系的构建方法

按照指标的基本功能分类，衡量北京人口、资源、环境协调发展评价指标体系的量化指标可以分为统计指标和评价性指标。统计指标具体反映某种现象的状况，主要为基础指标，侧重于描述、解释功能，如温室气体排放率、人口自然增长率、失业率等；评价性指标是对多个子指标进行综合汇总，最终能形成一个综合化总指数，侧重于评价、监测和预警的功能，如可持续经济福利指数、人文发展指数等。

对于这两类指标，统计性指标易于建立，而评价性指标的建立在我国尚存在研究较少、深度不够、主观因素强且精度较差等问题，尤其是一些采用指数形式的综合性评价指标，不应该只利用衡量不同影响因素方面的具体统计指标，通过简单的线性加权测算得到。[①] 例如，现有的人文发展综合性指标是由人文指数表示，通常由三项指标组成：长寿、教育成就、生活标准。是否应该是这三项指标的线性加权形式，并且教育成就、生活标准的评价是否真正做到科学性等，都是有待深入探讨的问题。下面针对如何提高综合性评价指标的量化精度及减少主观性的影响等方面进行探讨。

(一) 利用插值或拟合的方法得综合性评价指标

一些综合性评价指标是采用指数的形式，其计算不应采用线性加权法，而应采用通过函数关系形成的公式，但这些函数关系并不是简单的函数关系，尤其不是线性关系，如在指标中涉及企业的利润，多采用函数 $\pi=(p-c)Q-F$，产量 Q 往往采用经验数据或经验公式，而价格单位 p、单位成本 c 和固定成本 F 通常取定为常数，这种假设是以牺牲精度换取的。而且类似于这样的问题所采用的公

---

① 郑思齐：《城市经济的空间结构——居住、就业及其衍生问题》，北京：清华大学出版社 2012 年版。

式（评价函数）不是用经验公式，就是用回归方法得到，但由于线性回归精度差，非线性回归对模型要求苛刻，影响应用，可讨论利用插值法和拟合法结合求评价函数。

首先讨论用曲线插值得出评价函数。通过长期观察得到的具有一定规模的样本统计点或值，采用曲线插值的方法进行处理，可挖掘样本数据的内在含义，寻找内在的规律性。即从以往的统计数据找出数据点，通过插值形成曲线，并反求插值曲线。

曲线插值是一种重要的造型方法，可根据数据点插值生成曲线，利用插值法找出评价函数，且可画出评价曲线，可以有效解决如何描述函数是复杂或各类函数的混合型，解决参数选择的主观性等问题。[①] 具体过程可用 MATLAB 或其他数学软件中相关的工具箱完成。

对数据点进行插值，可选用不同的函数，如利用 B 样条函数、贝齐尔函数。非均匀有理 B 样条函数（NURBS）其中非均匀有理 B 样条函数效果尤其良好，它具有良好的数学性质和优秀的几何特征，可以用统一的数学形式表示规则曲线和自由曲线，利于曲线的设计、分析和处理的各个环节。并且 NURBS 有强有力的几何配套技术，有成熟的、功能完善的相应软件，如 Solid Thinking 软件、MayaNURBS 曲线及曲面软件，应用方便。

再用曲线拟合来校正所得的评价函数或对应的曲线。将评价函数改变参数，用另外的一组数据（可多组）数据代入评价函数即拟合函数，用偏差最小来求取系数或参数的最佳估计值。最简单的处

① 施法中：《计算机辅助设计与非均匀有理 B 样条》，北京：高等教育出版社 2010 年版。

理可用基于MATLAB软件的曲线拟合，MATLAB的最优化工具箱中提供了非线性曲线拟合（lsqcurvefit）函数，可以通过此指令来解决最小二乘曲线拟合的问题。这个过程也可用于对数据进行处理，保证统计数据的有效性。

（二）利用多目标优化与决策的方法建立综合性评价指标

北京具备各种优势：国际交往优势、信息优势、市场优势、科技优势、文化优势、人才优势等，并且在生态环境、城市承载能力、基础设施建设、文化等方面在世界处于领先地位，同时又具有国际影响力。这个实现的过程实际上是多目标决策问题的目标制定和决策的执行过程，因此如何构建衡量北京人口、资源、环境协调发展评价指标体系就是多目标决策与优化问题。

所谓多目标优化与决策，就是人们在进行决策时，所要考虑的目标较多，并希望都能优化。而这些目标往往不很协调，甚至相互矛盾，而且衡量这些目标优劣的数量指标的量纲也可能并非一致。如何寻找一个使各个目标都能达到比较满意水平的方案呢？这类问题就是多目标决策与优化问题。尤其是一些综合性评价指数进行科学的量化界定，不应该只采用线性加权的形式处理，或单一的优化函数的形式，而应该是多目标优化的形式，即包含多个优化目标，约束条件可分为等式和不等式约束，包括资源存量约束、生产力约束、资金约束、技术条件约束等多个约束。[①]

---

① 胡毓达：《多目标决策——实用模型和选优方法》，上海：上海科学技术出版社2010年版。

三、技术手段的处理

（一）子系统的划分

近年来北京的发展速度得到广泛的认可，但同时也面临着人口、资源、环境等的巨大压力，特别是资源短缺、环境污染、人口的过度膨胀和分布不均匀等一系列的问题已经成为制约这个城市社会经济发展的“瓶颈”因素，因此实现社会经济发展与人口、资源、环境相协调的可持续发展对北京有着重要意义。

由于无论任何背景问题的指标体系的构建，都需要将涉及的背景作为一个大系统，采用系统工程的理论与方法进行分析。在对衡量北京人口、资源、环境协调发展评价指标体系的构建进行研究时，也首先需要对涉及的经济社会这个复杂的大系统进行划分。由于其构成复杂，包括人类社会本身以及与人类社会有关的各种要素、关系和行为，为保证北京市社会经济发展与人口、资源、环境的协调可持续发展，可以将其概括为社会与经济、人口、资源与环境三个子系统。这里不再是强调经济快速发展，而是强调经济又好又快发展，因此应将社会和经济作为一个整体进行讨论。

针对人口子系统的探讨应注意，人是社会经济活动的主体，也是北京发展最为活跃的核心要素。作为国际化大都市中的城市人口应达到一定标准，包括人口规模、人口素质、人口结构、人口分布。

目前北京的人口存在巨大压力：人口的迅速膨胀问题、人口素质问题、人口与环境和资源的协调性问题、人口的就业压力问题、城市由于人口膨胀和布局不合理引起的交通压力问题。住房压力以及就业、住房、交通等各种压力引起的人们心理和身体的健康问题等都迫切需要解决。因此人口的数量、结构和质量关系北京发展的进程，在指标体系中应该做到积极地引导。

(二) 影响因素的分析

任何指标都需要对影响指标的因素进行分析。这也是指标体系完善的重要的一步，如线性加权法的前提是因素分析。在经济发展指标中，用第三产业产值占 GDP 比重反映经济发展水平和结构变化的指标，衡量它是否能够科学地反映出经济结构的优化程度、城市的辐射力、凝聚力和综合服务水平，必须涉及因素分析。

为了追求完备性会选择尽可能多的指标，大量的评价指标和过于复杂的评价系统加大了信息采集和处理的难度。对城市的发展状态进行分析和描述，即需从城市的经济、社会、人口、资源和环境等因素进行分析，这是一个复杂的开放式巨系统，涉及因素非常多，因此对系统因素、结构及状态进行全面的综合分析是研究的难点。应利用解释结构递阶模型及贝叶斯网络因果图对系统进行总体分析，减少由于人为因素或通过定性描述转化为定量描述时精确度不高的影响，以达到系统分析完整性的目的。

（三）离散型多属性指标的获取

对影响指标的因素是多属性且离散型，常采用线性加权法计算评定指标，实际上是多属性对应的分指标线性求和。[①] 如我国的信息化综合指数采用线性加权形式 $\Pi=\sum_{i=1}^{6}\omega_i p_i$ 进行计算，其中 p_i 为各评价指标处理值，ω_i 为 p_i 的权重。该指标为综合性指标，p_i 表示包括信息资源、信息网络、信息技术应用、信息技术与产业、信息人才、信息化政策法规和标准等六个属性（分指标），而这六个属性又进一步分解为更细化的分指标。类似于这样的处理都应重点关注多属性值的混合性，如在上述属性中，有定量属性、定性属性、模糊属性、概率（随机）属性、定性定量混合属性、不定属性等。所有这些均需转化为定量属性，计算出定量属性值，这就有如下的科学界定的问题：在定量属性中，又有纲量问题、取向问题，包括要考虑区间指标、模糊区间指标、概率区间指标等；定性属性转化时打分的合理性；模糊属性通过隶属转化为模糊数，隶属函数确定的合理性；概率属性其先验概率分布不应只考虑均匀分布或正态分布，应考虑其他形式的分布；不定型属性的转化应考虑决策者的效用偏好等。

（四）灵敏度不高的指标剔除

为避免指标间的信息交叉与重复，筛选掉一些代表性不强、灵

① 施法中：《计算机辅助设计与非均匀有理 B 样条》，北京：高等教育出版社 2010 年版。

敏度不高的指标，应进行灵敏度分析。对单个指标进行分析时，设有 s 个指标的评价函数 $z=f(u_1, \cdots, u_i, \cdots, u_s)$，通过 $z+\Delta z=f(u_1, \cdots, u_i+\Delta u_i, \cdots, u_s)$，寻找不影响结果的 Δui 的取值范围；若对多个指标进行分析，可采用预变分析，也可用多属性决策的方法进行灵敏度分析。① 改变指标的取值形成不同的方案，考察对方案的影响，并利用多属性决策的各种决策方法进行分析，对会产生评价结果相互矛盾的指标重新进行影响因素分析。② 对灵敏度低的指标可以删除掉，而对灵敏度高的指标，通过计算信息的价值，权衡是否值得付出一定代价去获取补充信息，以得到精度的提高。

四、结束语

北京人口、资源、环境协调发展评价指标体系对北京城市经济社会发展具有引导和指导，因此对其构建进行研究有现实意义，本文从量化的角度对构建方法进行了探讨。论文针对评价结果相互矛盾、主观性较强、大量的评价指标和过于复杂的评价系统加大了信息采集和处理的难度、筛选掉一些代表性不强灵敏度不高的指标等方面，着重对如何量化处理进行了方法性研究，给出了具体的步骤，进一步的工作是结合实际背景进行应用性研究。

① 韩大卫：《管理运筹学——模型与方法》，北京：清华大学出版社 2009 年版。

② 郑思齐：《城市经济的空间结构——居住、就业及其衍生问题》，北京：清华大学出版社 2012 年版。

第十二章　北京的国际形象研究报告

张翠珍*

引　言

在过去的三十多年时间里，北京发生了根本性的变化，经济飞速发展，人均地区生产总值达到世界中上收入水平；城市空间不断扩展，人口不断增加；在保留传统四合院的基础上，一座座现代建筑拔地而起。根据《北京城市规划2004—2020年》，北京的城市性质定位是中华人民共和国的首都，是全国的政治中心、文化中心，是世界著名古都和现代国际城市。近期的目标是，到2020年前后，确立具有鲜明特色的现代国际城市的地位。

林语堂先生在《大城北京》中写道："巴黎和北京被人们公认

* 张翠珍，外交学院国际经济学院副教授。本文原载于《中外企业文化报告·智库》2014年版。

为世界上两个最美的城市，有些人认为北京比巴黎更美。几乎所有到过北京的人都会渐渐喜欢上它。它的难以抵御的魅力恰如其难以理解和描绘的奥秘。”今天的北京固然不同于文中所描述的时代，我们愿意相信有些东西即使历经战乱和制度变迁，也不会改变，北京一如那般的美。

但是，我们也知道“在争夺生存与权力的斗争中，他人对我们的观点、看法同我们的实际情形一样重要，是我们在他人‘心镜’中的形象—哪怕这镜中之像是歪曲的反映，而不是我们原本的样子，决定了我们在社会中的身份和地位”。[①] 因此，我们得了解外国人眼中的北京形象。根据汉斯·摩根索的观点，北京在他人心中的形象决定了北京的国内和国际地位。实际上，北京不仅仅是中国的一个特大城市，还是中国的首都，肩负着北京城市形象与部分国家形象的义务。朱锋认为，2008 奥运会后北京应该成为继续影响和改变世界的“中国印象”的重要窗口。[②] 因此，研究北京的国际形象，不仅对于这座城市也对于中国形象有着重要意义。

为了探析北京在外国人心中的形象，我们展开了北京的国际形象调查研究。本文分为六个部分，首先梳理了国内外关于形象、国家形象，特别是城市形象的研究成果，总结了城市形象评价的分类、研究方法及提升形象的措施等。报告的第二个部分从环境、人口、历史与文化、经济发展、基础设施等方面描述了发展变化中的北京。北京的国际形象是报告的第三部分，我们以驻京外籍人士的

① 转引自张巍华：《冷战结束后中国国家形象的定位与传播》，《中国校外教育（理论）》2007 年第 9 期。第 12 页。

② 朱锋：《“后奥运时代”与推进北京的“城市形象”建设》，《北京观察》2008 年第 11 期。第 10—11 页。

问卷调查，详细分析了他们心中的北京形象，既包括综合的形象评价，也包括分项的评价。为了与北京的国际形象做对比，我们以问卷调查资料为基础，在报告的第四部分分析了在京大学生心中的北京形象。接下来，我们比较了北京的自形象与他形象的差异。报告的最后一部分是结论、建议及未来研究的方向。

一、文献综述：形象、国家形象与城市形象

（一）形象的两种解释

形象是一个被广泛使用的词语，如个人形象、形象顾问、国家形象等，但在不同的场合，其意义是不同的，在此我们从语言学与非语言学两个角度给予解释。

首先是语言学意义上的解释。根据《现代汉语词典》，形象是“能引起人的思想或感情活动的具体形状或姿态。”显然，这里的形象强调的是事物或人的客观存在。《韦氏大百科词典》分三个层次解释形象（image）：一是通过照相、绘画、雕塑或其他方式制作的人、动物或事物的可视的相似物；二是通过镜子反射或光线折射而成的物体的图像；三是大脑的反映、观念或概念。很明显，英文的定义比中文丰富，而最后一个层次强调的是客观事物或人在人们头脑中的认识，属于主观范畴。由此，事物的形象有两个：一是客观存在的形象，即客观形象或自形象；二是被人认知的形象，即主观

形象、外在形象或其他形象。

其次是非语言学意义上的解释。菲利普·科特勒（Philip Kotler）认为形象是“人们所持有的关于某一对象的信念、观念和印象”。[①]可见，科特勒强调的是对客观标的的认知，即主观形象。孙中有则指出了客观形象与主观形象的差别及其影响因素，他认为“人们对事物的判断并不完全等同于事物自身的属性，并不是照相似地反映事物的形象，而是在很大程度上取决于观察者所实际获取的相关信息及其具体的视角、经历、知识、价值观乃至情感”。[②]例如，根据美国扬·罗必凯广告公司（Young & Rubicam）对中国形象的调查结果，中国人的自我认知与外在认知有很大区别，如在“值得信赖”这一项上，中国人自己的评价几乎是满分，而外国人的评价接近零分。[③]那么，在客观形象与主观形象之间，哪一个更重要呢？美国社会学家、社会心理学家、传播学研究的先驱库利（Charles Horton Cooley）及美国政治学家汉斯·摩根索（Hans J. Morgenthau）阐明了主观形象的重要性。根据库利的“镜中我”（looking-glass self）理论：“每个他人都是我的一面镜子，而每种社会关系也都反映着自我，进一步，由这种反映构成了我的身份。”摩根索则更进一步解释了主观形象对社会地位和身份的重要性，他认为“在争夺生存与权力的斗争中，他人对我们的观点、看法同我们的实际情形一样重要，是我们在他人‘心镜’中的形象—哪怕这镜中之像是歪曲的

① Philip Kotler, *Marketing Management Analysis, Planning, Implementation and Control*, 9th ed. (Upper Saddle River, NJ: Prentice Hall International Inc., 1997), p. 607.

② 孙中有：《国家形象的内涵及其功能》，《国际论坛》2002年第5期，第14—21页。

③ 扬·罗必凯广告公司从1993年开始进行全球性品牌资产研究，对中国的研究分别为1997年和2005年抽样调查资料。

反映，而不是我们原本的样子，决定了我们在社会中的身份和地位”。[①] 因此，了解自己在他人心中的形象是非常重要的，无论对国家还是对城市，尤其是在国际舞台上。

(二) 国家形象及其作用

在信息时代，政府越来越关注国家形象，它是国家实力的重要无形资产。彼得·范·汉姆（Peter Van Ham）认为，如同品牌产品一样，国家品牌也是在信任和消费者满意的基础上建立起来的，国家形象和声誉已经成为国家战略资产中最核心的部分，“全球化及媒体变革使得国家更清楚自己的形象、声誉、态度，即国家品牌……政府的任务就包括为国家找到品牌缝隙，参与竞争性的品牌营销，保证让消费者满意，最重要的就是要创造品牌忠诚。国家品牌不仅在国家与国家之间竞争，还要与其他超级品牌竞争，如欧盟、美国有线新闻网（CNN）、微软、罗马天主教庭等。在拥挤的竞技舞台上，缺乏品牌资产的国家将很难生存。”[②]

国家形象受到关注，因为它不仅是一国在国际舞台上的认同，更因为可以带来巨大的经济效应。正如林史东（Lindstorm ）所说，国家品牌的效益远远超过对旅游和商业环境的影响，它可以促进该国产品的销售，形成一体化的品牌生态系统。例如，人们会毫不犹

---

① 转引自张巍华：《冷战结束后中国国家形象的定位与传播》，《中国校外教育（理论）》2007 年第九期。

② Peter Van Ham, “The Rise of Brand State: the Postmodern Politics of Image and Reputation,” *Foreign Affairs*, 80（5）, 2001, pp. 2-6.

豫地购买芬兰生产的手机、德国的烤箱及比利时的巧克力。[①] 正因为外在形象决定一个国家或地区的身份和地位，并对经济和社会发展有深远意义，各国（地区）都非常重视形象的建设、维护、提升与传播，如美国每年5月都举行国家形象会议；[②] 韩国成立了“国家形象促进委员会”，以推动韩国“动感活力的亚洲中心”（Dynamic Korea：Hub of Asia）的国家形象塑造。[③] 虽然形象的改变未必带来形象认知的相应改变，[④] 但国家或地方政府仍然可以采取影响外界对其形象的认知。1997年，英国企业界在政府的支持下，发起了以“酷不列颠（Cool Britannia）”为主题的英国形象国际宣传活动；[⑤] 为改变腐败、不安全的形象，尼日利亚制定了“尼日利亚形象工程”（Nigeria Image Project），并号召每个尼日利亚公民“向全世界展示尼日利亚的文化、风光、体育、经济、商业等许多尼日利亚的美好方面。”[⑥]

此外，成功举办大型的国际赛事，如奥运会，被认为是提升国家形象的有效途径之一。正如北京奥组委蒋效愚先生所言：“北京2008年奥运会从申办的那一天起就肩负起向世界展示国家形象、提

① Martin Lindstorm, “Country Branding Needs to Go beyond Its Borders,” *Asia's Media & Marketing Newspaper*, 1/27/2006, pp. 21-21.

② 高复先：《中国信息化趋势报告》（34），《中国信息界》2005年第25期。第10—14页。

③ 刘继男、何辉等：《中国形象—中国国家形象的国际传播现状与对策》，北京：中国传媒大学出版社2006版，第3页。

④ 夏炎：《国家形象认知差异的传播学解读—以转型期中国为例》，载《西南科技大学学报》（哲学社会科学版）2008年10月，25卷5期。第90—94页。

⑤ 孙中有：《国家形象的内涵及其功能》，载《国际论坛》2002年第5期，第14—21页。

⑥ 刘继男、何辉等：《中国形象—中国国家形象的国际传播现状与对策》，北京：中国传媒大学出版社2006版，第1—4页。

升国家美誉度的重要历史使命。"① 2008 北京奥运会被视为中国向国际社会宣传其新形象的分水岭，即中国是一个现代化的、统一的、国际化的国家。② 北京奥运会的召开，标志着中国与世界良性互动的一个新的高峰，作家王蒙称之为"一次精神的中国与世界的共舞"。③ 奥运会结束后，数字 100 市场咨询有限公司通过街头拦截和网上调查的方式开展了《世界眼中的中国》调查，发现北京奥运会极大地改变了世界对于中国的印象。来到中国前，多数外国人对中国的印象主要是"神秘""古老""东方古国"，而到中国后"友好的""有吸引力的""伟大的"……这些正面的、积极的字眼成为外国人认为"最适合描述中国的词汇"。④

(三) 城市形象、评价及提升城市形象的选择

城市形象是形象研究中的另一个重要主题。城市地区经济学家帕斯卡尔·马拉加尔（Pasqual Maragall，1982—1997 年任巴塞罗那市长）断言："未来对世界上的多数人来说，区别他们的主要标志是城市而不是国家。城市主题文化已作为全球一体化经济参加竞争的重要手段。"⑤ 城市不仅是一个人口聚集的空间，还有长期积淀形

---

① 蒋效愚：《奥运会对中国国家形象影响的分析》，http：//finance. sina. com. cn/hy/20081114/21535509752. shtml。

② Ni Jianping，"The Beijing Olympics and China's National Image Building，" 2008，http：//www. sosc. ust. hk/seminar/poster/Jianping. pdf.

③ 舒晋瑜：《谱写"新北京，新奥运"的青春中国颂歌—中国作家学者眼中的北京奥运会》，光明网 http：//www. gmw. cn/content/2008-08/08/content_818986. htm。

④ 数字 100：《世界眼中的中国调查报告》，http：//www. data100. com. cn。

⑤ 付宝华：《文化、城市文化与城市主题文化》，旅研网，http：//www. cotsa. com/chanel4xyzx/plan/jcll/200708/36373_2. html。

成的性格与文化，从而使一些城市成为某一方面的代表。正如美国建筑大师伊里尔·沙里宁所说，“让我看看你的城市，我就能够说出这个城市的居民在文化上追求的是什么”。[①] 世界上很多地区树立了自己鲜明的形象，并通过各种方式传播，如宾夕法尼亚——美国从这里开始（American States here）；魁北克——感觉如此不同（It feels so different）。[②] 在中国，大连和青岛是两个成功的形象塑造典范，其中青岛通过工业品牌塑造了其城市形象，“青啤”“海尔”“海信”“澳柯玛”“双星”不仅在国内家喻户晓，在国外也声名远扬。[③] 至于北京形象的定位，李兴国等认为是：千年古都、中国首都、走向现代化的国际大都市。

城市形象是对一个城市的主观观念或感知，如同国家形象一样，它以客观形象为基础，是外在形象或形象的认知。吕妥（Lieutaud）[④] 认为，没有形象，一个城市几乎没有机会发挥经济作用，也因此不能以积极的方式成长，而在认知的过程中，就需要与某城市有关的信息的传播，这就是城市营销。事实上，地方营销（place marketing）的行为早在殖民时代政府试图说服国民到新征服地区时就产生了，但地方营销这个概念直到20世纪80年代才在欧洲的城市研究文献中流行起来，它与地方推广（place promotion）和城市管理（city management）通用。对这个概念的解释很多，肖特

---

① 付宝华：《文化、城市文化与城市主题文化》，旅研网，http：//www.cotsa.com/chanel4xyzx/plan/jcll/200708/36373_2.html。

② 李兴国等：《北京形象——北京市城市形象识别系统（CIS）及舆论导向》，北京：中国国际广播出版社2008年版，第34页。

③ 同上，第37页。

④ Lieutaud, Jacqueline, “City image and major international events: A new tool for urban strategy and planning,” *Ekistics*, May-Aug 2003, Vol. 70 Issue 420/421, pp. 196-210.

(Short 等)① 等将其归纳为"对一个地方的再评价和再展示，目的在于创造和推广一个新的形象，以增强城市的竞争力，吸引和留住资源。"城市营销意在提升城市的形象和公众的认知。在过去的 20 多年里，地方首脑及全球的城市规划师和决策者在促进城市积极的、有吸引力的形象方面的努力热情有增无减，因为他们相信城市的公共形象意义深远，它影响着非本地居民、投资商或企业管理层、企业家、本地居民、国家决策者的决定。由于城市之间竞争的加剧及全球化的不断升级，世界各地的城市都纷纷进行重新包装，力图展示一个有吸引力的形象。这样做也是为了在国际地位的竞争中获得成功，以此吸引游客、会议、体育赛事、企业家、投资商、工业、公司总部、全球资本等到自己的城市来。② 人们普遍认为城市形象会影响到商业投资模式，③ 但李以英国伯明翰为例的实证研究并未发现该城市形象改变与外来商业投资有确定的相关关系。④

事实上，很难对城市形象做出评价，其中一个原因在于城市形象本身就是一个很模糊的概念，因为城市形象的复杂性、多面性、

---

① Short, J. R. Breitbach S., Buckman S. and Essex J., "From world cities to gateway cities," *City*, 4 (3), 2000.

② Eli Avraham, "Media Strategies for Improving an Unfavorable City Image," *Cities*, 21 (6), Dec2004, pp. 471-479.

③ Mark GLASER, "The Business Psyche: exploring relationships between local quality of life and city image," *Public Administration Quarterly*, Fall 91, 15 (30), pp. 287-303.

④ Chang Bin Lee, "High Profile Projects and Tourism Policy in Birmingham, England: Do they work to enhance city's image and promote inward business investment?" *Planning Practice & Research*, 21 (3), 2006, pp. 367-381.

高主观性，并且不同的公众意见不一。①亚伯拉罕（Avraham 2002）② 认为影响城市形象的因素很多，包括市民性格、城市地位或政治能力、人口规模、犯罪率、社会经济地位及就业状况、在该城市的全国机构的数量及属性、在该市拍摄的影视剧、媒体、空气质量、娱乐业、旅游或文化价值、物理形象。即使如此，学者们还是试图通过各种方法评估城市形象，根据芬斯特（Fenster 等 1994），③ 最常用的有态度调查（attitude survey）、问卷调查（various questionnaires）及深度访谈（focus groups，and in-depth interviews）。学者们将对城市形象研究的结果分为三大类，如表 1 所示。

表 1　城市形象的评价结果

作　者	评价分类
科特勒（Kotler）等（1993）	积极形象（positive image） 消极形象（negative image） 微弱形象（weak image，知名度不高） 混合形象（mixed image，兼有积极和消极形象的因素） 矛盾形象（contradictory image，在不同群体中分别有积极和消极形象）
以利蓿（Elizur）（1986）	丰富形象（rich image，对该城市了解很多） 贫乏形象（poor image，对该城市知之甚少）
戈尔德（Gold）（1994） 以利蓿（Elizur）（1986）	开放形象（open image，形象是开放的，可以增加新的特点） 封闭形象（closed image，类似于对该城市形象有成见，不太容易增加或不愿意增加不同于核心形象的认知）

① R. PADDISON，"City Marketing，image reconstruction and urban regeneration，" *Urban Studies*，30（2），1993，pp. 339-350.

② Avaham，Eli，"Cities and Their News Media Image，" *Cities*，2002（17），pp. 363-370.

③ T. Fenster，D. Heerman，and A. Levinson，*Marketing Beer Sheva：Physical，Social，Economic and Administrative Aspects*，The Negev Center for Regional Development，Ben Gurion University，Beer Sheva，Israel，1994.

至于如何塑造一个城市的积极形象，澳大利亚的悉尼摸索出了一套复杂的品牌推广计划，其重点在于吸引人们注意其壮观的景色。例如，悉尼是世界上第一个看到新年的大城市，于是花费数百万美元用于焰火表演，以吸引全球的注意。实际上，国家或城市营销的手段远不止电视广告，来自这个国家或城市的名人尤其是文艺、体育界名人对该国或该城市的品牌推广也具有极大的推动价值，如尼克·基德曼（Nicole Kidman）就对澳大利亚形象产生了很大影响。[①] 其次，大型活动如展览会和体育赛事等经常被用来作为振兴城市经济、改进基础设施、提升城市形象的手段。[②] 通过举办一系列活动，一个城市可以在不同的潜在市场构建自己的形象，这也是世界大型活动如奥运会、世界博览会、足球世界杯决赛等的主办权争夺不断升级的原因之一。[③] 城市及其腹地成为源源不断的活动舞台，最终形成“节日化”或“节日市场”。随着“符号经济”（symbolic economy）和“经验经济”（experience economy）的发展，文化活动成为提升城市形象、增加城市活力、提高市民自豪感的重要手段。由主办活动而提升的市民自豪感和城市形象被称为“光环效应”（halo effect）及“展示效应”（showcase effect）。胜川又藏（Zukin）认为，文化的范围很广，不仅包括传统文化和高雅文化场所（如博物馆、剧院、音乐厅等），也包括通俗或流行文化（如通

① Martin Lindstrom, “Country Branding Needs to Go beyond Its Borders,” *Asia's Media & Marketing Newspaper*, 1/27/2006, pp. 21-21.

② D. Getz, *Festivals*, *Special Events and Tourism* (New York: Van Nostrand Reinhold, 1991).

③ C. M. Hall, *Hallmark Tourist Events: Impacts, Management and Planning* (London: Belhaven Press, 1992).

俗音乐、时装等）和体育。[①] 而且，高雅文化场所及通俗（或流行）文化正成为增强城市品牌的重要基础。[②] 一些重要的文化活动已经成为“品牌”，如爱丁堡音乐节、戛纳电影节、诺丁山狂欢节。霍尔（Hall）[③] 认为，“大型活动对构建主办地或主办国的形象有帮助，从而在观众心中留下良好印象，由此可能成为其旅游目的地。”例如，得益于1992年成功主办奥运会，西班牙的巴塞罗那现在已经成为欧洲最时髦或流行的旅游城市，甚至被美国的新闻周刊（Newsweek International）称为“欧洲最酷的城市”（The coolest city in Europe），[④] 由此带动了巴塞罗那旅游业的大幅发展，这正是所谓的城市形象重塑中的巴塞罗那模式（Barcelona Model）。根据巴塞罗那旅游局（Tourisme de Barcelona）的统计，该市过夜停留人数已经从1990年的380万人增加到2003年的910万人。[⑤] 当然，提升城市形象是一项复杂而长期的工作，可能需要数年，芬斯特（Fenster）等认为至少要6—8年的时间。而且，提升形象不能仅靠一种方法，必须多管齐下。[⑥]

正如1992年奥运会之前的巴塞罗那一样，有些城市存在负面形

---

① S. Zukin, *The Cultures of Cities* (Cambridge, MA: Blackwell, 1995).

② G. Kearns, C. Philo, (Eds.), *Selling Places: the City as Cultural Capital, Past and Present* (Oxford: Pergamon Press, 1993).

③ C. M. Hall, *Hallmark Tourist Events: Impacts, Management and Planning* (London: Belhaven Press, 1994), p. 14.

④ M. Rossi, “The Barcelona Model,” *Newsweek International*, 2 February, 2004.

⑤ M. Balibrea, “Urbanism, Culture and Post-industrial City: Challenging the ‘Barcelona Model’,” *Journal of Spanish Culture Studies*, 2 (2), 2001, pp. 187-210.

⑥ T. Fenster, D. Heerman, and A. Levinson, “*Marketing Beer Sheva: Physical, Social, Economic and Administrative Aspects*,” The Negev Center for Regional Development, Ben Gurion University, Beer Sheva, Israel, 1994.

象。城市的负面形象可能产生于历史原因，如工业的衰落、失业、犯罪、在国民经济中的贡献率下降等；也可能与与种族冲突、恐怖袭击、对游客的攻击、传染病、自然灾害等有关。这些负面事件受到国内外媒体的高度关注，这种高频率的曝光势必在一个相对较短的时间内对城市形象带来沉重打击。不管负面形象及曝光的原因是什么，其后果是人们容易形成对该城市形象的成见（stereotype），而成见一旦形成就很难改变。① 对于有成见形象的城市，可以通过以下战略进行消除：鼓励来访，主办大型活动，将负面特征转变为积极特征，改变城市名称、标志或口号，培养市民对城市的自豪感，解决导致负面形象的问题，发布反成见的信息，蔑视成见，承认消极形象，进行地理重组（或组合或分隔）。

正像亚伯拉罕（Avraham）所强调的，城市自身的客观实际比一切的媒体战略（media strategy）都重要，所以提升城市形象的根本在于建设一个好的城市，而通过各种方法途径传播该城市的形象是次之的，媒体策略的作用只能是提高公众对该城市的认知度。

二、北京的自形象

亚伯拉罕（Avraham）② 认为影响城市形象的因素很多，包括市民性格、城市地位或政治能力、人口规模、犯罪率、社会经济地位

① Eli Avraham, "Media strategies for improving an unfavorable city image," *Cities*, Dec2004, 21 (6), pp. 471-479.

② Eli Avraham, "Cities and Their News Media Image," *Cities*, 2002 (17), pp. 363-370.

及就业状况、在该城市的全国机构的数量及属性、在该市拍摄的影视剧、媒体、空气质量、娱乐便利程度、旅游或文化价值、物理形象。根据田旭的观点，城市的品牌要素由自然环境、人文环境、经济环境、社会环境和基础环境等五大类要素构成。以下我们依据北京市政府官方网站（首都之窗）及其他有关政府部门的资料，从环境、人口、文化、科技教育、经济发展、国际化等几个方面了解北京的客观形象，即自形象。

（一）自然环境与环境保护

北京市位于北纬39度56分，东经116度20分，地处华北大平原的北部，全市土地面积16410.54平方公里。北京地势西北高耸，东南低缓。西部、北部和东北部是连绵不断的群山，东南是一片缓缓向渤海倾斜的平原。北京属暖温带半湿润气候区，四季分明，春秋短促，冬夏较长。

根据2009年2月联合国环境规划署（UNEP）发布的《2008奥运会独立环境评价报告》，在北京获得2008年奥运会主办权后，国际奥委会认为，“北京面临着大量的环境压力和问题，尤其在空气污染方面。”为履行绿色奥运的承诺，北京市政府做出了卓越的努力，在防治煤烟污染、机动车污染、工业污染、扬尘污染、生态保护和建设方面连续实施14阶段共200多项大气污染治理措施，据估计仅在奥运会环境治理上的投资就超过170亿美元。与此同时，还采取各种措施减少环境污染。如2007年国务院发出《关于限制生产销售使用塑料购物袋的通知》，从2008年6月1日起，在全国范围内禁止生产、销售、使用厚度小于 0.025 毫米的塑料购物袋；自 2008 年 6 月 1 日起，在所有超市、商场、集贸市场等商品零售场所实行塑料购物袋有偿使用制度，一律不得免费提供塑料购物袋。2008 年 5 月 1 日起开始施行《北京市公共场所禁止吸烟范围若干规定》，在所列出的十类公共场所禁止吸烟。结果，北京空气质量连续七年得到改善，七年间北京实际蓝天数量每年增长 2%—9%。[①] 即使在奥运会结束后，北京市继续着改善环境的工作。2009 年 5 月，北京市共 25 个达标天，占全月天数的 80.6 %，创 2000 年以来同期历史新高。[②]

虽然北京的环境有了很大改善，但北京的空气质量不仅与发达国家城市有很大差距，即使与发展中国家的一些城市比起来，在某些方面如总悬浮颗粒物和二氧化氮的排放量上，仍有很大的差距，详见表 2。

表 2　北京与主要国家首都空气污染状况比较

城市	城市人口（万人）	总悬浮颗粒物（微克/立方米）	二氧化硫（微克/立方米）	二氧化氮（微克/立方米）
	2005 年	2004 年	1995—2001	1995—2001
北京	1072	89	90	122
东京	3520	40	18	68
首尔	965	41	44	60
温哥华	219	13	14	37

① 蒋效愚：《奥运会对中国国家形象影响的分析》，http：//finance. sina. com. cn/hy/20081114/21535509752. shtml。

② 北京市环境保护局网站：http：//www. bjepb. gov. cn/bjhb/publish/portal0/tab377/info17996. htm。

续表

城市	城市人口（万人）	总悬浮颗粒物（微克/立方米）	二氧化硫（微克/立方米）	二氧化氮（微克/立方米）
纽约	1872	21	26	79
巴黎	982	11	14	57
伦敦	851	21	25	77
墨西哥城	1941	51	74	130
圣保罗	1833	40	43	83
莫斯科	1065	21	109	—

资料来源：中国国家统计局：《国际统计数据》，http：//www.stats.gov.cn/tjsj/qtsj/gjsj/2007/t20080626_402488354.htm。

（二）人口

2008年末全市常住人口1695万人，其中，城镇人口1439.1万人，市常住人口密度1033人/平方公里，[①] 远高于全国人口密度（2006年为141人/平方公里）。而且，在北京的不同区域，人口密度有较大差异。表3数据显示，北京的首都功能核心区的人口密度最高，每平方公里居住的人口超过2万。首都功能拓展区的人口密度则低得多，平均仅6300多人。因此，北京市是人口稠密的城市。

（三）历史文化与旅游

在北京市统计局的官方网站上，这样描述“北京市情”：北京

① 北京市统计局：《北京市2008年国民经济和社会发展统计公报》。

是中华人民共和国的首都，也是世界历史文化名城和古都之一，有3000 多年建城史，800 多年建都史，曾为辽、金、元、明、清五朝帝都。这里荟萃了中国灿烂的文化艺术，留下了许多名胜古迹和人文景观，故宫、长城、周口店猿人遗址、天坛、颐和园、明十三陵等，被联合国列入世界文化遗产。2007 年末，全市拥有博物馆 141 个，文物藏品达 329.5 万件。

独特的政治地位、丰富、悠久的历史文化，使北京成为重要的旅游目的地。2008 年全年接待入境旅游者 379 万人次，其中，外国人 335.7 万人次，港、澳、台同胞 43.3 万人次。旅游外汇收入 44.6 亿美元。

表 3　2007 年北京市常驻人口密度　　单位：人/平方公里

地区	常驻人口密度	地区	常驻人口密度
全市	995		
首都功能核心区	22394	首都功能拓展区	6312
东城区	21784	朝阳区	6594
西城区	21034	丰台区	5534
崇文区	18099	石景山区	6475
宣武区	29244	海淀区	6533

(四) 教育与科技

北京是全国最大的科学技术研究基地。2007 年末，全市开展科技活动的单位 8550 家，拥有科技活动人员 45 万人。全市科技活动经费支出总额 919.5 亿元，其中 R&D（研究与试验发展）经费支出 527.1 亿元。全年申请专利 31680 件，授权专利 14954 件。北京是全国教育最发达的地区，在全国率先普及九年制义务教育的基础上，又率先进入高等教育普及化阶段。2008年末全市共有普通高等院校82所，全年招收本专科学生15.7万人，在校生57.6万人，毕业生14.9万人。全市共有52所普通高校和117个科研机构培养研究生，全年研究生教育招生6.8万人，在学研究生19.6万人，毕业生5.6万人。

（五）基础设施

北京拥有四通八达的现代化、立体交通网络。2007年，全市公共电汽车（含小公共、无轨电车）线路达到644条，运营里程1.7万公里，运营车辆近2万辆；轨道交通运营里程达到142公里；客运出租车运营车辆6.7万辆。2008年地铁10号线一期、奥运支线、机场线贯通运营后，北京市的轨道交通里程达到200公里。北京市采取各种措施，积极推动公共交通的发展，降低地铁、公交车票价，吸引更多的人使用公共交通，以减缓交通拥堵程度，收到了很好的效果。此外，新建了可满足年履行进出港6500万人次的首都机场三号航站楼。在电讯方面，根据北京市通信管理局的数据，2008年12月北京本地电话用户884.9万户，移动电话用户1616.3万户，互联网宽带接入用户409.3万户。

（六）经济发展

1978年改革开放以来，北京的经济获得了飞速发展。以1978年作为基期，2007年的地区生产总值相当于1978年的18倍还多。根据《北京市2008年国民经济和社会发展统计公报》，2008年实现地区生产总值 10488 亿元，按常住人口计算，全市人均 GDP 达到 63029 元，按年平均汇率折合 9075 美元，达到世界中上收入水平。按产业结构来看，第三产业获得了迅猛发展，三次产业产值在 GDP 的比重由 1980 年的 4.39%、68.87% 和 26.74% 发展为 2008 年的 1.08%、26.68% 和 73.24%。

（七）金融业发展

北京是中国人民银行和全国各大金融及保险机构总部所在地。金融业创造的产值在第三产业中的比重 2008 年达 19.44%，在整个地区生产总值中的比重为 14.24%。在 2008 年 4 月 30 日发布的《中共北京市委北京市人民政府关于促进首都金融业发展的意见》中，提出了首都金融业的定位和工作目标，即“北京是国家金融决策中心、金融管理中心、金融信息中心和金融服务中心。通过建立全方位的政策支持体系、多层次的金融市场体系、多样化的金融组织体系、立体化的金融服务体系，不断提升首都金融业的创新力、集聚力、贡献力和辐射力，将北京建设成为具有国际影响力的金融中心城市。”

（八）国际化

目前，北京已与 37 个国家的 41 个城市建立了友好城市关系。在读的外国留学生 29452 人。北京曾成功地举办了第 11 届亚运会、第四届世界妇女大会、第 21 届世界大学生运动会等大型国际活动。1998 年以来，每年都成功举办以高新技术产业为主题的大型国际会展——北京高新技术产业国际周。根据 2009 年 5 月 26 日召开的“北京市出台鼓励跨国公司在京设立地区总部新规定”新闻发布会提供的数据，目前，在北京设立的具有跨国公司地区总部性质的外商投资性公司 121 家，多数为世界 500 强企业。经商务部门认定的跨国公司地区总部 41 家。落户北京的外商投资性公司主要集中在电子、通讯、机械领域，主要来自日本、美国和欧盟。据市外商投资企业联合年检数据统计，目前在全市外商投资企业中，具有跨国公司地区总部性质的企业约占企业总数的 1%，销售收入约占 23%，净利润占 32%，纳税额占 22%。①

总之，北京是一个具有悠久历史和灿烂文化的城市，是中国的重要的教育科技基地，近年来经济获得迅猛发展，人均国民收入进入世界中上收入行列，第三产业已成为拉动经济增长的最重要力量。与此同时，北京积极拓展国际发展空间，采取各种措施吸引外商投资，并积极推动金融业的发展，力争在 2020 年确立特色鲜明的现代化国际城市的地位。

三、北京的国际形象——驻京外籍人士调查统计分析

（一）关于调查的说明

调查对象：驻京外籍人士，不包括短期旅游。他们在北京的居

① 北京市发改委网站：http：//www.bjpc.gov.cn/gzdt/200905/t390940.htm。

住时间相对较长，对北京的了解比较深入和全面，其心中的北京形象因此会更客观。

调查时间：2009 年 5 月初到 5 月 20 日。

调查员：主要是外交学院国际经济系二年级本科生。

调查方式：由于无法获得在京居住的外国人的基本统计资料，我们采取了多种方式以找到尽可能多的符合调查条件的受访者。第一种也是此次最重要的调查方式是拦截调查，调查员在驻京高等院校、外国人经常光顾的娱乐场所（后海、南锣鼓巷等）、健身中心、外文书店等地点展开调查，多数问卷由受访者独立填写，并当场收回；第二种方式是通过电子邮件发放问卷，受访者填写完毕后，通过电子邮件传回；第三种方式是留置式调查，既把问卷留给可能的受访者，一段时间后，由调查员前去收回。从调查结果看，拦截方式的效果最好，其次是电子邮件，回收率最低的是留置式调查。其中，电子邮件收回 23 分问卷，留置式问卷发放 60 份，收回 11 份。

调查问卷：有四个版本，主要是英文的打印版和电子填写版，同时考虑到有些来北京学习的留学生的汉语好于英语，我们也同时提供了中文打印版和电子填写版。

调查内容：问卷设计参照了在文献综述中所提到的已有研究成果，还有美国皮尤全球态度调查（The Pew Global Attitudes Project），日本外务省的日本形象（Image of Japan），以及英国的酷不列颠（Cool Britiannia）的问卷资料。在问卷中，主要通过对描述北京、北京人的形容词的选择，来了解外籍人士对北京和北京人的认知。其中一个问题是，要受访者在所列出的形容词（古老、现代、日新月异、停滞不前、开放、封闭、包容、拥挤、神秘、友好、冷漠、有污染的）中，选择一个最适合和最不适合描述北京的形容词。在对北京人的描述中，我们使用了一组褒义词和一组贬义词，分别让受访者选择他认为最能描述北京人好的和不好的一面。褒义词分别为：有礼貌、友好、和善、勤勉、好客、诚实及其他。贬义词分别为：没礼貌、不友好、吵闹、懒惰、粗鲁、不诚实及其他。此外，我们给出了九种事物，请受访者选择一个北京的代表，分别是天安门、天坛、故宫、胡同、颐和园、现代摩天大楼、京剧、北京烤鸭及其他。最后，我们还将北京形象分解为不同的方面，请受访者给出评分，这些方面是自然环境、环境保护、当地居民、住房、餐饮、交通、电信、购物、文化、历史、旅游、人才、整体经济发展、金融发展、国际化、北京奥运会的影响，最高分为5分。

本次调查共共收回235份问卷，其中有效问卷210份。表4给出了受访者的基本情况统计。可见，被调查者年龄较小，25岁及以下的人占70%；从学历分布来看，63%的受访者具有本科学士或以上教育背景，同时也有35%的受访者目前只有高中学历。我们从两个角度了解受访者的国家来源，一是收入水平，二是地理分布。根据世界银行2008年的《世界发展报告》对与收入水平划分的标准，60%的受访者来自高收入国家，来自低收入国家的受访者占到了11%。从地理分布来看，60%的被调查者来自经合组织高收入国家，紧随其后的东亚太平洋地区，占受访者的32%。受访者的母语分布比较分散，母语为英语的受访者占27%，其次为法语、韩语、俄语。从中文水平看，56%的人会一点中文，39%的人表示汉语“好”或“很好”。受访者来北京的目的，首位的是学习（79%），其次是工作（16%），但33%的受访者在北京从事有收入的工作。

表 4　外籍受访者基本情况统计

		人数	百分比			人数	百分比
性别	男	115	54.76	母语	英语	57	27.40
	女	95	45.24		法语	19	9.13
年龄	20 岁及以下	47	23.27		德语	9	4.33
	21—25	95	47.03		日语	9	4.33
	26—30	30	14.85		韩语	19	9.13
	31 岁及以上	30	14.85		中文	1	0.48
学历	高中	74	35.24		俄语	19	9.13
	本科	84	40.00		西班牙语	9	4.33
	硕士及以上	48	22.86		其他	66	31.73
	其他	4	1.90	中文水平	不会	11	5.26
母国收入水平	高收入国家	125	59.52		会一点	117	55.98
	中上收入国家	29	13.81		好	67	32.06
	中下收入国家	32	15.24		很好	14	6.70
	低收入国家	24	11.43	来京目的	工作	33	15.71
母国所属地区	经合组织高收入国家	125	59.52		学习	165	78.57
					其他	12	5.71
	东亚、太平洋	32	15.24	在京居住区域	西城	41	19.52
	欧洲、中亚	30	14.29		东城	9	4.29
	撒哈拉非洲	12	5.71		海淀	125	59.52
	其他	11	5.24		朝阳	27	12.86
是否第一次来京	是	115	54.76		其他	8	3.81
				是否在京从事有收入的工作	是	70	33.33
	否	95	45.24		否	140	66.67

注：由于受访者不一定回答了问卷中的所有问题，因此有些分类的人数合计可能不等于210。

(二) 北京的国际形象调查分析

以下我们从不同的侧面分析驻京外籍人士表达的北京形象，在分析中所使用的表格中的数字，除非特别说明，均为选择某答案的受访者百分比。

1. 总体上来看，北京是宜居城市吗?

调查结果（见表5）显示，在北京居住的外国人对北京是否是适宜居住的城市持比较积极的态度，75%的人的回答是肯定的。同时，持犹豫态度的比例也比较高，为17%。当然，不同背景的受访者的态度有所不同。从性别上看，持正面意见的男性的比例比女性高5个百分点，而持犹豫态度的女性的比例又比男性高4个百分点。我们将受访者的年龄分为了四组，分别是20岁及以下、21—25岁、26—30岁及31岁及以上。统计结果表明，年龄越大，认为北京是宜居城市的比例越高。如，77%的21—25岁的受访者赞同北京适宜居住，而这一指标在31岁及以上组超过了90%。学历的统计结果变化比较大，看不出明显的规律，高中学历、硕士及以上教育背景的人的受访者中80%以上的人认为北京是个宜居城市，而只有68%的本科学历受访者认为北京适合居住。从母国收入分组来看，母国为中等及以上收入国家的受访者75%以上认为北京是适合居住的城市，明显高于低等收入国家受访者的63%。

表5　北京是宜居城市吗？　　单位：%

项目		北京是宜居城市吗？		
		是	不是	很难说
总体		75.24	8.10	16.67
性别	男	77.39	7.83	14.78
	女	72.63	8.42	18.95
年龄	21—25	76.84	8.42	14.74
	31岁及以上	93.33	0	6.67
学历	高中	79.73	12.16	8.11
	本科	67.86	7.14	25
	硕士及以上	81.25	4.17	14.58
母国收入水平	高收入	76.80	10.40	12.80
	中上收入	79.31	0	20.69
	中下收入	75	9.38	15.63
	低收入	62.50	4.17	33.33

2. 与第一次相比，您怎样评价目前北京的生活质量？

在有效的210份问卷中，其中150个受访者不是第一次到北京，占总受访者的71.43%。在这150人中，61%的受访者认为北京的生活质量比上一次更好了，只有6%的受访者认为生活质量变差了。这一结果在不同的亚样本中，表现出了些许的差异。统计结果显示，认为北京生活质量提高的女性比例高于男性。年龄上看，31岁及以上组的受访者认为北京生活质量提高的比例较21—25岁组多近30个百分点。从学历上看，本科及以上学历的人比高中学历的受访者更多得感受到北京生活质量的改善。

这个调查结果与美世2009全球生活质量调查的结果相一致。根据其对全球420个城市的生活质量的调查，北京的排名较2008年调查提高了3位，从116名上升到113位，主要原因在于城市2008年8月的奥运会对公共交通设施有改善作用。①

表6　与第一次相比，您怎样评价目前北京的生活质量？　单位：%

项目		与第一次相比，北京生活质量的变化		
		更差	差不多	更好
总体		5.96	33.11	60.93
性别	男	6.49	35.06	58.44
	女	5.41	31.08	63.51
年龄	21—25	7.69	33.85	58.46
	31岁及以上	4.55	9.09	86.36
学历	高中	10.42	43.75	45.83
	本科	3.33	33.33	63.33
	硕士及以上	4.88	21.95	73.17

3. 总体来看，您满意在北京的生活吗？

如表7所示，总体来看，75%的受访者对自己在北京的生活非常满意。在这个问题上，性别差异不明显。年龄上的差异很有意思，

① 美世（Mercer）是一家全球性的咨询公司，它将调查城市的生活条件根据39个因素加以分析，这些因素分为十个类别：政治和社会环境（政治稳定性、犯罪、执法等）；经济环境（外汇监管、银行服务等）；社会文化环境（审查制度、对人身自由的限制等）；医疗和卫生条件（医疗供给和服务、传染病、污水和垃圾处理、空气污染等）；学校和教育条件（教育水平和国际学校就读的便利性等）；公共服务和交通运输（电力、供水、公共交通、交通阻塞等）；休闲娱乐（餐厅、剧院、影院、体育和休闲等）；消费品（食品/日常消费品供应、汽车等）；住房（住房、家用电器、家具、维护服务等）；自然环境（气候、自然灾害记录）。根据每个因素上的得分可以进行城市之间的相互比较。汇总之后可得到一个生活质量指数，可以据此对任意两个城市之间的相对差异进行比较，http：//www.mercer.com/qualityofliving。

21—25 岁的人满意度最高，其次是 31 岁以上，满意度最差的是 20 岁及以下的群体。分学历的统计结果正好与此相反，高中毕业的受访者的人满意度最高，其满意度随学历的上升而下降。从母国收入水平来看，来自高收入国家的受访者高达 80% 的人对在北京的生活非常满意，这一水平高于中等和低收入水平国家的受访者。同时，来自低收入国家的被调查者对北京生活的满意程度高于中等收入国家的人。中文水平与满意度的交叉统计结果非常有趣，不会中文的人中有 91% 的人表示对在北京的生活非常满意，没有表示不满意，其对北京生活的满意度在所有四种分类中是最高的。会一点中文的受访者的满意度是最低的，但也有高达 70% 的人表示非常满意。由此可以说，会不会中文并没有成为外国人在北京生活的障碍。

4. 您认为北京最吸引你的是什么？

此次调查结果（见表 8）在受访者眼中，北京最吸引人的是风景、文化和北京居民。根据比例的大小，表 8 给出了分性别、年龄段和学历的受访者的态度差别，除 31 岁及以上和博士两组外，其他受访者都认为北京第一有吸引力的是风景。从性别上来看，女性选择“文化”的比例略高于男性，而男性选择“风景”的比例比女性高近 10 个百分点。从年龄来看，年龄越大越受到北京文化和北京人的吸引，而在 20 岁及以下的群体中，北京轻松的生活对他们的吸引力很大。从受教育程度来看，随着学历的提高，北京文化的吸引力逐渐跃升至第一位。因此，人们对北京吸引力的理解随个人背景的不同而表现出差异。

表 7　对在北京的生活满意吗？　　单位：%

项目		满意在北京的生活吗？		
		不满意	满意	很满意
总体		0.5	24.5	75.00
性别	男	0	23.89	76.11
	女	1.15	25.29	73.56
年龄	21—25	0	19.78	80.22
	31 岁及以上	0	24.14	75.86
学历	高中	1.47	20.59	77.94
	本科	0	25.93	74.07
	硕士及以上	0	29.79	70.21
母国收入水平	高收入	0.82	18.85	80.33
	中上收入	0	34.78	65.22
	中下收入	0	37.50	62.50
	低收入	0	26.09	73.90
中文水平	不会	0	9.09	90.91
	会一点	0.92	29.36	69.72
	好	0	19.70	80.30
	很好	0	23.08	76.92

表 8　北京最吸引人的前三位　　单位：%

		第一	第二	第三
总体		风景 32.73	文化 19.39	人 15.15
性别	男	风景 28.89	人 18.89	文化 17.78
	女	风景 37.33	文化 21.33	人 10.67
年龄	20 岁及以下	风景 33.33	生活 13.33	人 10 文化 10
	21—25	风景 30.67	文化 17.33	人 14.67

续表

		第一	第二	第三
年龄	26—30	风景 38.46	文化 26.92	人 19.23
	31 岁及以上	文化 32.14	风景 28.57	人 21.43
学历	高中	风景 27.87	人 14.75 文化 14.75	生活 9.84
	学士	风景 31.15	文化 19.67	生活 14.76
	硕士	风景 43.24	文化 24.32	人 21.62
	博士	文化 66.67	风景 33.33	

注：风景包括北京的景点，如长城、天坛、故宫、圆明园等；文化包括如京剧等；生活包括便宜的物价、购物、经济发展、工作机会等。

5. 您认为下列哪个形容词最适合描述北京？

表 9 的数据表明，在受访者所选择的答案中，位于前三位的是“日新月异”“友好” 和 “现代”，说明受访者都切实感受到了北京近年来发生的巨大变化以及北京所表现出来的勃勃生机。几乎在所有的分组中，“日新月异” 都排在第一位，两个例外是 20 岁及以下组合高中学历组，他们认为北京的典型特征是“友好”。

分性别的统计数据表明，女性对北京 “拥挤” 的感受超过男性，而男性对北京的 “现代” 感超过女性。从年龄来看，随受访者年龄的增长，对北京的 “拥挤” 和 “污染” 的感受明显上升。从学历来看，学历越高，对北京的日新月异的变化感受越显著，博士学历组 75%的人认为 “日新月异” 是最恰当的，而 “污染” 在前三位的排名中消失。

表 9　最适合描述北京的形容词　　单位:%

项目	分类	第一	第二	第三
总体	—	日新月异 25.12	友好 17.87	现代 15.54
性别	男	日新月异 24.78	现代 18.58	友好 16.81
	女	日新月异 25.53	友好 19.15	拥挤 17.02
年龄	20 岁及以下	友好 28.26	现代 23.91	污染 15.22
	21—25	日新月异 24.73	友好 18.28	污染 16.13
	26—30	日新月异 23.33	拥挤 20.00	污染 13.33 现代 13.33 友好 13.33
	31 岁及以上	日新月异 40	拥挤 23.33	现代 16.67
学历	高中	友好 28.77	现代 19.18 日新月异 19.18	拥挤 12.33
	学士	日新月异 21.95	污染 20.73	拥挤 14.63
	硕士	日新月异 34.95	拥挤 15.91 友好 15.91 现代 15.91	
	博士	日新月异 75	拥挤 25	

6. 您认为下列哪个形容词最不适合描述北京?

这问题的形容词与上一问题完全一样，只是提问的角度不同，调查结果如表 10 所示。总体来看，受访者选择的最不适合描述北京的形容词的前三位分别是“冷漠”“一成不变”和“神秘”，这与上一题的结果是吻合的。有意思的是，几乎在每一组中的前三位形容词中都出现了“神秘”，也就是外国人不认为北京是神秘的，在博士组中持此观点的人达 50%。另外有 25%的博士学历受访者认为北京不是一个包容的城市，这说明外国人在融入当地人的生活、文化等各方面还存在一些障碍或困难。

7. 在下列事物中，您认为哪个是北京的典型代表?

表 11 是关于这个问题的调查结果，从整个样本看，排在前三位的北京的典型代表是天安门、故宫和烤鸭，从分组资料来看，天安门几乎在所有的组别中都是第一位的，故宫只在 26—30 岁组、硕士及以上组中被选作北京代表的第一位。特别有趣的是，在 20 岁及以下、高中学历、硕士组中，选择烤鸭的受访者均超过了 10%。作为北京市旅游标志的天坛，则只在博士组中得到了 25%的投票。有趣的是，在李兴国等的研究中，有一个类似的问题“作为市徽、市旗的创作元素，您认为哪一座建筑最代表北京的形象”。他们的调查结果也是天安门以绝对的支持率位居第一，其次是故宫。两次调查的结果如此一致，让我们不得不思考北京市旅游局将天坛作为标志是否合适。

表 10　最不适合描述北京的形容词　　单位:%

项目	分类	第一	第二	第三
总体	—	冷漠 22.12	一成不变 17.31	神秘 13.41
性别	男	冷漠 19.30	一成不变 18.42	神秘 15.79
	女	冷漠 25.30	一成不变 15.96	封闭 12.77
年龄	20 岁及以下	冷漠 20.00	神秘 17.78	封闭 15.56
	21—25	冷漠 29.49	一成不变 20.00	封闭 10.53
	26—30	冷漠 23.33	一成不变 16.67	封闭 13.33 神秘 13.33
	31 岁及以上	一成不变 26.67	神秘 18.18	冷漠 11.36

续表

项目	分类	第一	第二	第三
学历	高中	冷漠 19.17	神秘 20.83	一成不变 12.50
	学士	冷漠 23.81	一成不变 15.48 封闭 15.48	拥挤 10.71
	硕士	一成不变 27.27	神秘 18.18	冷漠 11.36
	博士	神秘 50	包容 25 封闭 25	

表 11　北京的典型代表　　单位:%

项目	分类	第一	第二	第三
总体	—	天安门 40.95	故宫 27.86	烤鸭 9.52
性别	男	天安门 38.26	故宫 30.43	胡同 10.43
	女	天安门 44.21	故宫 24.21	烤鸭 9.47
年龄	20 岁及以下	天安门 39.30	故宫 19.15 烤鸭 19.15	胡同 8.51
	21—25	天安门 44.21	故宫 32.63	烤鸭 7.37
	26—30	故宫 36.67	天安门 30	胡同 16.67
	31 岁及以上	天安门 36.67	故宫 16.67	胡同 10
学历	高中	天安门 36.67	故宫 24.32	烤鸭 13.51
	学士	天安门 51.19	故宫 21.43	胡同 8.33
	硕士	故宫 40.91	天安门 27.27	烤鸭 11.36
	博士	故宫 50	天坛 25 胡同 25	

8. 在下列褒义词中，您认为哪个最适合描述北京人?

表 12 的数据显示，“友好”和“勤勉”无可争辩地成为最适合描述北京人的褒义词。正如受访者在自由留言部分所言，北京人对外国人尤其是西方人充满好奇，很友好，容易交朋友。北京人很忙碌，早上起得很早，这与调查结果中的“勤勉”相吻合。作为有礼仪之邦的首都居民，“礼貌”没有成为最能描述北京居民的褒义词，值得反思。

表 12 最适合描述北京人的褒义词 单位:%

项目	分类	第一	第二	第三
总体	—	友好 37.62	勤劳 31.43	和善 10
性别	男	友好 37.39	勤劳 29.57	和善 11.30
	女	友好 37.89	勤劳 33.68	和善 8.42
年龄	20 岁及以下	友好 34.04	勤劳 23.40	和善 21.28
	21—25	友好 37.89	勤劳 33.68	和善 8.42 礼貌 8.42
	26—30	友好 33.33	勤劳 30.00	好客 10 诚实 10 其他 10
	31 岁及以上	友好 43.33	勤劳 40	其他 6.67
学历	高中	友好 39.19	勤劳 25.68	和善 14.86
	学士	勤劳 38.10	友好 36.90	和善 8.33
	硕士	友好 38.64	勤劳 29.55	礼貌 9.09 其他 9.09

注：本表中的“其他”为：忙碌、起床早及对西方人好奇。

9. 在下列形容词中，您认为最能描述北京人的是哪个?

如表 13 所示，受访者认为最恰当得描述北京人的贬义词是“吵闹”，这与我们习惯于在公众场合大声喧哗有关，而这个习惯与西方人在公众场合的表现截然相反，所以给外国人的印象深刻。统计数据表明，选择“不卫生”的比例较高，根据受访者的说明，主要反映在北京人随地吐痰，卫生间有异味，餐饮不干净等问题上。有人认为北京人“有时候可怕”，“没礼貌”和“不诚实”也占了相当的比例，这与北京人不排队、不遵守交通规则有关，尤其突出的是乘用公共交通的无序。有些受访者留言，很多商贩、出租者司机见到外国人就随时提高价格，他们因此认为北京人“不诚实”。在一个自己不熟悉的地方，这样的经历哪怕只有一次，印象也是异常深刻而持久的。所以有人建议初次到北京的外国人要小心乘坐出租车。

表 13　最适合描述北京人的贬义词　　单位:%

项目	分类	第一	第二	第三
总体	—	吵闹 39. 90	不卫生 17. 31	不礼貌 14. 42
性别	男	吵闹 36. 84	不卫生 19. 30	不礼貌 18. 42
	女	吵闹 43. 62	不卫生 14. 89	不诚实 10. 64
年龄	20 岁及以下	吵闹 44. 68	不礼貌 12. 77 不卫生 12. 77	懒惰 8. 51 不卫生 8. 51
	21—25	吵闹 41. 94	不礼貌 15. 05	不卫生 13. 98
	26—30	吵闹 26. 67	不礼貌 20	粗鲁 16. 67
	31 岁及以上	吵闹 46. 67	不卫生 33. 33	

续表

项目	分类	第一	第二	第三
学历	高中	吵闹 36.99	不礼貌 17.81	懒惰 10.96
	学士	吵闹 38.55	不卫生 16.87	不礼貌 15.66
	硕士	吵闹 52.77	不卫生 20.45	

10. 外国人对北京的分项评分

表 14 是受访者给出的评分结果。在所有的 16 项中，平均得分 3.70 分，其中在环境保护和自然环境上的评分最低，低于 3 分；历史和文化上的评价最高，分别为 4.37 和 4.25 分。此外，历史、文化和奥运会对北京的影响是三个在所有全体的评价中都超过 4 分的项目。单从奥运会对北京形象的影响的评分上来看，正如前述文献所言，成功举办诸如奥运会这样的大型国际赛事确实对城市形象有促进作用。从亚样本来看，女性比男性的总评稍高，21 岁及以上的受访者对北京的评价高于年轻人的评价。从学历来看，本科生的评分最高，其次是高中学历者，最后是硕士。此外，我们还对受访者的来源国按照收入等级和地理进行了划分，结果没有发现在评价上的差异。

表 14　对北京的分项评分之一　　单位:%

项目	总体	性别		年龄				学历		
		男	女	20 及以下	21—25	26—30	31 及以上	高中	本科	硕士
自然环境	2.67	2.70	2.62	2.55	2.67	2.73	2.80	2.66	2.70	2.63
环境保护	2.48	2.55	2.40	2.53	2.45	2.63	2.50	2.47	2.48	2.50
北京居民	3.42	3.37	3.48	3.26	3.56	3.07	3.60	3.51	3.38	3.44
居住	3.28	3.29	3.27	3.40	3.21	3.23	3.37	3.27	3.38	3.25
餐饮	3.84	3.81	3.87	3.70	3.85	3.83	3.97	3.97	3.83	3.71
交通	3.76	3.80	3.72	3.77	3.62	4.07	3.80	3.68	3.93	3.67
电讯	3.66	3.61	3.73	3.79	3.55	3.70	3.83	3.68	3.67	3.69
购物	4.07	3.96	4.21	4.06	4.06	4.03	4.13	4.15	4.04	4.10
文化	4.25	4.17	4.36	4.06	4.33	4.30	4.33	4.38	4.23	4.19
历史	4.37	4.30	4.45	4.21	4.51	4.33	4.33	4.43	4.51	4.10
旅游	4.11	4.03	4.20	3.91	4.23	3.90	4.20	4.18	4.13	4.06
人才	3.61	3.63	3.60	3.40	3.74	3.47	3.80	3.53	3.75	3.54
经济发展	3.93	3.98	3.87	3.77	4.02	4.17	3.80	3.89	4.02	3.90
金融发展	3.78	3.81	3.75	3.81	3.82	3.97	3.57	3.72	3.96	3.60
国际化	3.78	3.64	3.94	3.89	3.84	3.63	3.67	3.74	3.95	3.60
奥运会影响	4.21	4.15	4.29	4.19	4.37	4.07	4.03	4.34	4.25	4.08
总分	59.23	58.78	59.77	58.32	59.83	59.13	59.73	59.59	60.21	58.06
平均分	3.70	3.67	3.73	3.65	3.74	3.71	3.71	3.72	3.76	3.63

下面我们还看受访者的中文水平是否影响其对北京的评价，统计结果见表15。从总平均分来看，不同中文水平的亚样本的得分与整个样本的总评得分有偏离，只有“会一点”的人的评分低于总平均水平，其他均高于总评得分，其中“一点不会”和“很好”的评分最高。分项来看，中文水平的提升对北京的经济发展、金融发展、国际化及奥运会对北京的影响的评价均有积极作用。

表 15　对北京的分项评分之二

单位:%

项目	总体	中文水平			
		一点不会	会一点	好	很好
自然环境	2.67	2.91	2.66	2.64	2.57
环境保护	2.48	2.91	2.48	2.39	2.50
北京居民	3.42	3.64	3.33	3.51	3.43
居住	3.28	3.27	3.30	3.24	3.29
餐饮	3.84	3.91	3.74	3.94	4.14
交通	3.76	4.18	3.68	3.88	3.50
电讯	3.66	3.91	3.56	3.78	3.86
购物	4.07	4.09	4.03	4.10	4.21
文化	4.25	4.36	4.18	4.33	4.36
历史	4.37	4.45	4.32	4.42	4.36
旅游	4.11	4.09	4.10	4.12	4.07
人才	3.61	3.73	3.60	3.61	3.57
经济发展	3.93	3.82	3.90	3.91	4.36
金融发展	3.78	3.73	3.74	3.76	4.14
国际化	3.78	3.36	3.76	3.84	3.86
奥运会的影响	4.21	4.00	4.17	4.34	4.07
总分	59.23	60.36	58.55	59.81	60.29
平均分	3.70	3.77	3.66	3.74	3.77

从是否第一次到北京来看，第一次到北京的受访者对北京的评价略高。从到北京的时间看，2008 年到北京的受访者对北京的评价最高，达 3.83 分。从一个侧面说明了奥运会确实对北京形象有推动作用，详见表 16。

我们同时也分析了受访者在北京的居住区域，调查结果见表 17。没有发现他们对受访者对北京的评价有明显影响。但当我们将受访者区分为是否在北京从事有收入的工作时，他们的评价表现出了差异。有工作的受访者的评价为3.75分，比无工作的受访者的评价高0.09分。同时，他们在北京的居住、餐饮、电讯、购物、文化、历史、金融发展上的评分均高0.1分以上，有趣的是，他们对奥运会对北京形象的影响上的评分却比较低。

表16 对北京的分项评分之三 单位：%

项目	总体	是否第一次到北京		第一次到达北京的时间				
		是	否	2005前	2005	2006	2007	2008
自然环境	2.67	2.72	2.60	2.51	2.38	2.60	2.86	2.76
环境保护	2.48	2.57	2.38	2.26	2.13	2.35	2.45	2.76
北京居民	3.42	3.41	3.43	3.51	3.42	3.50	3.14	3.18
居住	3.28	3.30	3.26	3.30	3.21	3.50	3.09	3.42
餐饮	3.84	3.88	3.79	4.12	3.54	3.70	3.59	3.88
交通	3.76	3.93	3.56	3.70	3.58	3.60	3.59	3.94
电讯	3.66	3.64	3.68	3.86	3.67	3.45	3.55	3.86
购物	4.07	4.11	4.02	4.02	4.08	3.75	4.05	4.20
文化	4.25	4.32	4.17	4.33	4.54	3.80	4.00	4.34
历史	4.37	4.44	4.27	4.35	4.58	3.75	4.45	4.56
旅游	4.11	4.12	4.09	4.14	4.17	3.45	4.32	4.16
人才	3.61	3.64	3.58	3.65	3.54	3.45	3.50	3.78
经济发展	3.93	4.01	3.84	4.05	3.88	3.45	3.55	4.22
金融发展	3.78	3.73	3.84	3.79	4.21	3.45	3.59	3.92
国际化	3.78	3.77	3.79	3.77	3.92	3.35	3.68	4.00
奥运会的影响	4.21	4.25	4.17	4.05	4.33	3.90	4.05	4.36
总分	59.23	59.84	58.48	59.40	59.17	55.05	57.45	61.34
平均分	3.70	3.74	3.66	3.71	3.72	3.44	3.59	3.83

表 17　对北京的分项评分之四　　单位：%

项目	总体	是否从事有收入的工作？	
		是	否
自然环境	2.67	2.73	2.64
环境保护	2.48	2.50	2.47
北京居民	3.42	3.44	3.41
居住	3.28	3.46	3.19
餐饮	3.84	3.99	3.76
交通	3.76	3.81	3.74
电讯	3.66	3.79	3.60
购物	4.07	4.17	4.02
文化	4.25	4.34	4.21
历史	4.37	4.49	4.31
旅游	4.11	4.09	4.12
人才	3.61	3.66	3.59
经济发展	3.93	4.09	3.86
金融发展	3.78	3.86	3.74
国际化	3.78	3.81	3.76
奥运会的影响	4.21	4.19	4.23
总分	59.23	60.40	58.64
平均分	3.70	3.75	3.67

11. 给初到北京的外国人的建议

为从不同的侧面了解驻京外籍人士对北京的印象，在问卷的结尾部分，我们设计了一个开放式的自由回答问题，问题是“如果一个第一次到北京的外国人向您询问了解北京的最佳途径，在如下方面您有何建议”。表 18 是最后的统计结果，考虑到不是每个受访者都回答了这个问题，我们只统计了某项建议的人数。

表 18　给初次来北京的外国人的建议　　　　单位：人

项目	前三位建议		
住宿	胡同、四合院（13）	国际性酒店（9）	青年旅馆（7）
饮食	烤鸭（33）	火锅（9）	—
餐馆	全聚德（12）	国际性餐馆 如麦当劳、肯德基（8）	大董烤鸭（5）
交通工具	地铁（69）	出租车（41）	公交车（37）
风景	公园（28） 长城（28）	颐和园（24）	天安门（13）
文化	京剧（29）	胡同、四合院（19）	故宫（15）
购物	秀水街（25）	西单（21）	王府井（15）
娱乐	酒吧（52）	京剧（12）	公园（5）

住宿：在选择何种住宿方式上，受访者的意见比较分散，有的建议住宾馆，而且多是国际化的宾馆，和平宾馆出现的频率最高。还有的从价格角度出发，建议住 3 星级宾馆，但有人认为三星级宾馆条件比较差。建议住青年旅馆的人数也较多，有 8 人次。还有人建议租房子住，找便宜的公寓。此外，沙发客（couchsurfing）出现的次数也高达 5 次。

饮食：烤鸭毫无悬念地成为推荐的首选，出现次数高达 33 次，其中全聚德烤鸭 12 人次，大董烤鸭店 5 人次。第二位的就是火锅。总体来看，多数人都建议去有当地特色的餐馆，甚至吃路边的大排档，但也有 7 人次提到麦当劳和肯德基。让笔者印象深刻的是，很多人写出了餐馆的名字，如全聚德、大董、蜀国演义、一千零一夜、北海仿膳、老北京炸酱面、新疆饭店、呷哺呷哺等。这个建议充分说明了口碑的重要性。

交通：交通方式的建议中出现了地铁、公交车、出租车、自行车等四种。其中，地铁以绝对优势成为推荐的首选交通方式，其次为出租车，第三位的是公交车，后两者的推荐人数旗鼓相当，自行车则排在最后。有些受访者认为公交车站牌没有英文，对不懂中文的人来说乘坐有困难。出租车的推荐人数虽然很高，但有受访者坦言，“司机常常骗外国人”，因此建议小心乘坐。从受访者的建议来看，北京飞速发展的公共交通基本上得到了外籍人士的肯定。

风景：从建议人次来看，北京的公园获得充分的认可，有 28 人次，与长城（28 人次）的人气一样高。其次是颐和园 24 人次，接着是天安门和故宫，其他建议的人数都是个位数。作为北京旅游业标志的天坛只有 7 人次推荐。

文化：京剧以 10 人次的优势成为推荐的文化观赏的第一选择，排在其后的是胡同四合院，故宫位列第三，天安门和 798 工厂则位列第四。京剧、胡同四合院以独特的中国特色无疑成为外国人心中的北京文化的最佳代表。798 作为新兴艺术的展览地，与天安门的推荐人次一样高，说明那里正成为吸引外国人的地方。如果说京剧和胡同是北京古老的一面的代表的话，798 也许是现代艺术的中心，反映了北京自由、现代的一面。这个结果与前述文献中的研究相吻合，即使是流行文化也可以帮助建立或丰富一个城市的形象。

购物：从推荐人次来看，绝大多数外国人选择在市场，尤其是一些有名的批发市场如秀水街、天意、虹桥等地方购物，一是因为价格便宜，二是可以享受砍价的乐趣，总计有 75 人次推荐。当然，秀水街仍然是人气最旺的地方，其他两个是西单和王府井。与此形成强烈反差的是，推荐在正规的商场购物的人非常少。

娱乐：正像有些受访者所言，北京的娱乐项目比较单一，酒吧虽然不是中国本土的东西，但是外国人在北京最主要的娱乐方式，有 52 人次推荐，其次是京剧和公园。其他的娱乐项目比较分散，有音乐、电影、杂技演出等。在酒吧方面，虽然北京先后有三里屯、后海、南锣鼓巷等酒吧街的兴起，但是三里屯的优势依然非常明显，得到 27 个人的推荐。

面向驻京外国人的问卷调查结果表明，北京悠久的历史和丰富的文化得到了他们的承认与赞赏，北京人的热情、北京的开放及快速变化的经济与社会给了他们深刻的印象。但调查也发现了北京国际形象的消极方面，如北京的自然环境与环境保护、北京人的大声喧哗、不讲礼貌、不卫生等。

四、在京大学生心中的北京形象

为了对比中国人与外国人心中的北京形象，我们还设计了一个以在京大学生为调查对象的简单问卷。这项调查的另一个目的在于，受李兴国等研究的启发，我们认为任何一个在北京土地上出现的中国人实际上都被外国人视作北京人，尤其是北京读书的大学生有更多的机会接触外国人，他们在与外国人的交流中天然承担着北京形象的传播。而通过个体经验所建立起来的形象更生动、持久，因此个人在北京形象的塑造、传播中的作用不可小觑。

由于经费和组织方面的限制，问卷分别在外交学院和华北电力大学进行。虽然调查的院校只有两个，但是仍然具有一定的代表性。这两个学校的专业包含了文科和理工科，在学科分布上是有代表性的。同时，从地理位置上来说，外交学院地处市中心，而华北电力大学处在昌平区，在区域上有代表性。从学生的来源结构上，外交学院有一些北京户籍的学生，而华北电力而较少。就调查方式而言，多采取课前和课间集中发放问卷，当场填写并立即收回的调查方式。最终共收回问卷 296 份，其中外交学院、华北电力大学分别为 159 份和 137 份。表 19 是受访者基本情况的统计。

表 19　中国学生样本描述　　单位：人、%

	全部样本	男	女
年龄			
频数			
20 岁以下	193	73	120
20 岁以上	102	51	51
合计	295	124	171
百分比			
20 岁以下	65.42	58.87	70.18
20 岁以上	34.58	41.13	29.82
合计	100.00	100.00	100.00
平均年龄（岁）	20.4	20.6	20.2
年级			
频数			
大学一年级	37	14	23
大学二年级	223	94	129
大学三年级	1	1	0

续表

	全部样本	男	女
大学四年级	20	8	12
研究生	15	8	7
合计	296	125	171
百分比			
大学一年级	12.50	11.20	13.45
大学二年级	75.34	75.20	75.44
大学三年级	0.34	0.80	0.00
大学四年级	6.76	6.40	7.02
其他	5.07	6.40	4.09
合计	100.00	100.00	100.00
专业			
频数			
外语	56	23	33
外交	49	15	34
法学	10	3	7
经济学、商学	108	38	70
理工	73	46	27
合计	296	125	171
百分比			
外语	18.92	18.40	19.30
外交	16.55	12.00	19.88
法学	3.38	2.40	4.09
经济学、商学	36.49	30.40	40.94
理工	24.66	36.80	15.79
合计	100.00	100.00	100.00
出生地			

续表

	全部样本	男	女
频数			
北京	37	8	29
上海	7	5	2
其他直辖市、省会城市	72	26	46
其他	177	83	94
合计	293	122	171
百分比			
北京	12.63	6.56	16.96
上海	2.39	4.10	1.17
其他直辖市、省会城市	24.57	21.31	26.90
其他	60.41	68.03	54.97
合计	100.00	100.00	100.00
平均在京时间(年)	4.5	3.3	5.3

1. 您觉得北京是一个适宜居住的城市吗?

表 20 的调查结果表明，认为北京是个适宜居住的城市受访大学生只有 31.1%，高达 39.3% 的学生认为“很难讲”，接近 1/3 的学生明确表示北京不适宜居住。从各种交叉统计结果来看，男女生在这个问题上意见有差别，总体来说，女生的评价高于男生。女生认为北京是宜居城市的人比例高于男生，而在否定的答案上低于男生。从学生的年级分布来看，超过一半的高年级（大三、大四）学生认为北京是宜居城市，而在低年级（大一、大二）的比例不足 30%。研究生一年级学生的态度与本科低年级学生较相似。这可能与高年级学生在北京的停留时间长，了解多有关，也可能与面临毕

业分配多数学生愿意留在北京有关。从专业分布来看，总体来看，文科专业的学生认为北京市宜居城市的比例远高于理科生，同时，文科专业学生中较多的人认为“很难说”北京是个宜居城市。从出生地分布来看，北京生源的学生给予北京宜居与否分评价明显高于来自外省市的学生，如上海的学生只有14%的人认为北京宜居。非北京学生回答“不是”的比例均高于30%，上海学生的比例更高达42%。从在北京生活的时间长短统计上，可以看出，随着在北京生活时间的延长，对北京宜居与否的认识在发生变化，生活时间越长，越认为北京是个适宜居住的城市，这与出生地的统计结果相吻合。

表20 北京是宜居城市吗？ 单位:%

项目	分类	北京市宜居城市吗？		
		是	很难说	不是
总体	—	31.1	39.3	29.7
性别	男	29.0	37.1	33.9
	女	32.5	40.8	26.6
年级	大一、大二	29.2	38.9	31.9
	大三、大四	52.4	38.1	9.5
专业	外交	34.7	46.9	18.4
	理工	22.5	39.4	38.0
出生地	北京	59.5	32.4	8.1
	其他直辖市、省会城市	25.4	39.4	35.2
居住长短	2—3年	23.3	40.7	36.0
	10年以上	60	32.5	7.5

2. 您认为最适合描述北京的形容词是哪一个？

此问题共有 283 份有效问卷，统计结果见表 21。在所列出的形容词中，排在前四位的分别为拥挤、日新月异、开放和有污染的，这与北京的现状是一致的。北京的人口密度很高，感觉拥挤。同时，由于改革开放政策的持续推行，北京表现出了开放和高速发展的特征。从性别差异上来看，女生对污染的感受要高于男生。从年级来看，高年级学生更多地感受到北京的开放，而低年级学生感受更多的是拥挤。这可能与高年级学生毕业找工作的感受有关，因为开放，北京的就业机会更多。从专业来看，外交专业的学生对北京的感受是“开放”“拥挤”和“污染”，而 47%的理工科学生认为北京是座拥挤的都市，他们对北京的感受分布较外交专业的学生集中。出生地的差异依然很明显，非北京生源的学生最多的感受还是“拥挤”，而北京的学生更多地看到北京日新月异的变化，这与居住时间长短的交差分布一致。

表 21　最适合描述北京的形容词　　单位：%

项目	分类	第一	第二	第三	第四
总体	—	拥挤 28.6	日新月异 15.6	开放 12.7	污染的 12.4
性别	男	拥挤 29.9	日新月异 15.4	开放 11.1 现代 11.1	古老 8.6
	女	拥挤 27.7	日新月异 15.7	开放 13.9 污染的 13.9	友好 7.8

续表

项目	分类	第一	第二	第三	第四
年级	大一、大二	拥挤 31.6	日新月异 16.6	污染的 11.7	开放 10.1
	大三、大四	开放 42.9	宽容 14.3	现代 9.5 日新月异 9.5 污染的 9.5	—
专业	外交	开放 20.4	拥挤 16.3 污染的 16.3	日新月异 14.3	古老 12.2
	理工	拥挤 46.9	日新月异 17.2	现代 15.6	污染 4.7
出生地	北京	日新月异 27.8	开放 16.7	拥挤 13.9 友好 13.9	污染 8.3
	其他直辖市、省会城市	拥挤 35.8	开放 16.4	日新月异 13.4	污染 10.5
居住长短	2—3 年	拥挤 36.7	日新月异 15.0	污染 11.1	古老 10.0
	10 年以上	日新月异 30.8	开放 15.4	拥挤 12.8 污染 12.8	宽容 10.3 污染 10.3

3. 您认为最不适合描述北京的形容词是哪一个?

这一问题与上一问题的备选答案是完全一样的，只是从另一侧面考察对北京的印象。其结果（见表 22）与前一题的结果是一致的，受访者认为封闭、一成不变、冷漠是最不适合描述北京的，也就是说北京是开放的、日新月异的和友好的。在交叉统计结果中，高年级学生和在北京居住或生活时间超过 10 年以上的受访者的回答表现出了不同于其他的特点，43%的大三、大四学生认为“一成不变”是不适合描述北京的，而居住时间 10 年以上的受访者中，41% 的人认为不能用“冷漠”来形容北京。

4. **您认为哪一个是北京的典型代表?**

调查结果如表 23 所示，天安门、胡同四合院、故宫是驻京大学生心目中北京的典型代表，只是他们的排位在不同的群体中略有差异。近一半的男性受访者认为天安门是北京的代表，而 40% 的女生认为胡同和四合院才是北京的代表。近 30% 的高年级学生选择的是故宫和胡同，而低年级学生更多的选择倾向于天安门。不同专业学生的态度也有明显差异，50% 的理工科学生认为天安门是北京的代表，而外交专业的学生则更多地选择了胡同和四合院。北京出生的学生认为胡同更能代表北京，而外省市学生则认为是故宫。居住时间短的受访者认为北京的代表是天安门，比例超过 40%，而居住时间在 10 年以上的学生则认为故宫、四合院方能作为北京的典型代表。

表 22　最不适合描述北京的形容词　　单位:%

项目	分类	第一	第二	第三	第四
总体	—	封闭 32.6	一成不变 28.5	冷漠 18.8	神秘 8.3
性别	男	封闭 30.8	一成不变 28.3	冷漠 15.0	神秘 5.8
	女	封闭 33.9	一成不变 28.6	冷漠 17.1	神秘 10.1
年级	大一、大二	封闭 33.3	一成不变 27.4	冷漠 18.3	神秘 8.3
	大三、大四	一成不变 42.9	封闭 33.3	冷漠 19.1	友好 4.8
专业	外交	封闭 36.7	一成不变 30.6	冷漠 22.5	友好 4.1
	理工	封闭 26.5 一成不变 26.5	冷漠 22.1	神秘 11.8	—

续表

项目	分类	第一	第二	第三	第四
出生地	北京	冷漠 38.9	一成不变 30.6	封闭 25.0	—
	其他直辖市、省会城市	封闭 40.0	一成不变 24.3	冷漠 12.9	神秘 8.6
居住长短	2—3 年	封闭 34.2	一成不变 26.1	冷漠 15.8	神秘 9.2
	10 年以上	冷漠 41	一成不变 28.2	封闭 25.6	

表 23　北京的典型代表

单位：%

项目	分类	第一	第二	第三
总体	—	天安门 35.6	胡同四合院 25.3	故宫 21.8
性别	男	天安门 47.5	故宫 23	胡同四合院 9.0
	女	胡同四合院 37.1	天安门 27.0	故宫 21.0
年龄	20 岁及以下	天安门 32.6	胡同四合院 28.9	故宫 18.7
	20 岁以上	天安门 40.6	故宫 27.7	胡同四合院 18.8
年级	大一、大二	天安门 36.0	胡同四合院 26.5	故宫 21
	大三、大四	故宫 28.6 胡同四合院 28.6	天安门 14.3	—
专业	外交	胡同四合院 38.8	故宫 24.5	天安门 22.5
	理工	天安门 49.3	胡同四合院 21.7	故宫 11.6
出生地	北京	胡同四合院 30.6	故宫 25.6	天安门 16.7
	其他直辖市、省会城市	故宫 31.9	胡同四合院 27.5	天安门 26.1
居住长短	2—3 年	天安门 40.5	胡同四合院 24.9	故宫 19.5
	10 年以上	故宫 28.2 胡同四合院 28.2	天安门 15.4	—

5. 在下列褒义词中，您认为最能描述北京人的是哪个？

表 24 是这个问题的调查结果，从中可见，北京人最典型的特点是友好、好客、讲礼貌。需要注意的是，在不同亚样本中，三者之间的排列顺序有所不同。如理工科学生认为北京人讲礼貌是最典型的特征，而北京人及居住或学生时间超过 10 年以上的受访者中，超过一半的人认为北京人的好客是最突出的。

表 24　最适合形容北京人的褒义词　　单位：%

项目	分类	第一	第二	第三
总体	—	友好 23.7	好客 23.0	礼貌 17.5
性别	男	友好 27.1	礼貌 22.1	和善 15.6
	女	好客 32.0	友好 21.3	礼貌 14.2
年龄	20 岁及以下	好客 25.4	友好 22.2	礼貌 16.4
	20 岁以上	友好 26.7	礼貌 19.8	好客 18.8
年级	大一、大二	友好 23.1	好客 22.8	礼貌 16.9
	大三、大四	友好 33.3	好客 28.6	礼貌 9.5 和善 9.5 勤劳 9.5
专业	外交	好客 32.7	礼貌 18.4	友好 16.3
	理工	礼貌 23.9	友好 21.1 和善 21.1	其他 14.1
出生地	北京	好客 52.8	友好 33.3	—
	其他直辖市、省会城市	友好 23.9	好客 19.7	礼貌 16.9 勤劳 16.9
居住长短	2—3 年	友好 20.3	礼貌 19.3	好客 18.7
	10 年以上	好客 51.3	友好 25.9	

注："其他"指健谈、能侃、开朗、幽默等。

6. 在下列贬义词中，您认为最能描述北京人的是哪个?

在有效的290份问卷中，统计结果见表25。傲慢、吵闹、懒惰是受访者选择的被能描述北京人的前三位的贬义词，其中接近50%的人选择了傲慢。在亚样本中，在男性组、20岁以上的组、理工科组、出生地非北京组、居住时间在2—3年的组内，各有一半以上的人认为傲慢是北京人的典型特征。这可能与北京是中国的首都有关，北京人也因此有优越感。

7. 对北京的分项评价

类似于以外国人为调查对象的问卷，在面向中国学生的问卷中，我们也要受访者对北京的不同方面做出评价。不同的是，考虑到在校生的特点，我们删除了住宿和购物两个项目。调查结果如表26所示，受访者对给北京的15个不同的方面的平均得分为3.8分，其中文化、历史上的得分最高，为4.6分，其次为奥运会对北京的影响，得分为4.5分。自然环境的得分最低，2.6分。

以下从亚样本来分析，各项评分的性别差异不明显，唯一的差别表现在交通的评价上，女性为2.6分，低于男生0.4分，可能与女生对交通拥挤的感觉比男性强烈有关。年龄、专业上没有明显差异。高年级受访者在所有11个领域的评价均高于低年级，尤其是对奥运会对北京的影响上，平均分高达4.8分，可能与他们很多人参与了北京奥运会的服务工作有关。几乎是在所有项目的评分上，在北京出生的学生的评价高于非北京出生地的学生，详见表26。调查结果显示，随着在北京居住时间的延长，对北京的评价也在提高。

综合调查结果，我们发现，在受访者心中，北京是个历史悠久、文化丰富的城市，北京同时也是一个极其开放的城市，经济、社会变化日新月异。从消极的方面来看，受访者认为北京人高傲，北京自然环境不好，不太适合居住。同外国人的意见一致，在京大学生认为天安门是北京的代表性标志。

表 25　最适合形容北京人的贬义词　　单位：%

项目	分类	第一	第二	第三
总体	—	傲慢 49.7	吵闹 19.0	懒惰 10.7
性别	男	傲慢 55.7	吵闹 16.4	懒惰 9.0
	女	傲慢 45.2	吵闹 20.8	懒惰 11.9
年龄	20 岁及以下	傲慢 47.1	吵闹 20.6	懒惰 10.6
	20 岁以上	傲慢 54.0	吵闹 16	懒惰 11
年级	大一、大二	傲慢 49.4	吵闹 20.8	懒惰 10.2
	大三、大四	傲慢 38.1	粗鲁 28.6	懒惰 19.1
专业	外交	傲慢 46.9	吵闹 14.3	粗鲁 12.2
	理工	傲慢 59.7	吵闹 19.4	懒惰 5.6
出生地	北京	吵闹 33.3	懒惰 27.8	傲慢 19.4
	其他直辖市、省会城市	傲慢 51.4	吵闹 22.9	不友好 8.6
居住长短	2—3 年	傲慢 53.7	吵闹 18.6	懒惰 6.4 粗鲁 6.4
	10 年以上	吵闹 35.9	懒惰 28.2	傲慢 18.0

表26　对北京的分项评分　　单位:%

项目	总体	性别		年龄		年级		专业		出生地		居留时间	
		男	女	20及以下	20以上	低	高	外交	理工	北京	省会	2—3年	10年以上
自然环境	2.6	2.6	2.6	2.5	2.7	2.6	3.0	2.6	2.7	2.7	2.5	2.6	2.7
环境保护	3.0	3.0	3.0	3.0	3.0	3.0	3.2	3.1	3.0	3.0	2.9	3.0	3.1
北京人	3.3	3.1	3.4	3.3	3.2	3.2	3.7	3.4	3.0	4.4	3.2	3.1	4.4
饮食	3.5	3.3	3.6	3.5	3.6	3.5	3.9	3.3	3.4	4.4	3.4	3.4	4.4
交通	2.8	3.0	2.6	2.7	2.8	2.8	2.8	2.8	2.8	2.9	2.6	2.7	2.9
通讯	4.0	3.9	4.0	3.9	4.1	4.0	4.1	4.1	4.0	4.4	4.0	4.0	4.4
娱乐	4.3	4.4	4.2	4.3	4.2	4.3	4.4	4.0	4.6	4.4	4.0	4.3	4.4
文化	4.6	4.5	4.6	4.6	4.6	4.6	4.8	4.7	4.4	4.8	4.5	4.5	4.8
历史	4.6	4.6	4.7	4.6	4.7	4.6	4.9	4.8	4.4	4.8	4.6	4.6	4.8
旅游	4.4	4.6	4.3	4.5	4.3	4.4	4.3	4.5	4.8	4.4	4.1	4.5	4.4
人口素质	3.6	3.5	3.6	3.6	3.6	3.5	3.8	3.8	3.4	4.0	3.6	3.5	4.0
经济发展	4.2	4.2	4.2	4.1	4.3	4.2	4.3	4.2	4.2	4.3	4.3	4.2	4.4
金融发展	4.0	4.0	4.0	4.0	4.1	4.0	4.2	4.1	4.0	4.1	4.1	4.0	4.1
国际化	4.2	4.1	4.3	4.2	4.2	4.2	4.5	4.3	4.0	4.2	4.2	4.1	4.2
奥运会影响	4.5	4.5	4.6	4.5	4.6	4.5	4.8	4.6	4.5	4.6	4.5	4.5	4.7

五、北京的国际形象与国内形象的比较

从两个调查来看，在京大学生与驻京外籍人士在“北京的典型代表”“最适合描述北京人的褒义词”两项上的意见是一致的，即都认为天安门是北京的代表性建筑，而友好则是北京人最好品质的词。当然，在选择该答案的受访者比例上，两个群体也不尽一致。外籍人士中41%的认为天安门是北京的象征，而在京学生中只有36%。38%的外籍人士认为北京人友好，高出在京学生14个百分点。

在北京是不是一个宜居城市上，75%的受访外籍人士给出了肯定的回答，而中国学生中只有31%的人承认北京的宜居性。

“最适合描述北京的形容词”这个问题上，两个群体的差异也很明显，中国学生的答案中排在第一位的是“拥挤”，而外籍人士的答案中排在首位的是“日新月异”。

“最不适合描述北京的形容词”上，中国学生中排在首位的答案是“封闭”，这相当于承认北京是个以开放为特征的城市。外籍人士群体中，首选的答案是“冷漠”，这与他们认为北京人很友好是相吻合的。

“最适合描述北京人的贬义词”上，中国学生首位的答案是“傲慢”，比例高达50%；外籍人士的首选答案是“吵闹”，比例也高达40%。这可以从同一文化内部的地区差异及不同文化的差异两个方面得到合理的解释。北京是中国的首都，是中国政治、文化中

心，北京人可能自觉不自觉地有种优越感，因此让其他省市的学生感觉“傲慢”。而说话声音大，喜欢喧哗和凑热闹是整个中国人的特点，并非北京人所特有，所以这一点中国学生没有感觉。但在尊重个人隐私和自由的西方人士看来，却是一个新鲜现象。

在包括自然环境、北京人、国际化等14个方面的评分上，两个群体也表现出了不同的特征。首先在总评分数上，中国学生的评分略高于外籍人士，但两者相差不到0.1分。分项来看，外籍人士在北京的自然环境、北京人、饮食、交通、人才等5个方面的评分高于中国学生的评价。两者对北京交通的评价差异非常大，相差近1分。这可能与大家对“交通”的理解不同，中国学生可能更多得想到的是北京交通的拥挤，这可以从他们认为“拥挤”是最适合用来描述北京的形容词上得到解释。而外籍人士可能更多得看到北京公共交通的便捷、现代和低价，如很多人在给新到北京的外国人交通工具的建议上是地铁一致。

从分项目的极值项来看，外籍人士对北京的历史的评价最高，为4.37分，对北京的环境保护评价最低，只有2.48分。中国学生则对北京的文化和历史的评价并列最高分，为4.6分，而对自然环境的评价最低，为2.6分。两者相比，中国学生给出的最高和最低分数均高于外籍人士对北京的评价。

表27　中外“北京形象”的对比　　单位:%

内容		中国学生	外国人	内容	中国学生	外国人
宜居与否	是	31.1	75.24	饮食	3.5	3.84
	不是	29.7	8.10	交通	2.8	3.76
	很难说	39.3	16.67	通讯	4.0	3.66

续表

内容	中国学生	外国人	内容	中国学生	外国人
最适合描述北京的形容词	拥挤 28.6	日新月异 25.12	文化	4.6	4.25
最不适合描述北京的形容词	封闭 32.6	冷漠 22.12	历史	4.6	4.37
北京的典型代表	天安门 35.6	天安门 40.95	旅游	4.4	4.11
最适合描述北京人的褒义词	友好 23.7	友好 37.62	人口素质	3.6	3.61
最适合描述北京人的贬义词	傲慢 49.7	吵闹 39.90	经济发展水平	4.2	3.93
14 项评价总平均分	3.8	3.71	金融发达程度	4.0	3.78
其中：自然环境	2.6	2.67	国际化水平	4.2	3.78
环境保护	3.0	2.48	奥运会的影响	4.5	4.21
北京人	3.3	3.42			

六、结论

1. 北京目前的国际形象是混合型的，既有积极的也有消极的因素

对照城市形象评价的分类与问卷调查的统计结果，我们的结论是北京目前的国际形象是混合型的，既有积极的评价，也有消极的

评价。在“北京是否是宜居城市”、“最适合描述北京的形容词”、“最适合描述北京人的形容词”、北京的历史、文化、旅游等方面的评价都是积极的。但是，在自然环境、环境保护、北京人等方面的评价都在 4 分以下，尤其是环境保护方面的得分还不到 2.5 分。除了正式的问卷问题之外，我们在问卷的最后留了一段空白，鼓励受访者写下他们最想说的话。感谢所有受访者的参与，最后归纳整理了 1500 字的自由留言，他们反映的北京消极形象因素如下：

（1）卫生状况差，很多受访者甚至直接使用了“脏”来形容北京。根据他们的留言，“脏”主要来源于随地吐痰和卫生间的刺鼻味道，然后是餐馆的卫生。就卫生间而言，人们不习惯蹲式马桶，认为很不卫生，希望改造成坐式马桶。

（2）北京人不够讲礼貌。司机和行人不讲交通礼貌，不遵守红绿灯。出租车司机骗外国人，北京人“粗鲁”等。

（3）北京城市很拥挤，有时候随身物品会被偷。

（4）北京人不诚实，不能同等地对待外国人与中国人。由于很多外国人喜欢到市场或能砍价的地方购物，很多商贩看到外国人就会抬高价格，这让他们很反感。实际上，很多外国人懂一些中文，或中文很好，当他们知道真相后的感受可想而知。

两个受访者的留言道出了北京形象的矛盾性。“北京既古老又现代，是个充满矛盾的城市。”“我想强调的是北京是个极度矛盾的城市，而且这些矛盾是很难调和的。有时候她是个非常理想的适宜居住的城市。友好的市民，令人着迷的文化，饕餮美食，还有非常棒的生活氛围。看到老人们在小区公园里打太极拳，穿行于宁静的胡同，或者在后海的酒吧街、在紫禁城里度过一段美好时光，这样的北京充满了惊喜和乐趣，简直不可思议，就像个魔幻城市。然而，北京的这种‘迷人’的特质有时候也会被一种令人压抑和沮丧的东西所替代。比如说一些官僚体制作风，如银行的管理，或者突然毫无理由地取消我们对孤儿院的访问活动等，再比如警察突然无故地要求检查登记表和签证，大街上人们随地吐痰，乱扔垃圾，推推搡搡，大嚷大叫，公共场所抽烟，环境污染等等，还有对古老建筑和历史遗迹的破坏（本人认为即便是一模一样地重新建造，也同样是对历史古迹的破坏）。有时候你会感到自己在这里是不受欢迎的，而且这种感觉实在是令人透不过气来。”

2. 改善北京的国际形象的建议

针对调查中反映的问题，我们提出如下建议：

（1）持续推进环境保护，改善空气质量。环境保护仍然是北京面临的重要挑战。虽然在奥运会期间，北京的空气质量得到了极大的改善，也受到了良好的评价，但调查结果仍然表明，外国人对北京的环境保护的评价不高，要想达到发达国家城市的空气清洁度，还需要付出持久的努力。

（2）倡议尊重他人、礼貌待人、行事，不讲粗话，遵守交通规则。在最适合描述北京人的贬义词中，“吵闹”高居榜首。也许是文化差异的原因，东方人喜欢人多、热闹，而西方人重视自由和尊重他人隐私。在公共场合，中国人说话声音大是出了名的，而西方人以轻言轻语、不打扰他人为守则。要一时改掉大声说话的习惯是比较困难的，但至少可以尝到北京公民意识到餐厅或其他公众场合轻声细语地说话既是对自己也是对别人的尊重。

（3）摒弃随地吐痰的不良习惯，消除卫生间异味，提升卫生水平。就卫生间卫生而言，实际上1993年北京首次申奥失败，当时舆论对北京城市建设批评的话题之一就是公厕。为此，在第二次申奥成功后，北京对公共卫生间进行了大力度的改造。2004年北京提出“8到10分钟内找到公共卫生间”的目标，公厕的设置间距为600—800米。根据北京市市政市容管理委员会的资料，从2005年至2008年6月底北京奥运会开幕前夕，“北京已经改建和新建近5200个公厕，超越纽约、伦敦、东京等地，成为全世界公厕最多的城市。”[①]但这不仅仅是个硬件的问题，更重要的是改善管理及改变个人的卫生习惯。受访者所反映的另一卫生问题是餐馆。几乎在所有的非高档餐馆里，都会看到服务生推着小推车挨桌收拾碗筷的情景，沾满油、肉、菜的碗筷就暴露在用餐者的面前，碗碟交错时的砰砰响声就在客人耳边。还有，很多餐馆都有随时清理地面的习惯，即使仍然有客人在用餐，他们也不会停止。这样的场景无法让人相信餐馆的卫生。

（4）给予外国人“国民待遇”，重塑诚实形象。小商贩按客人是中国人还是外国人的标准随意提高商品或服务价格的做法，与北京市建成国际化都市的目标非常不协调。平等看待外国人和中国人应该作为基本的商业守则推行。

（5）改变北京市的标志建筑标识。现在在北京市旅游局的网站上，天坛是作为北京市的象征性标志出现的。实际上，北京奥运会、残奥会也将天坛视作北京的标志性建筑而出现在很多纪念品中。但

① 《奥运主推北京“公厕革命”》，新华网，http://news.xinhuanet.com/sports/2008-06/30/content_8462587.htm。

是根据李兴国和我们此次的调查结果，外国人认为天安门才是北京的典型代表，相反天坛的知名度并不高。希望有关部门能够意识到这个问题，并予以调整。

3. **未来的研究方向**

首先，在拿到驻京外国人基本统计资料的基础上，进行代表性更强的抽样调查，至少做到配额抽样，即按照职业比例抽取样本。这样一来，调查结果更有代表性，也可以比较不同群体之间的差别。调查方式和调查管理业有很多需要改进的方面。例如，由于初次使用学生做调查员，只有作者一个人既做设计又做组织，没有时间做问卷的复核。希望以后能加强对调查员的培训，严格问卷审核，以提高调查质量。

其次，城市形象是个非常复杂的综合问题，只做笼统的调查对改进形象建设还不足够，或者说这样难以提出可操作性的建议。因此，希望有机会对于北京形象的不同侧面展开具体研究，如金融发展、国际化等方面。

第十三章　新媒体环境下北京城市形象的传播策略研究

欧　亚*

一、新媒体环境下城市形象传播的模式变化

城市形象从本质上说，是一种主观印象，是经由大众传播、人际传播以及个人经历、环境等多种因素共同作用而成。从传播学的角度看，这是一个主观见诸客观的信息处理过程，取决于公众对各种渠道所获取的有关城市信息的接触、加工、理解和记忆。[①]按照李普曼的观点，由于现代社会的复杂化和巨大化，社会公众无法对外部环境中的众多事物产生直接经验，要依赖大众传媒报道所营造的

* 欧亚，外交学院外交学与外事管理系副教授。

① 钱志鸿、陈田：《发达国家基于形象的城市发展战略》，《城市问题》2005 年第 1 期，第 67 页；菲利普·科特勒等：《地方营销》（翁瑾、张惠俊译），上海财经大学出版社 2008 年版，第 131 页。

“拟态环境”去认识外部世界。就北京的城市形象而言，大众媒体对北京报道形成有关北京的媒体形象，并凭借大众传播的持续性、重复性和广泛性，成为国内外公众认知和评价北京的主要信息渠道和参考依据。①

传统媒体环境下的城市形象传播，是城市公共部门主导的——主要是市政府——依托三种基本的媒体传播活动对城市形象进行传播推广。传统媒体环境下，熟悉大众传播规律的城市政府可以通过为大众传媒为公众设置议程，在一定程度上保证城市形象传播的信息一致性，引起受众对城市形象的关注，加深其态度并促成其旅游、定居、投资等现实行为。

但是，随着互联网信息传播技术的演进，以社交媒体为代表的新媒体令城市形象传播环境变得复杂而“不可控制”，必须在认识新媒体传播模式变革的基础上了解城市形象传播所应该随之而变的深层次动因。

（一）城市形象媒体传播的三个维度

对于一个城市来说，城市形象的成功塑造存在多项工作内容，传播推广工作只是其中的一项，需要在北京城市各方面建设的基础上，为总体目标服务。

我们知道，一个城市的城市形象，首先应该是一种客观的物质存在，是可直接感知可触摸的东西，比如城市的建筑物风格、城市

① 王朋进：《媒介形象：国家形象塑造和传播的关键环节———种跨学科的综合视角》，《国际新闻界》2009 第 11 期，第 37—41 页。

规划、物质性文化遗产等；其次，才是通过城市居民的精神面貌、行为规范、风土人情等精神文化以及城市的规范制度和公共政策等制度文化所体现出来的文化性内涵。

但是，一个城市在公众心目中的形象不等于这个城市力图塑造和呈现的形象。城市形象属于一个城市主动追求、创造的形象，但对外界公众而言，一个城市的城市形象其实是客观形象在公众心目中投射的形象，是一个城市在公众心目中形成的印象和总体评价之和，可以称之为城市的公众形象，这两者之间往往不能完全画上等号。

首先，在城市的城市形象塑造过程中，面向目标公众传达我们想传播的信息，但由于信息符号含义的不确定性，公众会对信息符号含义进行符合其既有态度倾向和价值观念的选择性理解，造成传播推广的效果同我们最初的设想可能并不相同。例如，2010 年，合肥市曾提出“两个胖胖欢迎您”的城市旅游宣传语，并以两个小胖墩的形象作为合肥代言人的创意，规划方认为，这个创意有个性，突破了名人代言的传统观，切合合肥的地名。但经过媒体报道后，很多合肥民众对专家的看法提出了不同的意见，他们认为，这个口号不适合来宣传合肥旅游，俗气又没创意，并没有表现出合肥悠久的历史和文化特色。

其次，就传播效果研究的发现来看，负面的、冲突性信息更能引起受众的注意和记忆。城市形象塑造是一个长期的过程，苦心经营的良好形象可能会因为某些突发的负面事件而折损，成为城市形象中的“污点”。例如，浙江省杭州西郊淳安县境内的千岛湖是一个风景如画的地方，被称为“天下第一秀水”，但是在很多台湾同胞的记忆中，提起千岛湖，恐怕最深的印记还是台湾同胞不幸遇难的“千岛湖事件”，一次偶然的负面事件的影响远大于长期的形象建设。又如有些城市在突击建设文化城市的过程中，为了追求城市外观的整洁，强行取消贩卖早点的小摊，实际上给市民的生活带来不便，即使从某一方面“美化”了城市形象，但在市民心目中的形象或许就被扣分。那么，我们的传播推广工作还应该考虑到形象建设的实际，一旦有负面事件发生，要有相关的应对机制来化解、降低负面事件的影响。

因此，我们之所以重视城市形象的传播推广工作，就是试图通过各种传播渠道和综合性的手段来影响公众对城市文化的认知及理解，减少误解、避免歪曲，在公众心目中塑造城市良好的城市形象，力求达到城市的城市形象和在公众心目中形象的统一，这至少需要三个方面工作的统一，如下图所示：

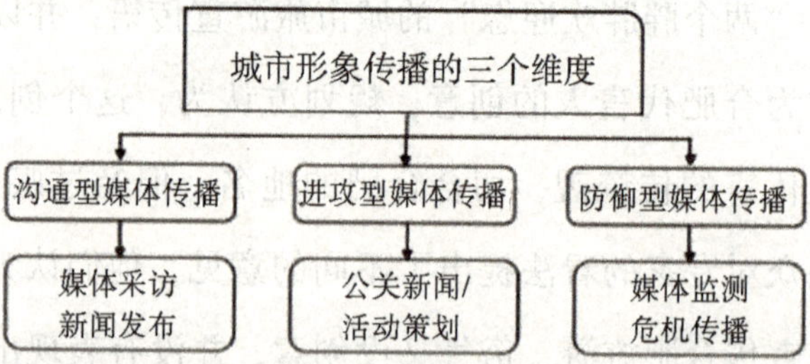

如上图所示，所谓“沟通型媒体传播”，就是让公众“了解我”。沟通型媒体传播是对城市形象的日常维护，通过向城市的各类公众清晰、准确地传达相关信息和意图，构成公众对城市形象的认知基础。比如：城市部门颁布的新政策、新服务、新管理方法；一年或阶段性的成就；重大事件发生后的告知和说明，尤其是涉及利益群体切身利益问题，如对外资投资政策的调整等方方面面的信息。除了这些信息必须迅速及时地发布给公众外，更重要的是，我们还要告诉公众这些新闻事件的含义，为信息设立一个“框架”，设法让媒体和公众按照我们设定的方式去理解信息，而不是自由发挥，进行没有逻辑联系的想象。但这里存在一个问题：现代新闻传媒最喜好的报道模式是冲突性、反常性新闻，因为这种报道很容易激发起公众的情感共鸣，又可以提高媒体的收视率和发行量。因此，城市公共部门预期传递的“正面”信息在新闻媒体看来并不具备新闻价值。媒介有自己的角色定位和报道规范，越是成熟的、具备专业精神的新闻媒介就越不可能完全积极主动地“配合完成”宣传部门所设定的传播目标。我们还需要其他的传播类型进行补充。

这里谈到的第二个维度：进攻型媒体传播，这是通过策划公关新闻/活动来吸引媒体的主动报道，让公众“喜欢我”。城市公共部门部门可以在真实、不损害公众利益的前提下，有计划地策划、组织、举办具有新闻价值的活动、事件，制造新闻热点，吸引新闻界和公众的注意和兴趣，争取被报道的机会，以达到提升美誉度、扩大社会影响的目的。它是通过信息策略和传播手段的巧妙设计，形成公众对城市的积极态度来赢得口碑。2001 年，北京外宣办牵头参加了中央外宣办与德国合办“北京文化周”活动。从那以后，北京市外宣办每年都会举行海外文化外宣活动，如 2002 年与澳大利亚、新西兰；2003 年与匈牙利；2004 年与法国；2005 年与美国；2006 年与日本；2007 年与莫斯科；2008 年与伦敦；2009 年与荷兰、卢森堡；2010 年与比利时等；2011 年与日本札幌、东京；2012 年与南非、赞比亚、莱索托。这些活动持续一定的周期，经过精心策划，能够吸引当地媒体进行报道，传播城市文化，扩大城市影响力。

媒体传播工作的第三个维度是防御型媒体应对。这是发生危机事件后能够让公众“理解我”。在现代社会，各类危机事件层出不穷，类似于环境污染、劳工权益受损之类的公共危机事件，一经媒体报道，会迅速扩散，造成对城市形象的负面影响。其实，成功的防御型媒体传播在于化危机于无形，通过媒体内容监测，发现潜在的危机威胁，进行相应的预案处理；而一旦危机爆发，城市公共部门要能够在危机事件中占据主动地位，化解危机，并在危机过后有效地修复城市形象。非典前期，北京市卫生局的有关领导采用错误的方式处理危机事件的传播，瞒报疫情，媒体集体“失声”，造成疫情迅速蔓延，不仅损害了北京的形象，更进而影响了国家声誉。

城市形象传播与塑造只有将这三个维度的媒体传播工作有机结合，才能以建立与维护自身身份和行为的正当性，传播良好的城市形象。

（二）新媒体环境下城市形象传播的演变

随着传播技术的演进，以网络媒体为代表的新媒体从 Web1.0 时期、供公众浏览信息的展示平台发展为 Web2.0 时期、基于用户生产内容的交流、互动和分享平台。新媒体环境下，信息传播速度更快、范围更广、信息发布成本更低，新媒体对普通用户的赋权带来传播主体日益多元化和去中心化，传受双方界限模糊，传播模式从也传统媒体时期的发送—接收模式转变为基于用户关系网络的信息互动和分享。

结合前文所述的媒体传播的三个维度，新媒体为城市形象塑造与传播提供了新的可能性：

就沟通型媒体传播，政府可以绕过传统媒体，直接通过新媒体平台面向国内外公众进行信息传播和交流，并且可以得到有效、即时的效果反馈；有关部门完全可以通过新媒体环境下的信息传播能力建设，利用网站、微博、微信等媒体平台，成为社会传播网络中的关键节点，建构同目标公众的长期联系（engagement）。

就进攻型媒体传播，政府部门可以通过嵌入用户的关系网络以更巧妙的方式传播信息和观点：将一种信息和观点引入目标公众，以信息同公众的利益关联、情感关联或者兴趣关联让他们主动进行信息的分享，在互动中实现良好的口碑传播效果。新媒体语境下，城市形象传播同样是要“讲故事”，但由于新媒体平台使得两者之间的对话成为可能，是有策略得调动目标受众一起来“讲故事”。尤其是Web2.0媒体受众的年轻化决定了有趣、新鲜同社会潮流、热点事件相结合的话题会受到追捧。因此设置个性化、赋予某种感情色彩的话题，通过同用户的互动来维持他们的热情关注，赢得他们的认同，进而吸纳他们参与传播的过程尤为重要。

就防御型媒体传播，城市管理部门可以借助计算机数据挖掘技术、相关舆情监测软件或者新媒体平台提供的数据服务，对用户生成内容进行监测和分析，对特定议题进行追踪，更好地了解公众有关城市议题的认知和态度，进行企业危机的预警和防范工作。

当然，新媒体传播环境在带来机遇的同时，也带来了新的挑战：

首先，新媒体的海量信息环境充满了“噪音”。在一个视频网站上每一分钟会上传72小时的视频，微博上每天超过1亿条的发微博数量，在这样的信息超载环境下，城市公共部门必须思考如何令自己的声音不被信息淹没，能够被目标受众“找到”“听到”。

其次，新媒体是所有人对所有人的传播，塑造和传播城市形象的过程中，政府部门有可能失去对信息的控制。因为新媒体环境下，政府部门要做的不是去影响某一家或几家媒体的报道，而是要直接面对不同年龄阶段、教育水平、价值观念、兴趣爱好的社会公众进行传播和施加影响。

此外，新媒体环境下，城市中发生的负面信息、事件会迅速升级和扩散，留给政府部门快速反应时间从传统媒体时期的黄金 24 小时缩短到 2 个小时，考验社会管理者的网络舆情应对能力。

基于以上的分析，我们可以得出这样的结论：

就城市形象传播而言，在传统媒体时代，城市的政府常常以城市形象传播主角的身份活跃在国际社会中，成为媒体发言背后的主导者。可是在新媒体时代，这一现象就有可能改善，因为民众的草根力量带来不容忽视的影响力，会促进城市形象的积极传播。在新媒体环境下，城市形象传播的主角并不应该是政府，而是公众，要让外国的公众感受到平等、亲和的魅力，必须借力新媒体发挥公众的作用。

事实上，世界各国的城市政府都普遍认识到新媒体在城市形象传播中的作用，官方微博、官方服务平台等不断涌现，为城市形象的传播开拓了新的途径。不过从话语权的角度来看，官方账户在新媒体环境中其实不占优势，观点性、沟通性、交流性的话语从官方账户说出来就缺失足够的魅力，尤其是在公众对此已经形成了刻板意见时，其传播效果就更加大打折扣。

总的看来，原先政府主导的现象与如今新媒体环境下政府不应该也没有能力成为主角的现象形成巨大反差，在新媒体环境下，政府主导的城市形象传播能否适应这一变化，也就是说在形象传播中寻找正确的政府角色，适应公众成为主导的新媒体环境是城市政府面对的一项巨大挑战。

二、新媒体环境下北京城市形象传播的战略选择

（一）传统国际传播格局下北京城市形象传播的困境——以《纽约时报》为例

1. 北京城市形象国际传播的渠道乏力

早在1993年，北京的外宣工作便紧密配合北京对外开放过程，配合市委、市政府中新工作，成立了北京对外文化交流服务中心和北京月讯杂志社，专门负责北京外宣品。[①] 2002年，北京市规划委员会进一步提出了“注重城市形象，塑造城市特色”的城市规划方案；而关于外宣工作的全方位、多角度的认识和重视，则是借助了奥运的契机。2004年11月，北京奥运新闻中心成立。[②] 北京市委宣

① 李明霞：《北京外宣书刊——海外人士了解北京的窗口》，《对外传播》，2001年第53期。

② 谭震：《没有比奥运更大的外宣——访第29届奥林匹克运动会组织委员会新闻宣传部常务副部长、北京市政府新闻办公室主任王惠》，《对外传播》2007第9期，第16—19页。

传办主任王惠曾先后多次强调了北京奥运与外宣工作的紧密联系，他提出申办奥运会的过程也是通过国际媒体传播中国形象、与世界沟通的过程。一个调查报告显示悉尼奥运会之后，经过交流与沟通，关注中国的外国媒体数量增多，并且关于中国的报道内容大多数由负面转为正面。传播很大程度上促进了北京申请举办奥运会的成功。[①] 在筹办奥运会的过程中，王惠提出北京一直在努力抓住机遇展示形象，通过邀请上百位西方主流媒体的媒体人或是著名专栏作家来北京，通过展示努力成果来宣传北京对于奥运会的筹办工作积极到位。[②]在举办奥运会之后，王惠认为由于强大的宣传力量和外宣意识在市民中的提高，北京的国际形象和知名度大大提升，并且由于此，北京外宣办的编制增加，外宣工作得以拓宽。[③]

奥运会这类典型的媒介事件的确是提升北京城市形象难得的契机。但从北京城市形象传播的实际效果来看，如果我们以受众为中心来考察北京城市形象的传播效果，情况要较城市主管部门的乐观估计更为复杂。

北京城市形象国际传播的前期研究发现，国外受众将其所在国的主流媒体和国际知名媒体作为获取有关北京信息的主要媒体渠道，中国传统外宣媒体的作用较为边缘化。即使他们来北京后，国

① 王惠：《北京奥运，给传播留下永久遗产（之一）》，《对外传播》2013 年第 8 期，第 50—52 页。

② 王惠：《北京奥运，给传播留下永久遗产（之二）》，《对外传播》2013 年第 9 期。

③ 王惠：《北京奥运，给传播留下永久遗产（之三）》，《对外传播》，2013 年第 10 期，第 42—45 页。

际主流媒体仍然是他们选择的主要媒体渠道（见下表）。①

表 1　在京外籍人士没来北京之前了解北京的信息渠道

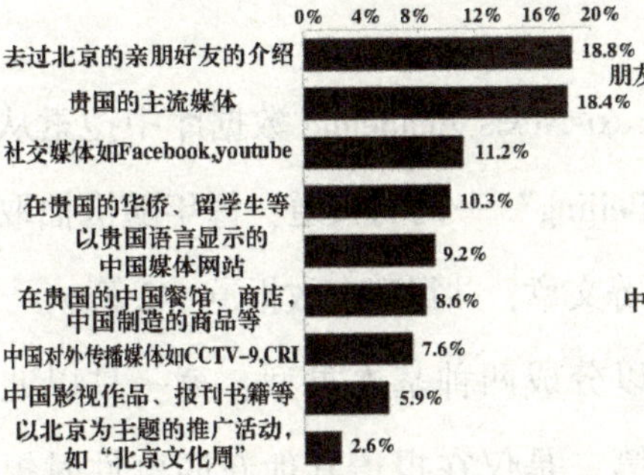

表 2　在京外籍人士来北京之后了解北京的信息渠道

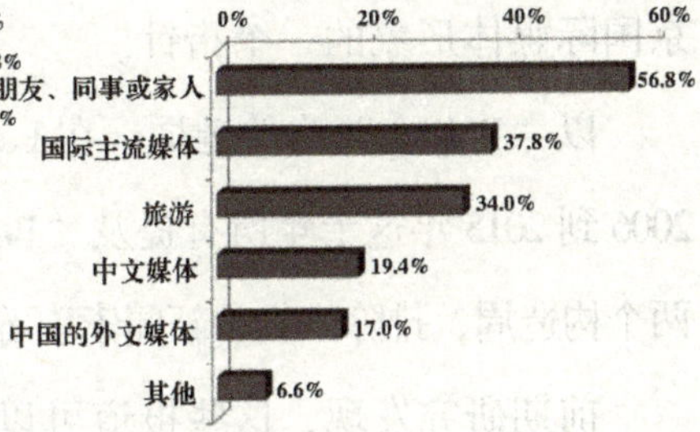

这意味着，国际公众所能接触到的北京媒体形象并不是以“以我为主”来定义和阐释的，而是在国外媒体，尤其是在西方主流媒体的报道中被建构和传播的。对绝大多数没有来过北京的国际公众来说，国际媒体是他们认识和评价北京的重要信息渠道和参考依据，影响了他们头脑中关于北京的图像。

① 该调查结果来自笔者联合环球舆情调查中心于 2013 年进行的“在京外籍人士对‘北京精神’的认知度和认可度调查”。由于无法获得在京外籍人士完整的抽样框，调查根据北京市公安局出入境管理处的在京外籍人士职业类别统计资料，以及中国人民大学等研究机构相关研究的样本选择情况，对被访者的职业做出了相应的配额限制，在北京不同国籍、不同职业外籍人士聚集地区以街头拦访形式完成 485 个样本的调查，其中留学生 136 人，驻华使馆人员 35 人，外籍教师/科技专家/外国记者共 67 人，外国企业代表机构人员/合资企业外籍人员共 230 人，其他职业人员 17 人；针对驻华使馆人员，还通过电子邮件邀约访问以及网络论坛调查访问的方式，追加了 15 名样本，共计 500 个样本的调查。其他相关研究也同我们的调查结果一致，参见赵永华、李璐：《北京城市形象国际传播中受众的媒体选择与使用行为研究——基于英语受众的调查分析》，《对外传播》2015 年第 1 期，第 49—52 页；杨凯：《城市形象对外传播的新思路——基于外国人对广州城市印象及媒介使用习惯调查》，《南京社会科学》2010 年 第 7 期，第 117—122 页。

2. 北京国际形象：单一中的变化

因此，选取全球最有影响力的报纸《纽约时报》，作为观察北京国际媒体形象的一个指针。

以“Beijing”为关键词，在 LexisNexis Academic 数据库中搜索从 2006 到 2015 年这十年所有提及“Beijing”一词的报道，每年随机抽取两个构造周，排除广告、新闻索引等文章，共得到有效报道 442 篇。

前期研究发现，这些报道可以分成两种基本类型：第一是以北京发生的事件为主要报道对象；第二是仅在报道其他新闻事件时提及了“Beijing”一词。

因两个构造周中属于第一类报道的样本量较少，又逐年补充抽取了两个构造周，共得到 10 年 40 个构造周的有效样本 73 篇，以新闻版面、体裁、篇幅、消息来源、新闻主题、引语、立场偏向等指标进行编码。

第二类报道以新闻版面、提及原因和提及次数三个指标进行编码。通过以上内容分析，我们得到以下的结论，在《纽约时报》中：

北京的提及率逐年上升，2008 年奥运会带来北京的高曝光度。同亚洲的另外一个世界级城市东京做对比，从 2006 年到 2015 年这十年间，“Tokyo”和“Beijing”这两个词在《纽约时报》中的提及率如下图所示。2008 年北京奥运会期间，《纽约时报》对北京的关注达到了高峰，跟 Beijing Olympic Games 直接相关的报道达到了 499 篇，2008 年之后虽然报道量有所回落，但也维系在较高的水平上，说明北京在国际媒体中具有较高的存在感。

表 3　2006—2015 年 Tokyo & Beijing 在《纽约时报》中的提及率

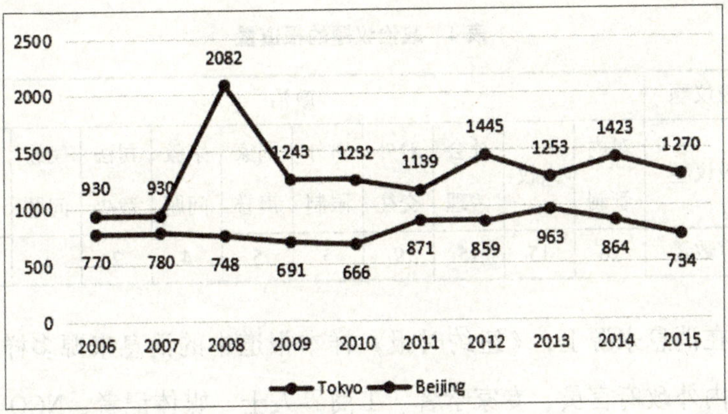

北京是代表中国和中国政府的政治符号。在 442 篇报道中，有 391 篇、近九成的新闻报道（88%）仅是在报道其他新闻事件时提及“Beijing”一词，“Beijing”在这类报道中的出现频率一般为 1—2 次/篇。提及原因是：接近一半的新闻（47%）报道中国/中国政府在国内外重大事件中的立场、态度、决策和行动时，以“Beijing”指代中国/中国政府；近两成的新闻（17%）因为在报道中提到了北京奥运会（Beijing Olympic Games）；略超一成的新闻报道（13%）中提到跟北京相关的文化活动。相形之下，《纽约时报》以东京指代日本政府的情况不多见，一般集中于东京本地发生的文化、社会等新闻事件的报道。可见，北京在《纽约时报》中的典型形象是代表中国或中国政府的政治符号。

对北京的报道多集中于政治领域，多选择负面题材。在报道议题上主要集中于政治领域，占总量的 56%，其次是文化议题（23%）和社会（13%），以及经济议题（7%），对二级议题的分析发现报道多涉及负面题材。以政治议题为例，对内管制（含言论控制）、人权，对外限制、宗教等方面的报道较为负面（见表 4，议题数量为叠加计算）。

表 4　政治议题的报道量

一级议题	政治									
二级议题	对内管制	人权	社会治理	对外交往	对外限制	国家声誉	宗教问题	司法裁决	民族问题	意识形态
报道数量	26	15	15	9	5	5	4	2	1	1

在消息来源上，《纽约时报》样本报道中的消息来源多样，涉及国内外政府官员、专家学者、工商界人士、媒体记者、NGO 和普通民众等，信源分布具有广泛性和全面性，中国国内信源的引用比例高于国外信源（69%），中国政府官员和专家学者是被引用频率最高的信源。在冲突性事件上，《纽约时报》一般会引用多方信源，进行平衡报道。

对所有以北京为报道对象的新闻进行关键词分析并进行可视化，可见图 1：

图 1　以北京为报道对象的新闻关键词

对北京的深度报道多采用冲突框架。以北京为主的报道中，一千字以上的深度报道约占五分之二。在新闻叙事上，《纽约时报》通过对新闻事件及核心情节、历史、背景、观点的选择和重组，来描述和解释北京“正在发生什么”，以及这些事件是如何与其他社会事件、与更深层次的社会心理、与宏观的政治权力结构相联系的。这类报道多采用冲突框架，即强调个人、群体机构或国家间的冲突，占到深度报道的一半以上（53%），只有少量的议题采用了将一个话题或问题产生或解决方法的责任归咎于政府、个人或群体的责任框架（23%），以新闻事件将带给个人、群体、机构、宗教或国家投入—产出影响的经济结果框架（13%），以个人故事或感性角度来报道事件、话题的人情味框架（10%）。①

最多被采用的冲突框架不仅用于对北京社会治理、涉及人权和宗教问题上的报道，即使是文化主题方面的报道也会被置于政治权力冲突——控制的框架下。以 2011 年 4 月 4 日的一篇深度报道 *At China's Grand New Museum, History Toes the Party Line* 为例。这篇报道的新闻由头是位于北京天安门广场的新国家博物馆即将全面开放，新闻导语即描述了一个冲突性的场景："在中国国家博物馆，那些对近代中国复兴之路感兴趣的参观者可以看到邓小平访美时所带的牛仔帽，也能瞻仰胡锦涛在汶川地震后鼓励灾民共渡难关时用的大喇叭，但是对文化大革命感兴趣的参观者只能在一个不起眼的角落里看到一张照片和三行文字说明，这是大到有 200 平方英尺空间的中国国家博物馆对那段历史的唯一展示"。接下来，新闻叙事主要按照上述场景隐含的两条线索交叉展开：一条是博物馆是对展出内容的设置，按照政治需要美化了古代史，突出了鸦片战争以来近代史的某些内容又淡化了另外一些内容，导致展出了开头场景中所述的平淡无奇的展品；另一条是博物馆曲折的重建过程，中国高层领

① 参见 Claes H. de Vreese, "News framing: Theory and typology," *Information Design Journal & Document Design*, 2005, 13 (1), pp. 51-62.

导希望以一个世界首屈一指的博物馆来帮助获取奥运会主办权的北京提升城市形象，也同时能成为代表中国崛起的丰碑。记者通过报道来表明是政治权力决定了博物馆的形式和内容，并直接引用历史学家的观点："共产党担心如果允许对历史的另外一种表述，会影响其合法性"以及转引博物馆专家的观点"伟大的博物馆不在硬件"来表明倾向性。

在社会和体育议题的深度报道上，也多采用冲突框架。例如 2008 年 4 月 6 日的报道 *Single Mothers in China Forge a Difficult Path* 选取北京和上海的两位单身母亲为个案，报道中国政府实行的生育和户籍政策令单身母亲面临困境，即使其拥有良好的经济条件能够独自抚养孩子但仍会面临舆论压力；2011 年 8 月 19 日的报道 *Saying No to the System*，则以中国国家少年篮球队成员要求更换教练的事件为新闻由头，以前体操冠军在北京街头乞讨、李娜退出国家队选择职业道路、相关部门禁止不愿穿戴指定赞助商标志运动服的"体制外"赛车手参加比赛等事件为新闻背景，分析中国体育部门在人才培养方面的弊端以及对运动员个体权益的漠视。也由此可见，冲突框架下的新闻报道倾向性多是负面的。

奥运会作为重大和典型的"媒介事件"，增加了北京城市形象的多元性因为北京奥运会的召开，2008 年《纽约时报》以北京作为报道对象的新闻数量比 2006 和 2007 年增加了近两倍。这些报道从较为多元化的视角展现了一个既有市民高度热情参与、民族自豪感和爱国情感高升，又有激进分子、持不同意见人士抗议噪音；既有高效的奥运会筹备、组织和服务水平又有以政府威权来实施临时政策、进行社会动员、不惜以高昂代价保证"完美"效果，同时又受空气质量困扰的奥运会，并通过奥运会这条主线细致、深入报道了北京古代和现代城市建筑、饮食文化、艺术活动等，尤其是对北京市普通市民生活的五篇报道，展现了北京的社会风貌和风土人情，对的士司机的热情等细节进行了描述。这些报道所呈现的北京是一个复杂、多元、立体的城市形象，构建了北京的“富形象”（Rich Image）。虽然奥运结束后，《纽约时报》对北京为主的报道量有所回落，但是“the Olympic/Olympics/ the game”等词是这十年中和“Beijing”一起出现的频率最高的词组之一。

综合来看，《纽约时报》所呈现的北京城市形象较为单一且负面，政治色彩较浓；作为中国/中国政府的指代语，北京总是同中国参与的国际事件和国内发生的重大事件联系在一起，不论是正面还是负面，这意味着，北京的国际形象不仅是由北京城市本身的情况决定的，更大程度上是由中国复杂的国情决定的。这种现状显然不利于北京形象的国际传播。因为当大众媒体将城市同某一类事件联系在一起时，容易形成城市形象的刻板化，造成只有当某一类事件发生时，城市才会得到关注和报道，即使跟城市关联的某类负面情况有所改变，媒体因报道模式的“惯性”，也难以及时反映这种变化。①

如前文所述，北京城市形象海外公众的信息接触习惯以及中国传统外宣媒体在国际传播中相对边缘和弱势的地位，造成我们的传播体系同海外公众之间仍然存在“接口”问题，单纯依靠外宣媒体并不易“平衡”国际媒体中呈现的较为负面的北京形象。

---

① Eli Avraham, “Cities and their news media images,” *Cities*, Vol. 17, No. 5, October 2000, pp. 363-370.

换言之，在传统国际传播格局下，北京城市形象传播，尤其是面向海外受众的传播，存在形象单一、渠道乏力、传播效果难以最大化等问题。这需要从战略选择和策略路径上都有所突破，新媒体有没有可能成为提升北京城市形象传播的一个突破点？下文以北京公共部门的英文网站和facebook（脸书）为例，分析北京城市形象在新媒体平台上的传播情况，并以SWOT方法［四点（优势、劣势、机会、威胁）］分析北京城市形象传播的战略机会与选择。

（二）新媒体环境下北京城市形象传播的现状

如前文所述，新媒体的内涵较为广泛，从演进历史来看，分为web1.0媒体和web2.0媒体，本文选取web1.0媒体的代表网站和web2.0媒体的代表facebook分析北京城市形象的传播现状。网站以“Beijing This Month”与“This is Beijing”为例，并以东京“东京都政府”与“东京观光官方网站”做对比；Facebook上以visiting Beijing账号为例。

1. 北京和东京在互联网环境下的关注度

以google搜索引擎的相关指标，可以评估北京和东京的关注度。鉴于目前互联网环境下的信息80%都是英文的，以“Beijing”和“Tokyo”为关键词，考察英文环境下的城市关注度。

首先，以“Beijing”和“Tokyo”为关键词在google上进行搜索，可以看到搜索结果分别为图2、图3所示：

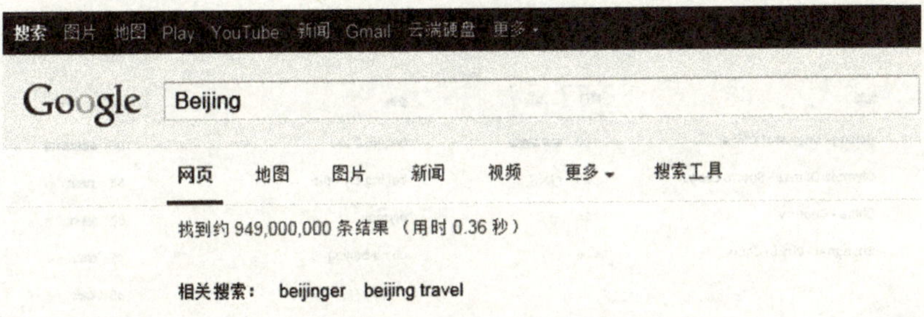

图 2

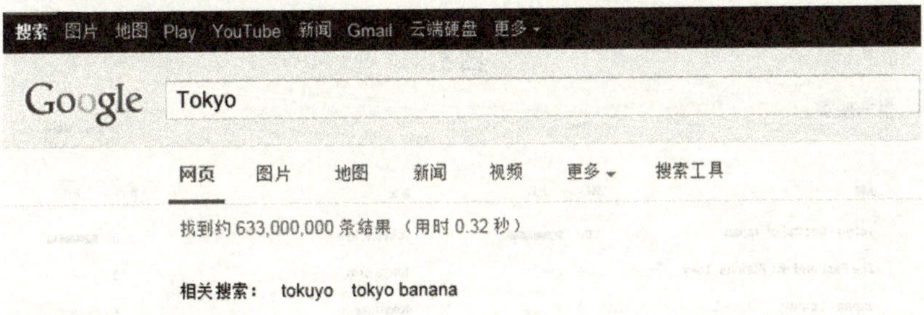

图 3

再以 google trend 比较 Beijing 和 Tokyo 的搜索趋势，如图 4 所示：

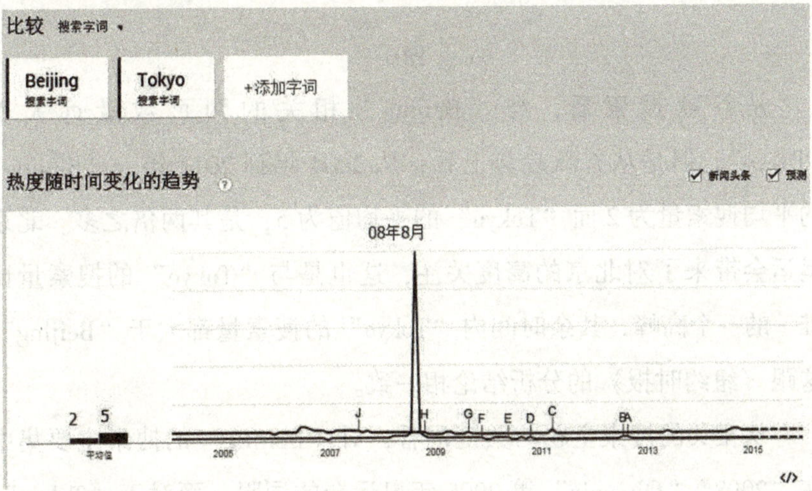

图 4

具体的搜索主题情况如下图 5、图 6 所示：

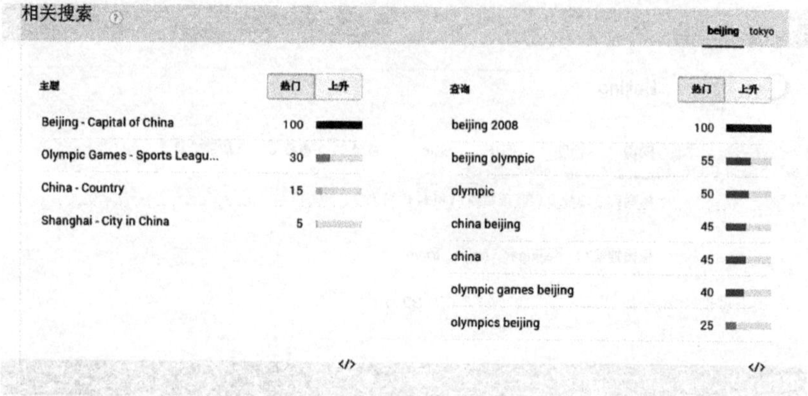

图 5

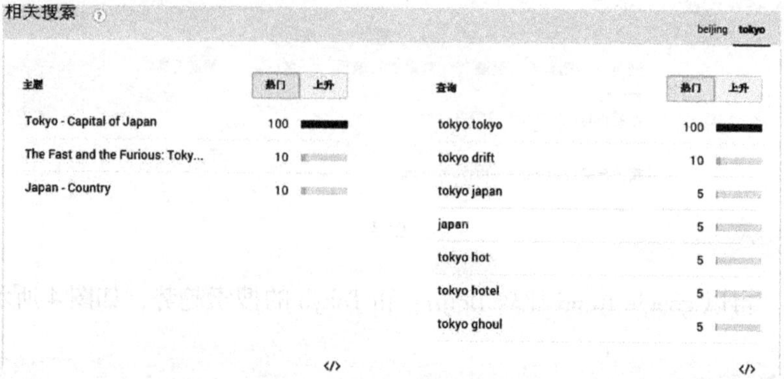

图 6

从谷歌搜索看，与“Beijing”相关的网页数量远大于“Tokyo”，但是从谷歌趋势上看，从 2004 年到 2014 年，“Beijing”的平均搜索量为 2 而“Tokyo”的平均值为 5，是其两倍之多。北京奥运会带来了对北京的高度关注，这也是与“Tokyo”的搜索量比唯一的一个高峰，其余时间内“Tokyo”的搜索量都大于“Beijing”。这跟《纽约时报》的分析结论相一致。

从相关的搜索主题与关键词看，对“Beijing”的搜索主要集中在“2008”“Olympic”等 2008 年奥运会的词眼。而对于“Tokyo”，除了作为日本首都，其相关搜索词则集中在其城市名本身。由此可见虽然关于“Beijing”的相关内容及网址多于“Tokyo”，但是网民更关注亚洲的另外一个是世界级城市。

2. **北京和东京的外宣网站比较**

北京市新闻办公室创办了两个外宣网站：

Beijing this month http：//www. btmbeijing. com/。

This is Beijinghttp：//beijing. china. org. cn/index. htm。

东京承担东京城市形象传播的网站主要是：

东京都政府：http：//www. metro. tokyo. jp/CHINESE/。

东京观光官方网站：http：//www. gotokyo. org/cn/index. html。

我们以相关指标进行分析，结果如下：

表5　北京和东京外宣网站影响力相关指标对比

	网站全球排名	国内排名	网站跳出率	单用户日均页面浏览量	用户每日停留时间	搜索流量（由搜索引擎进入的比例）
Beijing This Month	6457840	无	无	1.00	无	无
Thisis Beijing	12341	4,431	54.40%	5.60	3：20	27.70%
东京都政府	2655	143	38.20%	4.35	3：24	40.40%
东京观光官方网站	62823	5,318	45.70%	3.20	2：38	42.40%

从上表数据我们可以看出：

第一，北京外宣网站 This is Beijing 跟东京的外宣网站比，排比情况较好，但是网站的跳出率较高。网站跳出率（Bounce Rate）指只浏览一个页面即离开的访问次数占进入网站的总次数的比例。是评价一个网站性能的重要指标，跳出率高，说明网站用户进去就跳出去了；反之如果跳出率较低，说明网站用户体验做得不错，用户能够找到自己需要的内容。而且以后他可能还会再来光顾你的网站，提高了用户黏性。慢慢地可以积累大量的网站用户。由此可见，东京的外宣网站相较于北京网站跳出率低，因此用户黏性较高，原因可能是东京的外宣网站相较于北京其内容更加符合用户需求。

第二，Beijing this Month 的表现较差。该网站依托名为《北京月》的月刊杂志。新媒体传播的速度快、范围广，传播的是正在发生的事。传统媒体的传播逻辑在互联网环境下是不适应的，以“北京月”命名一个网站，可以说造成该网站的“先天不足”，没有考虑新媒体的传播规律。

第三，目前网民由搜索引擎进入北京外宣网站的比例较低。通过优化北京外宣网站，或可以提升搜索流量，提升传播效果。

3. 北京和东京在社交媒体平台的传播比较

在全球排名第一的社交媒体平台 faccbook 上，着力于推广北京城市形象与文化的账号是京市政府旅游发展委员会：Visit Beijing：https：//www. facebook. com/BeijingChinaOfficial。

图 7

我们选取东京同类型的账号 Tokyo Fan Club：https：//www.facebook.com/TokyoFanClub 进行对比。

图 8

比较两城市旅游部门官方账号的数据，如表 6 所示：

表 6　两城市官方旅游局 Facebook 人气情况

	粉丝数	谈论人数	主页总赞数	新赞
Visiting Beijing	90438	5898	90457	10357
Tokyo Fan Club	119655	1781	119657	760

（截至 2014 年 12 月 27 日　22：21）

我们可以看到，两者的信息更新情况都差不多，即每天都会发送新状态，两个账号每天都会更新状态，获取的点赞量同其粉丝数基本持平。可见既有的传播都取得了积极的效果。而且近一周 Visiting Beijing 的新赞要远高于东京账号，意味着北京账号的关注度提升得更快，潜力更大。

此外，虽然 Visiting Beijing 的粉丝数量比 Toky Fan Club 要少约 2 万左右，但是北京账号的谈论人数是东京账号的近 5 倍，这说明 Visiting Beijing 的传播效果要好于东京账号，有效形成了相关话题的二次传播，促成了粉丝的对话和讨论。

通过以上分析，我们可以看出，如果进一步提升传播技巧，北京城市形象传播在新媒体环境下大有可为，能够为传统媒体环境下城市形象传播面临的问题找到突破口。

（三）北京城市形象传播的战略选择——基于 SWOT 模型的分析

我们以 SWOT 法来确定新媒体环境下北京市城市形象传播的战略选择。在用 SWOT 方法分析之前，首先要明确分析对象的目标，即城市对外传播的目标，北京城市传播的目标在于从广度上使得更多的受众了解北京、从深度上提升受众对北京城市的认可程度、从战略上提升北京作为中国首都的国际形象和知名度。在确定分析对象目标之后，一切从目标出发，全面考虑新媒体环境下北京城市传播所需要解决的问题、达到的目标，并以此形成战略方案，通过分析比较出优势、劣势、机会和挑战，再进行矩阵排列，综合分析得出相应结论。其中，优势和劣势属于内部因素，机遇和挑战属于外部因素。如表 7 所示：

表 7　SWOT 态势分析

内部因素 / 外部因素	Strength（优势）	Weakness（劣势）
Opportunity（机会）	SO 分析	WO 分析
Threat（威胁）	ST 分析	WT 分析

1. **优势**（Strength）

北京城市形象传播的区位优势。北京作为国家首都，是全国的政治经济文化中心，全国绝大多数主流媒体和宣传机构都在北京，这些主流媒体一般设立网站、开发APP客户端或者在社交媒体平台上开设账号。北京市宣传部门可以通过同这些专业性传播机构的合作，发布信息，进行城市形象的宣传与交流。北京的传播服务于中央的传播工作，近水楼台先得月，北京宣传部门同时也能借助中央宣传部门的资源和力量：比如21世纪以来，北京市一直积极服务国家外交、外宣大局，围绕市委、市政府中心工作，面向海外针对国际社会受众，先后组织了一系列的城市外宣活动。

北京城市形象传播的文化优势。第一点区位优势，主要是指北京的城市地位是国家中心，传播的方式和手段也是全国之最，而文化优势则是属于宣传内容，因为有了先进的宣传手段不够，还需要丰富的宣传内容。文化优势是个大概念，有三个方面的内涵。分别是作为历史文化名城自身拥有的底蕴、作为政治经济中心的现代城市、作为国家重大外交外事活动以及公共外交活动的场所。历史名城的底蕴是北京城市的文化遗产，政治经济中心的现代城市是北京城市的发展成果，而国家重大外交外事活动以及公共外交活动的场所则是首都光环的一部分。北京需要在传统媒体环境下的内容优势延续到新媒体时期。

2. **劣势**（Weakness）

宣传体系较为僵化。北京外宣部门的工作人员在接受访谈时表示，目前的体系在一些方面不能适应北京对外传播的需要。例如因为担心违反政府机关的财务规定，外宣部门难以依托第三方组织机构展开传播效果的调查；目前外宣工作中的更多的是配合中央政府的政治方针路线和外交整体战略，是中央政府的公共外交及外宣工作微缩到北京一级的翻版，外宣活动更多考虑的是政治效应，并未从传播北京城市形象的角度充分展开，也缺乏整体、科学的规划。①

缺少传播策略和技巧。这体现在导致对外传播以说教为主；主观倾向性明显，而没有采用国际认同的话语方式。这是地方政府在对外宣传中存在的一大问题，同样对于北京地方政府也是如此。目前的对外传播体制也限制了外宣机构在具体工作中的自主性，束缚了其创造性。

不注重传播效果和评估。忽视目标受众的分析，即“光宣传、不调研”，没有针对性。没有对宣传对象进行调查研究会导致宣传的主观色彩严重，建立在想象之上的推销式宣传会使得效果大打折扣。比较典型的是前文所述的 Beijing this month 网站。

3. 机会因素（Opportunity）

中国经济地位和国家实力的提升。随着中国超越日本成为第二大经济体，北京也具有超越东京，成为亚洲首屈一指的都市乃至世界城市。在对喻国明教授的专访中，他也表示：“随着中国经济地位的提升，尤其是当中国跟世界的协调性得到提升，北京的城市地位也会得到提升。”

---

① 根据笔者对北京外宣部门工作人员的访谈。应访谈对象要求，匿名使用访谈内容。

中国经济地位和国家实力的提升。中国及北京市政府逐渐意识到通过公共外交提升国家软实力的重要作用。城市形象传播是城市公共外交的应有之意，而城市形象是构成国家形象的重要因素，良好的城市形象不但有助于城市本身提升吸引力、美誉度，使得其在人才、资本等竞争中取胜，也能为国家软实力建设做出贡献，丰富公共外交的落实途径。

中国经济地位和国家实力的提升。中国及北京市政府逐渐意识到通过公共外交提升国家软实力的重要作用。在传播技术方面，新媒体传播的无远弗届为北京突破目前的传播效果困境、切实抵达目标受众提供了可能的突破点。

4. **威胁因素**（Threat）

政府在对外宣传作用上的地位在下降。目前，北京的城市形象的国际传播主体主要还是以政府为主，方式较为单一。传统上，北京对外宣传办公室负责对外宣传工作，此外北京市外办和北京市旅游局也承担着一部分外宣工作，但是都没有统一的城市形象塑造与传播的规划、协调。北京市外办的主要工作一是通过媒体传播，负责驻京外媒的媒体关系工作，并借助中央外宣媒体的优势宣传北京，国外社交媒体的外宣主要通过新华社的平台。二是举办对外文化交流活动。在公民社会崛起的背景下，随着新媒体的日益发展，尤其在社交媒体平台上，政府只是众多传播者中的一员，不可能调控和“管理”所有的声音，政府在城市外宣中的角色也需要调整。

北京与其他城市的关系。在短期内，国内其他城市与北京很难形成平等的竞争关系，北京外宣服务于国家利益，铺面很广，深挖不够，北京某种程度上是牺牲了地方利益的，而国内其他城市如温州、扬州，他们在开展地方政府的对外宣传上进行了大量的公共外交的实践活动，在海外宣传上虽然整体都提升了国家形象，但是就城市而言，国内其他城市也会对北京的旅游宣传产生竞争力。另外，国外大型城市，如上文中提到的东京，同属于东方国家首都城市，也会在一定程度上与中国北京形成竞争关系。

在传播领域的价值观层面，不得不承认的一点是：我们的对外传播在政治层面跟西方的沟通处于一个死结的状态。我们跟西方可以有一些所谓的利益型合作，但是在意识形态和文化认同方面，目前很难有根本性的突破。[①]北京城市形象在某些维度上的传播情境是缺少同国际社会——尤其是同西方国家之间——共通的意义空间。

5. **战略选择**

基于此，我们以下图的分析框架来具体分析北京可能采取的传播战略。

---

① 见本书对中国人民大学新闻学院喻国明教授的访谈。

表8　SWOT态势分析

外部环境 内部因素	优势 北京城市形象传播的区位优势 北京城市形象传播的文化优势人力资源优势	劣势 宣传体系较为僵化 缺少新媒体传播策略和技巧 不注重传播效果和评估
机会 中国经济地位和国家实力的提升； 中国及北京市政府逐渐意识到通过公共外交提升国家软实力的重要作用； 新媒体技术平台	SO 利用 抓住中国以及北京经济发展所带来的国际舆论焦点的窗口期，积极进取，以更为开放、透明、自信的姿态进行北京城市形象传播； 加大对新媒体的传播资源投放，互联网+思维进行北京城市形象传播的顶层设计	WO 改进 增进公共外交视野下外宣部门的统筹功能，加强外宣部门与其他部门的联动机制； 转变宣传方式，研究新媒体话语方式与传播效果； 建立科学的传播效果评估体系
威胁 政府在对外宣传作用上的地位在下降；北京与其他城市的竞争关系；在传播领域的价值观层面，缺乏共同的意义空间	ST 监测 调动民间力量的有效参与；确立北京城市形象的独特的、不可代替的传播诉求点，以在全球传播背景下取得优势； 利用人才优势，进行有针对性的城市传播话语体系的研究	WT 消除 转变政府在城市外宣中的角色和职能，淡化外宣中政府在前台的直接操作； 避免生硬和自说自话式的宣传

SWOT 分析属于态势分析法，但城市的对外宣传工作不是一成不变的，在分析战略的基础上，下文将对具体的传播策略进行进一步的分析，提出相应的策略性建议。

三、北京城市形象的新媒体传播策略分析

（一）北京城市形象定位：去政治化，“包容”的诉求点

首先，在北京形象定位上，首要的目标是去政治化，诉求点是包容。

塑造什么样的北京，是北京城市形象传播的重要前提，北京城市形象的定位是最基本也是最复杂的任务，而要实现正确、清晰的城市形象定位，决策者既要充分了解城市本身，避免定位脱离城市发展的现实状况，又要把握外部的时代大环境，使得定位能带动城市在国际舞台上的发展。

因此，从立足自身这一角度看，首先应充分认识到，北京的城市形象定位应该是内涵丰富，层次复杂的。在定位阶段，要充分考虑到各个因素的影响，包括正确认识历史文化积淀、建筑古迹和历史事件等给城市形象带来的正面或负面的“影子效应”，取长补短，发扬而不炫耀优势、改进而非遮掩劣势，消除受众心中固有的不全面的印象，以一种和谐亲和的形象和手段，而非强势的推销来吸引受众使得他们有新的认识。

政治层面和意识形态层面，我们的话语体系和西方的话语体系很难建构共通的意义空间，这不是依靠传播本身能解决的问题。通过去政治化内容的传播，根据奥运会的经验，能够增加受众理解北

京的维度。北京是大城市，它的大不仅体现在规模，更应该体现在层次和内涵的丰富性上，而这丰富性并不能磨灭其突出优势。鲜明的城市形象定位正是城市体现独特魅力与竞争力的支柱。

北京作为后发的世界级城市，国际形象传播的诉求点应是：包容。区别于西方媒体用“他者”和“异己”的视角去描述北京，北京要提倡中华传统文化中“和而不同”的价值理念：我们不一样，但是我们彼此宽容、接纳和尊重。

随着中国在国际社会的不断提高，北京更应该走在国内其他城市前列，带领其他城市融入国际社会，提高与国际社会的协调性，尊重不同文化，包容不同的思想意识，欢迎世界了解北京也十分乐意地加入世界大家庭。不同，体现在特色上，一个包容的城市形象并不意味着完全相同，而是完善的内部协调，以酝酿出独具特色的城市形象，对于异己的宽容、接纳和尊重并不是失去自我。

（二）政府外宣部门角色的转变

在去政治化的传播中，政府部门的主要职能是整合资源和提供服务。

政府不应该是城市形象传播的主角，而是应该从台前走到幕后，从领导型转向服务型。政府所进行的传播，应该着力于事实性信息和服务型信息的传播：

第一，对那些在北京生活、定居、旅游、投资的公众，政府的传播是针对跟他们切身利益相关、影响到他们在北京生活舒适度、质量等方方面面信息的及时提供，从策略上考虑不需要进行观点的宣讲，这一任务应交由第三方来做。换言之，由政府自己来宣传工作做得如何完善或者自己如何被误解了，往往会适得其反。

第二，发生重大公共危机事件时，第一次时间进行危机传播的干预，发布及时、准确、真实的信息，避免谣言滋生。

第三，做好服务，为北京的对外传文化交流和传播提供平台，为中外记者来北京采访提供合作，以提供技术支持、资料支持等方式来做好媒体关系。北京市外宣办、新闻办和对外文化交流协会是挂了三块牌子的一个机构，传统上，对外文化交流协会并没有发挥太大作用，而北京市旅游局等部门也实际承担着部分外宣工作。北京需要从机制上通过定位于服务型的文化机构，而不是政治宣传机构，来提供一个外链其他文化体育、旅游、商业机构的服务平台，以更灵活的方式来统一协调城市形象的国际传播。

考虑到以上因素，在新媒体环境下，政府微博、微信账号、政府的官方网站和官方微博，并不是注重观点性意见的发布，因为其身份的原因可能并不能直接触及受众，影响他们的看法，而应该成为一个综合全面的服务窗口；在话语方式上应该避免将自己等同于一般的社会公众账号，不建议依靠“卖萌”或者对时下网络流行语的熟练使用来试图增加传播效果，这其实是和官方身份不相符合的。

（三）互联网思维下建立传播触点

基于前文的分析，对国际媒体，我们不可能完全改变他们的立场和“坏新闻才是好新闻”的报道规范，就要参与他们的传播过程，尽可能让他们的报道援引我们的观点，包括提供新闻线索和背景，即使记者报道的是负面事件，但是在报道中引用了我们的观点和态度，就能够起到一定的纠偏作用。

跟传统媒体相比，新媒体显然是有可能直接跟目标受众建立关系的传播触点。北京需要全面、重新审视新媒体环境下北京城市形象传播的体系，本文做了一些初步分析，发现的一个主要问题是：新媒体仅仅是一个平台和资源，开设账号，并不能同于能盘活相关的资源，增进形象传播。目前来看，北京在新媒体平台的传播不仅仅需要面上铺开，更需要质的提升，能够建立一个新媒体和传统媒体有效互动的平台体系，真正实现对外部舆论环境的管理和调控。

更重要的是，新媒体环境下应该从新的思维来考虑城市形象的传播，包括新的逻辑、新的规则、新的传播特点等。首先，我们要用新的逻辑来进行形象传播。新媒体环境下，传播从点对面变成了点对点，也就是将受众与传播者联结了起来，互相分享，共同参与。因此在传播的同时为受众提供体验的机会，能鼓励他们成为传播者并且借助新媒体渠道表达自身的体验，或者通过人际传播为城市形象传播加分。

要利用新媒体的参与性和互动性，激活旅游者、投资者、留学生等在京外籍人士体验和分享北京文化的意愿。比如，可以由上述的文化机构提供一个 APP，所有到了北京机场的外籍游客通过扫描二维码添加。APP 除了提供在北京生活、旅游的实用信息，可以有嵌入互动性的设计，例如听京剧就可以上传自己照片，生成京剧脸谱风格的卡通图像，录一段自己唱京剧的视频，直接发到个人的社交媒体平台，让他们感到北京是好玩的，可以体验与参与的，也就是说，新媒体环境下的传播是将信息和观点引入目标群体，让他们互相进行分享和传播。这需要我们充分理解互联网的逻辑，进行北京城市形象传播的顶层设计与思路变革，而不仅仅是开设若干个社交平台账号，或将原来的传统媒体内容挪移到网络上。

在新媒体环境下，城市形象的国际传播迎来了新的契机，新媒体使得传播的方式多样化，信息海量化，并带来了高交互性。在这一大背景下，北京的城市形象传播也要抓住新媒体时代的特征，把握新媒体的内涵，实现城市形象的“软传播”以实现文化渗透的模式，为北京城市发展助力，也为中国的国家形象、国家软实力建设出力。

第十四章　北京市清洁能源国际合作策略研究

闫世刚*

清洁能源是推动北京市优化能源结构、推进产业升级和打造绿色城市的重大举措。北京市积极构建国际合作平台、培育国际科技合作基地、创新合作模式，积极推动清洁能源国际合作的发展，但是在清洁能源国际合作战略规划、管理体制、创新等方面存在一定制约。本文从战略规划、协调机制、自主创新和拓展渠道等方面，提出深化北京市清洁能源国际合作的对策和建议。

一、引言

随着经济社会的快速发展和人民生活水平的显著提高，北京市

* 闫世刚，外交学院副教授。本文原载于“2014 International Conference on Information in Education，Management and Business”，2014 年出版。本文系北京市社科基金“北京市清洁能源发展模式与国际合作机制研究”（项目编号：11JGC132）的阶段成果。

建设环境优美、和谐宜居的现代化国际都市的步伐加快，推进“绿色北京”和中国特色世界城市建设，构建起安全、可靠、新型、高效、可持续的能源供应保障体系，为经济社会发展奠定坚实的物质基础，已成为北京城市发展的重要课题。①

推动能源绿色发展。走绿色低碳发展之路，是能源发展的大势所趋。② 北京市能源消费中，燃煤消费总量依然较大，结构调整任务更加紧迫，系统推进清洁能源转型、改变中心区燃煤集聚格局，治理污染问题的任务依然艰巨。③ 北京市加强清洁能源国际合作、大力发展低碳经济不仅具有紧迫性，而且具有非常强的现实意义。通过加强清洁能源领域科技交流与合作，积极引进国际先进技术、经验和管理模式，能够促进北京市清洁能源领域科技资源的有效整合，进一步提升新技术的研发应用水平，助推清洁能源产业转型升级。

二、北京市清洁能源国际合作现状分析

北京市与欧洲一体化和经济发展局（以下简称 AEI）、伦敦构建了合作的平台，双方在清洁能源领域合作领域不断延伸，成果丰富。北京市鼓励清洁能源产业园区、研发机构和骨干企业对接全球

---

① 刘荣华：《北京建设世界城市之能源发展战略及对策研究》，《北京规划建设》2010 年第 2 期，第 19—23 页。

② 闫世刚：《低碳经济视角下的中国新能源国际合作》，《外交评论》2012 年第期，第 82—94 页。

③ 王新新：《北京建设中国特色世界城市的路径选择》，《城市问题》2012 年第 2 期，第 30—36 页。

清洁能源产业与创新资源，建立重点领域国际科技合作基地；北京市努力开创清洁能源国际合作模式，提升清洁能源国际合作空间。

（一）构建合作机制，提升合作空间

与欧美清洁能源发展水平相比，北京市在清洁能源利用、提高能效等方面还存在不小的差距，在清洁能源开发、节能技术、生物能源利用等方面也有不少需要解决的问题。北京市积极构建清洁能源国际合作平台，提升合作空间。

北京和伦敦构建以“北京—伦敦低碳技术论坛”为平台开展清洁能源的合作，2009年首次研讨的主题包括可再生能源技术、节能技研发的风险投资、低碳技术转移及示范等。北京—伦敦低碳技术论坛为适应北京建设“世界城市”的要求，双方进一步拓宽合作领域，建立定期协调机制、明确合作方式，促进北京和伦敦在清洁能源等重点高技术领域的具体合作。北京积极建设具有国际影响力的“北京（国际）低碳技术论坛”，以借鉴国际上低碳城市建设经验，推动清洁能源产业与技术发展，并吸引海外人才和先进技术，支持与优秀企业及重点机构形成项目对接，推动开展实质性国际科技合作。2011年由北京和英国伦敦发展署、欧中太阳能促进会、世界自然基金会、可持续发展技术基金会等国际机构和组织举办的论坛上，研讨的主题包括可再生能源技术、节能技研发的风险投资、低碳技术转移及示范等，并签署“北京—伦敦低碳技术合作中心”谅解备忘录、北京市可持续发展科技促进中心—欧中太阳能促进会关于清洁能源技术合作的谅解备忘录，积极推进了清洁能源产业和技术的国际合作和交流。

（二）培育清洁能源国际科技合作基地

北京市鼓励清洁能源产业园区、研发机构和骨干企业对接全球清洁能源产业与创新资源，建立重点领域国际科技合作基地，为首都清洁能源产业发展管理经验和技术支撑。北京拥有一批国家级和市级重点实验室，包括“风电设备及系统技术国家重点实验室”“国家煤基清洁能源重点实验室”“温室气体减排北京市重点实验室”和“北京市煤基清洁能源国际合作基地”。以上述实验室为依托，打造国际一流的清洁能源国际合作基地，积极鼓励研发机构与国际著名科研机构和大企业开展清洁能源技术合作与交流，吸收借鉴国际先进技术和管理经验，提升自身的研究和技术创新水平，加快清洁能源产品、技术及服务的国际化推广和应用。

自 2011 年开始，北京市已先后认定三批共 324 家国际科技合作基地，为推进首都全国科技创新中心建设发挥了重要作用。324 家合作基地分为国际科技创新及产业园区类、国际技术转移第三方机构类和联合研究机构及国际合作示范类三种，涉及能源科技、节能保护、高端装备等领域。2013 年基地单位共投入国际合作相关经费 31.7 亿元，基地单位与 43 个国家的 582 家机构开展合作，已建立起遍布全球的国际科技合作网络，为首都清洁能源发展需求提供全面的国际创新资源支持。

（三）创新合作模式，实现互利共赢

北京市努力开创清洁能源国际合作模式，提升清洁能源国际合作空间。为促进清洁能源产业发展，北京市把清洁能源领域高端人才列入重点领域人才目录，引进一批清洁能源重点领域高端设计人才、经营管理人才和高级技能人才；并为外国专家在京工作生活创造更多便利条件，形成有利于海外智力资源引进的长效机制。活跃留学生创业氛围，吸引更多的优秀人才来京创业。

北京市以“中欧中小企业节能减排科研合作项目”为平台，大力支持中小清洁能源企业参与国际合作项目，通过支持清洁能源企业与国外机构合作，有助于企业研发、技术、管理、服务的提升。北京市鼓励企业牵头、联手国内高校，国外合作方同样以企业牵头、高校参加的模式参与，形成“2+2”国际产学研结合新模式；通过设立合资公司或开展技术并购，快速提高企业自主研发能力，开拓海外市场；实质性参与国际标准制定，增强国内产业在国际上的话语权；从发达国家引进先进技术，消化吸收再创新后，再向其他发展中国家出售产品和技术，形成新的合作新模式。

三、北京市清洁能源国际合作面临的挑战

北京清洁能源产业尚处于培育发展阶段，基础相对薄弱。在国际合作方面，在清洁能源国际合作的战略规划、国际合作管理体制

和自主创新等方面面临着一定的困难和现实制约因素。

（一）清洁能源国际合作的战略规划亟待提升

北京坚持科学发展观的发展道路，定位于“创新型城市”，自主创新成为北京市经济社会发展的主要驱动力和主导模式。在此背景下，充分利用全球先进科技资源显得尤为重要。但是，北京市清洁能源国际合作仍停留在具体的国际科技合作与交流层面，缺乏宏观层面的战略指导，从而一定程度上影响国际合作活动开展的针对性和有效性，使得清洁能源国际合作未能发挥其应有效用。另一方面，美欧等发达国家一直是北京市清洁能源国际合作的重点，在北京市国际合作中一直处于优先地位，无论是资金支持还是项目投入等方面都远高于与其他国家的合作。北京市与发展中国家清洁能源领域国际合作外交还比较少，合作的层面和范围都比较狭窄。

（二）国际合作管理体制有待完善

在清洁能源国际合作过程中，蕴藏在北京市科研院所、高校中的大量资源，由于部门分割等原因还较多的封闭在单位内部；科研工作价值取向、管理模式等因素制约着更多的科技资源与清洁能源发展更广泛的结合。在清洁能源国际合作与交流项目立项方面还缺乏规范的科学评估机制，有些项目的提出只是科学家个人活动的结果，有些国际合作项目的起点比较低，无法取得国际一流水平的成果。此外，缺乏国际科学合作的效果评价体系，致使合作成果推广不力，通过合作获得的资料和数据都分散在各单位和个人手里，得不到应用的传播和使用。

（三）自主创新仍有待提升

北京市国际合作自主性不断提高和增强，但是大多数国际合作交流项目仍处于被动受援状态，如大量项目集中在资源、环境、生态等需要借助中国资源特色的研究领域，通过合作对方可以获得大量的珍贵材料和数据。但是，对于急需的高技术项目，常常由于各种原因得不到立项。由于受到研发总体投入规模和强度较低的制约，目前国际合作经费比较短缺的问题比较突出。与发达国家及多边国际组织和机构在基础性前沿领域和高科技探索领域的科技合作尚无专项财政拨款支持。政府间双边和多边国际合作协议大多由部门执行，无法满足协议项目深层次合作的需要。合作双方在经费共同使用方面的协调机制不完善，尚未建立起对合作活动进行共同资助的有效机制。

四、加强北京市清洁能源国际合作机制的对策和建议

北京市清洁能源国际合作可持续发展，需要从加强清洁能源国际合作战略规划、加大投入力度、提升国际合作效率和完善国际合作管理体制等方面进行努力。

（一）加强清洁能源国际合作的规划

清洁能源国际合作应立足于北京市经济社会发展的战略需要，并明确清洁能源国际合作的目标。为了促进北京市清洁能源国际合作发展，首要任务是制定正确的国际合作宏观战略，加强对清洁能源国际合作的调控和引导。

首先，清洁能源国际合作战略的制定应立足于北京市经济社会发展的战略需要，并明确清洁能源国际合作的目标。清洁能源国际合作要在开放环境下开展，以我为主，充分利用全球科技资源，实现跨越式发展，[①] 为北京市的科技、经济社会发展和总体外交服务，促进跨部门、跨地区的对外科技合作统筹协调，增强自主创新，推进自主创新体系建设。

其次，清洁能源国际合作战略的关键是知识的获取、吸收和交流。清洁能源国际合作战略主要应在学科政策、国别政策及合作主体等方面根据国际科技发展的趋势，以及北京市科技发展的需要确立合作重点和优化顺序。

（二）构建清洁能源国际合作协调机制

清洁能源国际合作活动的主体来自方方面面，既包括市政府高层领导、外交和经贸主管部门，也包括企业，要形成整体合力，必

---

① 郑方能、封颖：《确立清洁能源国际科技合作国家战略的思考与建议》，《中国软科学》2011 年第 4 期，第 125—129 页。

须建立协调清洁能源国际合作战略目标和政策的协调机制。

要加强与科技部和商务部等国家部委的协调与合作，清洁能源国际合作政策的梳理和融合，协同推进清洁能源国际合作战略目标的发展。不断提升清洁能源国际合作的作用。加强机制创新，深入研究清洁能源国际合作协调机制措施，积极探索清洁能源国际合作的长效机制。积极展开城市和城市之间、相应主管部门之间、公司企业之间、校际之间的研究、技术交流与合作，定期进行互访，组织召开各种形式的座谈会和研讨会，推动经贸合作与组织招商等，最终推进北京市清洁能源技术的研究开发和产业化步伐，要加强民间、学术界与美欧进行国际交流与合作，不断拓宽合作领域，扩展合作规模，增加合作渠道，通过项目合作、标准制定、技术引进、人才培养等多种方式，推动清洁能源科技合作的发展。

（三）扩大合作规模，继续增加合作渠道

第一，本着“平等互利、成果共享、保护知识产权、遵从国际惯例”的原则，不断拓宽合作领域，逐渐扩大合作规模，继续增加合作渠道，采用灵活多样的合作方式，以此加速清洁能源国际科技合作与交流，增强自主创新能力，提升自主创新的起点，重点在国外先进技术和产品的引进、消化吸收再创新意识方面有明显的提高。第二，加大引进境外人才为我所用的工作力度。第三，鼓励有针对性地走出国门。第四，加强外向型自主创新人才的培养。第五，企业要加大自主创新经费投入。第六，政府为企业自主创新创造更多的机会。第七，重视对引进项目的消化吸收，提高清洁能源国际合作的质量。

第十五章　争论中的城市外交与东南亚国家的经验

查　雯*

20 世纪 90 年代城市及地方政府的外交活动就引起了学界注意。然而，围绕“城市外交”这一概念仍存在诸多争议，其内涵有待进一步明确。本文旨在厘清城市外交理论发展的脉络，明确城市外交的内涵，并在这一基础上，对当前东南亚城市外交的发展现状进行深入分析。东南亚地区是 21 世纪海上丝绸之路的第一站，而沿线城市自古以来就是海上丝路的重要节点。深刻理解东南亚城市和地方政府参与外交活动的利益诉求，大力开展与丝路沿线城市的城市外交，将对中国实施 21 世纪海上丝绸之路大战略形成有益补充。

2013 年 10 月 3 日，中国国家主席习近平在印度尼西亚国会发表题为《携手建设中国—东盟命运共同体》的重要演讲，全面阐述了中国对东盟的睦邻友好政策，同时指出中国愿同东盟国家加强海

* 查雯，外交学院国际关系研究所讲师、博士。该项目由北京社科基金研究基地项目（14JDKDB002）资助。本文原载于《北京社会科学》2015 年第 9 期，第 114—122 页。

上合作，共同建设21世纪“海上丝绸之路”。海上丝绸之路发展繁盛于公元8—15世纪，东南亚国家地处海上丝绸之路的咽喉要道，在为海上丝绸之路的开辟和繁荣做出重要贡献的同时，海上丝路也对东南亚地区的政治、经济、文化以及社会发展产生过巨大影响，东南亚沿海的通商国家基本上都是伴随着东西方海上贸易的发展而登上历史舞台的。[①] 在今天的东南亚，包括泰国的曼谷、菲律宾的马尼拉、越南的岘港、马来西亚的马六甲、印度尼西亚的巨港在内的很多城市，历史上都曾是海上丝绸之路的重要节点，也曾是中国与东南亚古国间外交活动的积极参与者。

不仅是东南亚，在整个世界范围内，城市之间的外交活动都有着悠久的历史。有学者将城市外交的起源追溯到古希腊时期的城邦外交，认为在威斯特伐利亚体系兴起之后，主权国家才逐渐取代了城市，占据了外交舞台上的主导地位。[②] 即便是在主权国家主导的国际体系下，城市和地方政府的外交活动也并没有完全停止。随着全球化进程的推进，世界外交舞台上的行为体也日趋多元化，超国家组织、非政府组织的出现与活跃证明外交活动并非主权国家（即一国中央政府）的专属权利。在这样的大背景下，城市与地方政府在外交中扮演的角色也吸引了学界的关注，“城市外交”的概念应运而生。

① 马勇：《东南亚与海上丝绸之路》，《云南社会科学》2001年第6期，第79—83页。

② Rogier van der Pluijm and Jan Melissen, *City Diplomacy: The Expanding Role of Cities in International Politics* (The Hague: Netherlands Institute of International Relations, 2007), p. 15.

一、争论中的“城市外交”

（一）理论发展

早在“城市外交”这一概念被明确提出之前，地方政府和城市的外交活动就引起了理论界的广泛关注。詹姆斯·罗西瑙（James Rosenau）于1990年提出了“两枝世界”（two worlds of world politics）理论。他认为世界政治已经发生了根本变化，两枝世界的其中一枝是仍然由主权国家主导的世界（state-centric world），另一枝则是由不受主权约束的行为体（sovereignty-free actor）主导的多中心世界（multi-centric world），两个世界将长期共存。罗西瑙认为，次国家政府（subnational government）是多中心世界中的一类行为体。①

罗西瑙将研究重点放在“两枝世界”的特点及产生的原因上。同一时期的另一些学者则对地方政府参与对外事务进行了更有针对性的研究，深入剖析了地方政府影响一国对外事务的机制。与罗西瑙的“两枝世界”理论相呼应的是由伊夫·杜恰切克（Ivo Duchacek）提出的“平行外交”（para diplomacy）理论。杜恰切克认为地方政府既可以通过影响本国中央政府的政策制定而影响对外

---

① James Rosenau, *Turbulence in World Politics: A Theory of Change and Continuity* (Princeton: Princeton University Press, 1990), pp. 43-96.

关系，也可以脱离中央政府这个媒介，直接在国际舞台上采取行动，以促进地方利益的实现。比如，一些地方政府在其他国家的首都或经济中心建立常驻机构，以促进本地的贸易与投资。①

布莱恩·霍金（Brian Hocking）则明确反对罗西瑙的“两枝世界”理论，认为不应将中央政府代表的主权国家与非中央政府置于割裂的两个世界中。霍金提出了“多层外交”（multilayered diplomacy）理论，认为在外交政策制定过程中，地方政府不仅与本国的中央政府和其他地方政府发生互动，还与其他国家的地方政府与中央政府互动，它们既是为地方利益开展游说活动的行为主体，也可能成为本国中央政府和外国各级政府游说的目标。霍金还指出，地方政府的合作与支持对一国外交政策的形成尤其是后期执行有着至关重要的作用。霍金强调，外交不是由特定行为体把持的、孤立的进程，而是不同行为体互动构成的网络，参与其中的博弈者不断发生变化，互动的方式则取决于议题、博弈者的利益，以及博弈者在不同层级政治环境中运作的能力。②

荷兰国际关系研究所的罗吉尔·范·德·普拉伊吉姆（Rogier van der Pluijm）与简·梅利森（Jan Melissen）在2007年发表的一篇论文中，明确提出了“城市外交”的概念。普拉伊吉姆与梅利森支持霍金的“多层外交”理论，而反对罗西瑙的“平行外交”理论，认为当代外交是由互动关系构成的网络，城市是网络中的一类

---

① Ivo D. Duchacek, “Perforated Sovereignties: Towards a Typology of New Actors in International Relations,” in Hans J. Michelmann and Panayotis Soldatos eds., *Federalism and International Relations: The Role of Subnational Units* (Oxford: Clarendon Press, 1990), pp. 1-31.

② Brian Hocking, *Localizing Foreign Policy: Non-Central Governments and Multilayered Diplomacy* (New York: St. Martin's Press, 1993), p. 33.

行为体，国家和城市并非处于平行的、没有交叉的不同轨道上，而更像是沿同一轨道行驶的不同车辆。① 此后，“城市外交”这一表述逐渐取代“次国家政府外交”（subnational diplomacy）、“非中央政府外交”（non-central government diplomacy）等提法，被越来越多的学者及机构所采用。②

（二）争议与概念的明确

尽管城市和地方政府在对外事务中发挥的作用得到了学界的重视，但针对城市外交的研究仍属于起步阶段，学界对于如何定义“城市外交”仍存在广泛的争议，主要体现在以下两个方面：①究竟哪些活动属于城市外交的范畴？城市外交的内涵有哪些？具体而言，城市外交是否仅局限于经济合作、文化交流等低阶政治（low politics）领域？是否包括政治、安全合作等高阶政治（high politics）议题？②城市外交与一国中央政府的外交活动有着怎样的关系？具体而言，城市的外交活动是否必然与中央政府的外交政策相吻合？回答以上问题，对于任何从事城市外交经验研究的学者而言，都具有明确研究方向的重要意义。

城市外交究竟涵盖哪些方面的外交活动？就这一问题而言，城市外交的定义有狭义与广义之分。狭义的定义认为，城市外交的内涵局限于和平构建与冲突解决方面。世界城市和地方政府联合组织

---

① Rogier van der Pluijm and Jan Melissen, *City Diplomacy: The Expanding Role of Cities in International Politics* (The Hague: Netherlands Institute of International Relations, 2007), p. 9.

② 赵可金，陈维：《城市外交：探寻全球都市的外交角色》，《外交评论》2013 年第 6 期，第 65—81 页。

(United Cities and Local Governments，UCLG）于2005年成立了“城市外交，和平构建与人权委员会”。该委员会为城市外交做出了如下定义：“城市外交是地方政府及其联盟通过确实和实际的城市与城市合作，帮助冲突及战争中的地方政府的工具，其目的在于创造稳定的环境，使市民可以在和平、民主和繁荣中生活。”[①]

与此不同，广义的定义则认为，冲突解决并非城市外交的全部内涵。普拉伊吉姆与梅利森就将城市外交定义为“城市在国际政治舞台上以代表城市或其利益为目的，与其他行为体发展关系的制度和过程”。他们进一步指出，城市外交的内涵有以下六个层面：①安全，即冲突解决、冲突预防、调解及和平构建。较主权国家而言，城市的政治立场更为中立，因此可以在冲突地区和平构建的过程中发挥更多作用。②发展，指由一国城市为其他国家的城市提供发展援助。③经济，指城市通过外交活动扩大经济利益，为城市吸引外资、游客、国际组织、国际会议，并扩大城市的商品、服务及知识的对外输出。④文化，指城市通过外交活动向其他国家公民推广城市文化及意识形态等。⑤网络，指城市通过外交互动形成地区、洲际及全球范围内的组织，并成为组织成员。⑥代表，指城市通过外交活动，在国际政治舞台上代表自身利益，影响超国家层面的决策制定。[②]

狭义的城市外交定义在西方（尤其是欧洲）有一定的市场。欧

---

① A Working Conference of United Cities and Local Governments，http：//www. cities-localgovernments. org/uclg/upload/newTempDoc/EN_251_city_diplomacy_circular_4_eng. pdf，2006-10-07.

② Rogier van der Pluijm and Jan Melissen，*City Diplomacy*：*The Expanding Role of Cities in International Politics*（The Hague：Netherlands Institute of International Relations，2007），pp. 11-32.

洲理事会的地方与地区政权代表大会就采纳了城市外交的狭义定义，认为城市外交是指“冲突地区的某一市政当局获得冲突外地区一个或多个市政当局支持的活动”。[①] 应该说，这一概念的采用与欧洲的社会、经济与政治现实密不可分。二战结束后，欧洲一体化进程迅速推进，国家逐渐向超国家行为体让渡主权，地方政府也享有较高程度的自治权利。同时，欧洲国家经济发展水平较高，城市外交在欧洲又起步较早。在这样的背景下，城市外交由以促进社会福利为主旨的低阶政治，向以促进国家安全与国际和平为主旨的高阶政治发展，实属必然。在实践中，一些欧洲国家城市也从自身利益出发，积极参与其他国家城市的冲突解决。[②] 应该说，对于欧洲城市外交的相关机构及学者而言，采用狭义的定义有利于确保其工作和研究有所侧重。

然而，城市外交的狭义定义却与东南亚的现实相距甚远。这并不是因为东南亚地区没有冲突，恰恰相反，东南亚很多国家都面临着民族分裂主义运动和宗教极端主义的挑战，在缅甸、菲律宾、泰国等国家，少数民族武装叛乱长期得不到平息。东南亚国家的脆弱性决定了各国中央政府具有较强烈的维护国家主权、避免外部干预的意识。长久以来，“互不干涉内政”是东南亚国家一贯奉行的外交准则，这一原则在很大程度上限制了包括东南亚国家联盟（ASEAN）在内的区域一体化机制的深入发展，区域组织很少在成

---

① O. Van Veldhuizen：City Diplomacy Explanatory Memorandum，https：//wcd. coe. int/ViewDoc. jsp？id=1255427，2008-02-25.

② 关于城市在冲突解决中的作用，参见 Martijn Klem，“Local Governments Building Peace in Eastern Croatia”，in Arne Musch，etal.（eds.），*City Diplomacy：The Role of Local Governments in Conflict Prevention，Peace-Building Post-Conflict Reconstruction*（The Hague：VNG International，2008），pp. 11-32.

员国内部的冲突解决中发挥关键作用。在这样的背景下，试图发展由其他国家城市主导的冲突解决机制，显然是不切实际的。相反，城市外交的广义定义则更为贴近东南亚地区的现实，有助于我们理解东南亚国家的城市外交活动。应该说，当下东南亚国家城市的外交活动主要集中在“发展”“经济”“文化”和“网络”这四个层面上。东盟国家所奉行的“互不干涉内政”原则，以及东盟长期以来形成的“由上至下”的、由国家政治精英主导的决策制定过程，①共同决定了东南亚城市外交在“安全”与“代表”这两个层面上的发展十分有限。

在围绕城市外交内涵展开的辩论之外，另一个广泛存在的分歧是，一国中央政府的外交活动与城市外交之间有着怎样的关系？在这一问题上，一些西方学者认为，城市外交的出现打破了中央政府对外交的垄断，前者对于后者形成了一定的竞争。比如，普拉伊吉姆与梅利森就采用了“竞争性合作”来形容二者之间的联系。② 与此形成鲜明对比的是，中国学者多强调城市外交的从属性。比如，龚铁鹰认为，城市外交的作用首先在于配合国家的总体外交。③ 赵可金和陈维则为城市外交做出如下定义：“城市外交是在中央政府的授权和指导下，某一具有合法身份和代表能力的城市当局及其附

① Katherine Marie G. Hernandez, Bridging Official and the Peoples of ASEAN: The Role of the ASEAN People's Assembly, http://www.umich.edu/~iinet/media2/cseas/50thAnniversary/papers/Panel4_Hernandez.pdf, 2010-10-22.

② Rogier van der Pluijm and Jan Melissen, *City Diplomacy: The Expanding Role of Cities in International Politics* (The Hague: Netherlands Institute of International Relations, 2007), p13.

③ Katherine Marie G. Hernandez, Bridging Official and the Peoples of ASEAN: The Role of the ASEAN People's Assembly, http://www.umich.edu/~iinet/media2/cseas/50thAnniversary/papers/Panel4_Hernandez.pdf, 2010-10-22.

属机构，为执行一国对外政策和谋求城市安全、繁荣和价值等利益，与其他国家的官方和非官方机构围绕非主权事务所开展的制度化的沟通活动。”①

本文认为，城市的外交活动是否符合中央政府的外交方针，以及是否获得中央政府的授权，这是经验研究中的问题，而非定义的依据。已有的经验研究已经证明，在对外交往的自主性方面，不同国家的城市存在较大差异。有学者就指出，联邦制下的地方政府比单一制下的地方政府自主性更大，边远省份地方政府的外交政策更有可能与中央政府的立场相左。② 因此，研究者不应根据“城市的外交活动是否符合中央政府的政策”来鉴别前者是否属于城市外交的范畴。研究者固然可以对“如何规范地方政府的外交活动”“如何避免外交政策的一致性随着行为体的多元化而下降”这样的“应然”问题做出思考。但回答以下的“实然”问题显得更为重要。比如，哪些国家的城市和地方政府更有意愿从事外交活动？什么因素驱动城市开展外交活动？城市有哪些利益诉求？下文将从东南亚国家的经验出发，进一步指出，不同东南亚国家的城市外交发展水平存在明显差异，深入理解这种差异性，准确把握东南亚城市和地方政府参与外交活动的利益诉求，将为中国城市和地方政府在这一地区开展外交活动提供有益的指导。

---

① 赵可金、陈维：《城市外交：探寻全球都市的外交角色》，《外交评论》2013 年第 6 期，第 65—81 页。

② Brian Hocking, *Localizing Foreign Policy: Non - Central Governments and Multilayered Diplomacy* (New York: St. Martin's Press, 1993), pp. 47-57.

二、东南亚城市外交的发展现状

（一）东南亚的双边城市外交

本文依据两个指标衡量东南亚各国城市外交发展的现状，一个是东南亚城市缔结“友好城市”关系的数量，另一个是城市参与跨国城市网络的情况。第一次世界大战后，英国约克郡的凯里市和法国普瓦市缔结了世界上第一对“友好城市”关系。此后，世界各地的城市纷纷选择以这种形式促进城市之间的经济、社会、文化交流。[①] 据不完全统计，目前至少已有 165 个国家的 12596 座城市或地方政府结成了 16487 对“友好城市”关系。[②]

在东南亚，缔结友好城市关系也是各国城市和地方政府广泛采取的城市外交手段。对于本国地方政府与他国地方政府缔结友好城市关系的情况，东南亚各国尚缺乏系统的统计。笔者根据“世界姐妹城市”网站及维基百科提供的资料，对相关情况进行了汇总（见表 1）。尽管是不完全统计，表 1 中的数据在一定程度上反映出一个趋势：东盟九国（新加坡因其城市国家的特性被排除在外）的城市外交发展水平差距极大。九国大体形成三个梯队：处于第一梯队的

① 赵可金、陈维：《城市外交：探寻全球都市的外交角色》，《外交评论》2013 年第 6 期，第 65—81 页。

② 龚铁鹰：《国际关系视野中的城市——地位、功能及政治走向》，《世界经济与政治》2004 年第 8 期，第 38—43 页。

有印度尼西亚和菲律宾两个国家；处于第二梯队的国家有马来西亚、泰国、越南、柬埔寨，前两国的城市外交发展水平又明显优于后两国；处于第三梯队的是缅甸、老挝、文莱。

表 1　东南亚九国地方政府缔结“友好城市”情况统计（不完全）

国家	与他国缔结“友好城市”关系的地方政府（个）	“友好城市”关系总计（对）
印度尼西亚	52	303
菲律宾	93	257
马来西亚	15	87
泰国	8	41
越南	7	38
柬埔寨	3	19
缅甸	3	7
老挝	2	4
文莱①	1	1

注：根据“世界姐妹城市”网站（http：//en. sistercity. info）及维基百科（http：//en. wikipedia. org）提供的数据整理。

根据中国相关部门的权威数据，表 2 对九个东南亚国家地方政府与中国地方政府缔结友好城市的情况进行了总结。这一数据再次印证了东南亚国家城市外交发展参差不齐的状况，其中，文莱、老挝、缅甸三国的城市外交仍有待开展。结合表 1 中的数据，可以看出这样一个趋势，即中国地方政府与东盟国家中的大陆国家（如泰国、越南、老挝、柬埔寨）的地方政府联系较为密切，而与海岛国家（如菲律宾、印度尼西亚、马来西亚）的联系则比较有限。以印

① Sister Cities of the World，http：//en. sistercity. info/，2014-07-24. 根据这两个网站的资料，文莱只有斯里巴加湾市与印尼的雅加达缔结了友好城市关系。

度尼西亚为例，该国的至少52个地方政府在世界范围内缔结了303对友好城市关系，在九国中排名第一，然而，其与中国缔结的友好城市关系仅有18对。越南、缅甸、老挝等国城市外交发展的整体水平虽不算太高，但其与中国地方政府的联系却是十分密切。

表2　东南亚九国地方政府与中国缔结“友好城市”情况统计

国家	与中国缔结友好城市的省、州（个）	与中国缔结友好城市的城市（个）	总计（对）
越南	5	26	31
泰国	18	12	30
菲律宾	9	18	27
印度尼西亚	7	11	18
柬埔寨	8	5	13
马来西亚	4	6	10
老挝	5	4	9
缅甸	1	6	7
文莱①	0	1	1

注：根据中国国际友好城市联合会（http：//www. cifca. org. cn）提供的数据统计。

（二）东南亚的多边城市外交

纵观城市外交的发展史，不难发现这样一个特征，即城市外交经历了从双边到网络化的转型。在各国城市“一对一”联系不断加

① 根据中国国际友好城市联合会提供的数据，文莱的斯里巴加湾市于2011年11月21日与中国的南京市缔结为友好城市。

强的同时，城市外交的多边平台——跨国城市网络，也如雨后春笋般发展起来。跨国城市网络是在自愿的基础上形成的、由不同国家城市结成的组织，具有促进城市间信息交换、政策协调和集体行动等主要功能。城市网络组织的经费部分来自主办城市、国际组织、基金会的资助，部分来自成员城市交纳的会费。①

最早出现的跨国城市网络是 1913 年于荷兰成立的地方政府国际联盟（The International Union of Local Authorities，IULA）和 1914 年在美国成立的国际城市\郡县管理协会（The International City\County Management Association，ICMA）。第二次世界大战结束后，一批旨在促进世界和平、国家间相互谅解的跨国城市网络得以建立，其中包括 1946 年成立的双城组织（Town-Twinning），1951 年成立的欧洲市政和地区理事会（The Council of European Municipalities and Regions，CEMR），1956 年成立的国际姐妹城市（Sister Cities International，SCI），以及 1957 年成立的联合城镇组织（United Town Organization，UTO）等。此后，跨国城市网络的发展进入停滞期，1957—1982 年期间，仅出现了一个具有影响力的城市网络组织。进入 20 世纪 80 年代后，城市网络组织的数量大幅增加，从 1982 年的 8 个增加到了 2004 年的 49 个。②

1992 年，城市外交迎来了里程碑式的发展，在巴西里约热内卢召开的联合国环境与发展大会上，与会各国领导人通过了旨在促进全球可持续发展的重要文件——《21 世纪议程》。《21 世纪议程》

① Stefan Niederhafner, "Comparing Functions of Transnational City Networks in Europe and Asia," *Asia Europe Journal*, 2013 (11).

② 关于跨国城市网络的发展，参见 Marco Keiner and Arley Kim, "Transnational City Networks for Sustainability," *European Planning Studies*, 2007 (10).

明确强调城市和地方政府在实现可持续发展中的作用，议程的多项条款（如 6. 34. d 和 7. 20. d）均建议各国城市建立、参加跨国城市网络，并通过网络组织交流经验、获得国内及国际层面的技术与资金支持。[①] 该议程也成为各国城市开展外交活动的主要推动力之一，并为跨国城市网络的发展带来了一个新高潮。[②] 此后建立的众多城市网络组织中，2004 年成立的世界城市和地方政府联合组织（The World Organisation of United Cities and Local Governments，UCLG）是其中最具影响力的一个，目前，已有 136 个国家的城市加入了 UCLG。值得注意的是，尽管各国和各地区对可持续发展的理解不同、侧重不同，但促进可持续发展几乎成为所有跨国城市网络最主要的议题之一。

跨国城市网络的优势存在于以下三个方面。第一，它拓宽了城市与城市之间的交往面。联合国人居署 2001 年的数据显示，全世界 70%的城市都展开了与其他国家城市的国际合作，而其中 68%的联系是通过城市网络组织建立的。[③] 第二，跨国城市网络赋予了城市采取集体行动、影响中央政府和国际组织政策制定的能力。第三，跨国网络组织实现了参与主体的多元化。网络组织的成员不仅包括地方政府，还包括中央政府、基金会、非政府组织、培训机构、企业等，这为城市与不同组织进行对接、整合资源创造了可能，使城市可以以更高的效率在国际舞台上谋求自身利益。

---

① UN. Agenda21：file：///D：/% E4% B8% 93% E9% A2% 98/city% 20diplomacy/city% 20to%20city%20networks/Agenda21. pdf，1992-06-14.

② Stefan Niederhafner，"Comparing Functions of Transnational City Networks in Europe and Asia，" *Asia Europe Journal*，2013（11）.

③ 联合国人居署：《全球化世界中的城市：全球人类住区报告 2001》，北京：中国建筑工业出版社 2004 年版，第 11 页。

东南亚国家的城市外交发展也大体反映了这样一个从双边到网络化的趋势，城市网络组织为城市外交的发展搭建起了一个日益重要的平台。目前覆盖该地区的主要城市网络组织包括：1987 年成立的亚太城市间合作网络（CITYNET），2000 年成立的 21 世纪亚洲主要都市网（Asian Network of Major Cities21，ANMC21），2000 年成立的北九州清洁环境倡议（Kitakyushu Initiative for a Clean Environment，KI），[①] 2001 年成立的亚洲清洁空气倡议伙伴（Clean Air Initiative—Asia Partnership，CAI-ASIA），以及世界城市和地方政府联合组织亚太分支（United Cities and Local Governments Asia Pacific，UCLGASPAC）。

表 3 对东南亚九国参加这些城市网络组织的情况进行了统计。不难看出，以印尼和菲律宾为代表的缔结友好城市关系较多的国家，在参与城市网络组织方面也表现得较为积极。其中，两个网络组织——亚洲清洁空气倡议伙伴（CAI-ASIA）和世界城市和地方政府联合组织亚太分支（UCLGASPAC）还将总部分别设在了菲律宾的帕西市和印度尼西亚的雅加达，很多国家的地方政府联盟还以集体身份加入了跨国城市网络。

表 3　东南亚九国及中日韩参加区域内城市网络组织情况统计

组织名称	CITY-NET	ANM-C21	KI	CAI-ASIA	UCLGASPAC
组织总部	首尔	东京	北九州市	帕西市	雅加达
印度尼西亚	19	1	8	4	13（其中 5 个为国内地区政府联盟）

① 北九州清洁环境倡议已于 2012 年停止运作。

续表

组织名称	CITY-NET	ANM-C21	KI	CAI-ASIA	UCLGASPAC
菲律宾	10	1	4	7	4（其中2个为国内地方政府联盟）
越南	6	1	1	4	2（其中1个为国内地方政府联盟）
泰国	1	1	3	2	2（其中1个为国内地方政府联盟）
马来西亚	4	1	1	0	2
柬埔寨	1	0	1	1	1（为国内地区政府联盟）
缅甸	1	1	1	0	0
老挝	0	0	0	0	0
文莱	0	0	0	0	0

注：根据各组织网站信息统计。

三、合作议题与东南亚城市的利益诉求

什么是驱动东南亚城市参与外交活动的主要因素？对东南亚城市网络组织的合作议题进行梳理，有助于我们了解东南亚城市和地方政府的利益诉求。表4将城市网络组织的合作议题分为三类，分别为经济目标、环境目标、社会目标。从中可以看出，“可持续发展”“气候变化”是东南亚城市和地方政府最为关注的议题，五个城市网络组织都有涉及。此外，“空气污染治理”“垃圾处理”“自然灾害管控”也是重要的合作内容。在五个组织中，亚洲主要都市

网（ANMC21）的合作议题最为广泛，对不同的经济、环境、社会议题均有涉及。

表 4　东南亚主要城市网络组织合作议题

组织名称	经济目标			环境目标			社会目标				
	投资促进	基础设施建设	可持续发展	气候变化	空气污染治理	垃圾处理	危机管理①	自然灾害管控	文化交流	社会群体权益	地方自治
CITYNET		√	√	√		√		√			
ANMC21	√	√	√	√	√	√	√	√	√	√	
KI			√	√	√	√					
CAI-ASIA			√	√	√						
UCLGASPAC			√	√		√		√	√	√	√

注：根据各组织网站信息统计。

气候变化及自然灾害管控之所以成为东南亚城市网络组织的主要议题，与东南亚各国发展中面临的问题密不可分。东南亚是世界上自然灾害最为严重的地区之一，地震和气候变化引发的海啸、洪水、台风等自然灾害挑战着东南亚城市的安全。2004 年的东南亚海啸、2013 年的台风“海燕”给东南亚城市造成了巨大的损失。以曼谷为例，洪涝灾害是威胁曼谷城市安全的首要因素。曼谷地势低洼，平均海拔仅 2 米左右。有研究显示，由于摩天大楼的不断兴建以及对地下水的过度抽取，曼谷正在以每年 1—1.5 厘米的速度下沉。世界银行的报告认为，2050 年曼谷遭遇洪灾的可能性将增加 4 倍。[2] 泰国气象学家甚至警告说，如果不采取任何措施，曼谷将在

① 指不包括自然灾害在内的其他危机，如恐怖主义袭击、疾病传播、重大事故等。

② “Floods Show What Lies Ahead for Sinking Bangkok,” *Discovery News*, 2011-11-7.

2030 年沉没。[1] 2011 年泰国发生的特大洪灾就曾严重破坏了曼谷及其周边五省的工业基地，重创了泰国制造业。据世界银行估计，洪水造成的损失高达 450 亿美元。[2]

面对严重的自然灾害，东南亚城市和地方政府通过积极开展与其他城市及国际组织的合作，为城市的安全问题寻求解决之道。在双边交往方面，早在 1998 年，曼谷就通过与日本横滨市的合作引进了洪水控制系统。[3] 2013 年 9 月，泰国政府与日本政府就洪水早期预警系统达成一项协议，根据该协议，泰国将把其国家灾难预警系统与日本的灾害预警系统进行对接。此外，日本国际协力机构（JICA）还主持开发了湄南河预警系统，向公众发布湄南河水位的数据。[4] 在多边外交活动方面，曼谷参加了亚太城市间合作网络（CITYNET）的"气候变化"问题小组和"灾难应对"问题小组。2013 年，洛克菲勒基金会宣布出资 1 亿美元，帮助全球 100 座城市打造"恢复力"，曼谷成为首批入选的 33 座城市之一。根据该计划，曼谷将同时成为"100 座最具恢复力城市网络"（100 Resilient Cities Network）的成员，在网络组织支持下，获取应对自然灾害和灾后重建方面的新知，并获得融资方面的支持。[5]

---

① "Bangkok at Risk of Sinking into the Sea," *Guardian Weekly*, 2011-09-13.

② World Bank, The World Bank Supports Thailand's Post-Floods Recovery Effort, http://www.worldbank.org/en/news/feature/2011/12/13/world-bank-supports-thailands-post-floods-recovery-effort, 2011-12-13.

③ Paul N. Bongers and Douglas McCallum, City-to-City Cooperation: Issues Arising From Experience, European Urban, http://www.eukn.org/E_library/Urban_Policy/City_to_City_Cooperation_Issues_Arising_from_Experience, 2014-07-25.

④ "Japanese Investors Urge Renewal of Thai Flood Prevention Projects," *Ooska News*, 2014-05-28.

⑤ "Bangkok Finds a Place in '100 Resilient Cities'," *The Nation*, 2013-08-12.

除了自然灾害，城镇化进程、乡村人口的大量涌入，也对东南亚城市提出了挑战，很多城市已不堪重负，面临大范围停电、交通堵塞等严峻问题。以菲律宾的大马尼拉市首都区为例，据菲律宾政府估计，大马尼拉的交通拥堵每年给菲律宾造成的经济损失高达30亿美元。① 2013年，在菲律宾政府的邀请下，日本国际协力机构在大马尼拉开展了为期10个月的调查，并为大马尼拉改善交通和其他基础设施制定了长远规划。该计划涉及的投资高达570亿美元，其中包括市区公路、铁路、地铁、机场、港口的兴建，公交车的升级，以及交通管理水平的提升。计划将于2030年完成，并将有效降低贫困人口的出行成本，缓解交通拥堵，同时减少灾害地区的住户和空气污染。②

要解决发展中遇到的问题，城市不仅需要掌握相关技术，更需要对其基础设施进行根本改造。比如，为应对洪涝灾害，很多城市都需要对其排水、泄洪系统进行完善。然而，在本文调查的五个城市网络组织中，仅有两个组织提出了“基础设施建设”的议题。这方面国际合作的缺乏主要是出于资金的紧缺：一方面，在南—南城市合作中，合作双方均受物质条件的约束，无法为对方城市的发展提供资金支持；另一方面，在南—北城市合作中，欧美等发达国家受到金融危机的影响，可提供的资金有限，提供的支持往往是一些城市管理的先进经验和技术。这两方面因素共同造成了这样一个局面，即现有的跨国城市网络主要促进了知识和技术的流通，而非直

① Chi Liquicia, “Manila Traffic: The Agony, without the Ecstasy,” *Latitude News*, 2014-08-14.

② Jerry E. Esplanada, “Japan Present ＄57-B ‘DreamPlan’ to Solve Metro Congestion,” *Filipino Express*, 2014-04-27.

接投资的增加以及援助的输出，这一点是现有城市网络外交的空白。2005年，亚太城市间合作网络（CITYNET）在20个亚洲国家的70个地方政府间开展了一项调查。调查结果显示，受访城市普遍认为，现有的城市网络组织在环境、教育、健康以及社会文化等议题方面起到了有益作用，而在城市住房、促进就业、基础设施建设、城市财政等议题方面作用有限。①

四、对中国的启发

对于中国来说，在东南亚开展城市外交具有重大意义。就国家整体利益而言，大力发展与丝路沿线城市的城市外交，将对中国实施21世纪海上丝绸之路大战略形成有益补充，真正形成所谓的"多层外交"。值得注意的是，东南亚很多国家经济发展不均衡的特点十分明显，城市与城市之间的经济发展水平差距大，城乡差距更大，一些城市在国家经济中所占比重极大。以菲律宾为例，根据2013年的数据，大马尼拉国家首都区的总产值占菲GDP的比例高达36.3%。② 从这个意义上讲，在东南亚开展跨国城市合作将对21世纪海上丝绸之路的建设起到事半功倍的效果。

更重要的是，在东南亚开展城市外交，可以有效缓解周边国家对"中国威胁"的担忧。近年来，随着中国经济的快速发展和国力

① Bernadia Irawati Tjandradewi and Peter J. Marcotullio, "City - to - City Networks: Asian Perspectives on Key Elements and Areas for Success," *Habitat International*, 2009 (33).

② Philippine Statistics Authority, 2013 Gross Regional Domestic Product, http://www.nscb.gov.ph/grdp/2013/reglHighlights.asp, 2014-07-31.

的迅速提升，中国与东南亚国家间的力量结构急剧变化。此外，美国自 2010 年以来开始推行“亚太再平衡”战略，在美国军事援助加大的背景下，越南、菲律宾等国同中国在南海主权问题上的矛盾进一步激化。中国自身实力的提高和区域外大国的干预共同决定了中国周边外交工作的难度有所增加。尽管中国建设 21 世纪海上丝绸之路的大战略旨在促进经贸、投资方面的合作共赢，但一些东南亚国家的政策制定者仍对中国有所疑虑，担心在经济上对中国的过度依赖将使其在领土主权等政治安全议题上处于劣势，这样的担忧在一定程度上阻碍了中国“海丝”大战略的开展。而相较主权国家的外交活动而言，以城市为行为主体的外交活动政治意味较弱，经济、文化意味较强，有助于进一步增进中国与东南亚国家间的相互了解。

就地方利益而言，在东南亚开展城市外交，有利于中国城市和地方政府寻求经验和技术，解决自身发展面临的问题。可以说，东南亚城市在发展中遇到的空气污染、交通拥堵、垃圾处理等问题，也是中国城市亟待解决的问题。当下，东南亚城市已经通过与国际组织建立联系、与发达国家城市和政府开展合作，以及加入跨国城市网络等方式，引进了大量城市管理的先进经验。积极开展城市外交，参加区域内的跨国城市网络，将成为中国城市和地方政府引进国外先进技术的重要渠道。

此外，对中国城市和地方政府而言，在东南亚开展城市外交，还将带来宝贵的投资机会。东南亚城市在推进城市可持续发展的过程中，面临着城市基础设施升级的问题，这也涉及大量的资金投入。然而，目前区域内的城市网络组织可以提供的支持往往仅局限在技术、信息方面，融资方面的支持则略显不足。中国的优势在于，中国是一个充满活力的经济体，具有一定资本优势。2014 年 10 月，中国发起成立了亚洲基础设施投资银行。同年 12 月，丝路基金正式开始运行。这些举措都将加大中国的跨境基础设施投资能力，我们也有理由相信，在交通大干线的建设之外，东南亚城市的市政改造也可以成为中国海外投资的一个新方向。中国各级地方政府可以在引领海外投资的过程中起到牵头作用，以私人领域的投资促进城市外交的开展。同时，在参与东南亚城市建设的过程中，中国城市也可以积累城市发展经验，这可谓是城市外交中的双赢。

第十六章　外国驻华外交官的特殊法律规制研究

张春燕*

一、外交官及外交特权的法理分析

（一）外交官的范围

“外交官”通常指的是一国派驻国外外交机关办理本国外交事务的官员，由于这些外交人员都具有外交官的职衔，因此人们通常称其为“外交官”。值得注意的是，“外交官”这个用语在国际上并

* 张春燕，外交学院国际法系讲师。本文原载于《外交学院2014年科学周论文集》。本文受北京市哲学社会科学规划重点项目《北京建设中国特色世界城市中的外国人管理机制研究》（项目编号：12FXA001）的资助。

不通用，钱其琛外长 1986 年 6 月 16 日在第六届全国人民代表大会常务委员会第十六次会议上对《中华人民共和国外交特权与豁免条例（草案）》进行说明时曾指出，草案采用了 1964 年《维也纳外交关系公约》（以下简称《维也纳公约》）文本中的用语，摒弃了“外交官”等过去国内常使用的一些用语，因为这些用语在国际上并不通用，外国人不能准确理解其含义；同时，草案也将《维也纳公约》中的一些与我国国内的习惯用法不一致用语，如“使馆职员”“外交职员”等修改为“使馆工作人员”“外交人员”，以免在实践中产生误解。[①] 随后在 1986 年 9 月 5 日正式出台的《中华人民共和国外交特权与豁免条例》（以下简称《外交条例》）中，草案中的“外交人员”又被“外交代表”一词所替代，用于指代“使馆馆长”或者“使馆外交人员”。[②]

为了与有关国际公约和国际习惯做法接轨，我国《外交条例》对于外交官范围的界定同样借鉴了《维也纳公约》的相关内容，即上述的“使馆馆长”包括使馆馆长以及派遣国委派担任此项职位的大使、公使、代办以及其他同等级别的人员；“使馆外交人员”则包括参赞、武官、秘书、各种专员以及随员等具有外交官级位的使馆职员。[③]

---

① 详见《关于《中华人民共和国外交特权与豁免条例（草案）》的说明》第三条，1986-06-16。

② 详见《中华人民共和国外交特权与豁免条例》（中华人民共和国主席令六届第 44 号）第二十八条。值得注意的是，我国在加入《维也纳外交关系公约》时，对教廷使节的相关规定作了相应的保留，根据公约的第一条及第十四条，外交代表指的是使馆馆长或使馆外交职员。其中，外交职员则包括各类参赞、武官、秘书、各种专员以及随员等具有外交官级位的使馆职员。而使馆馆长是一国派驻国外大使馆并负责领导大使馆工作的人员，共分为三个等级，分别是：向国家元首派遣的大使、教廷大使以及其他同等级位的使馆馆长；向国家元首派遣的使节、公使和教廷公使；以及向外交部长派遣的代办。

③ 王虎华：《论外交官的刑事管辖豁免及其国际法处治》，《法学》2010 年第 9 期。

正因为如此，有学者指出，外交官并不包括领事，领事官与外交官不能混同：领事的主要职责与外交官不同，即使派遣国与驻在国之间没有邦交，领事仍可被授命在驻在国的任何城市执行保护本国国民在当地权益的任务；为了确保领事有效地履行职务，领事也应当享有一定的特权，但总体而言，外交特权与豁免是高于领事特权与豁免的。[①]

(二) 外交特权的法理拟制

由于各国派遣外交官进行外交任务的主要目的是为了国与国之间的和平交往，这就直接决定了外交官必须享有一定的特权以保障其特殊身份和法律地位。外交特权是指一国派遣到他国的外交代表所享有的特殊权利和优遇的总称。[②] 外交官享有外交特权最早源于 12 世纪在欧洲大陆上出现常驻使节的需要，而后到 16 世纪由于国家间互派常驻使节成为一种普遍制度，外交特权也随之经历了从特殊到惯例的发展过程，目前已经发展成为公认的国际习惯法规则。[③] 侵犯“外交特权”就是违反国际法原则的行为，将受到国际舆论的谴责。如《维也纳公约》第二十九条规定，外交代表人身不受侵犯、不接受任何方式的逮捕或拘禁、接受国应采取一切适当的措施防止其人身、自由或尊严受到任何侵犯。同时还在序言中明确指出

① 丘日庆：《不可将领事官称为外交官——外交特权和领事特权的初步比较》，《政治与法律》1993 年第 5 期。

② 周忠海：《国际法》，北京：中国政法大学出版社 2008 年版，第 264—265 页。

③ 李鳕洋：《浅析现代外交特权与豁免制度面临的问题》，《中国青年政治学院学报》2011 年第 4 期。

有关特权的国际公约有助于发展各国之间的友好关系。

外交特权的理论是以法理上的拟制为基础的：首先，外交官的不可侵犯性来源于法理上虚拟外交使节是派遣国家元首的化身，因而神圣不可侵犯；其次，外交官享有“治外法权”源自法理上的另一个拟制，即驻在国对待他国所派遣来的外交官必须虚拟其并不在驻在国的领土之内。根据这些法理上的拟制，外交官的馆舍同样不受驻在国的侵犯，这是外交官的人身具有不可侵犯性的延续；另外，外交代表机关的工作人员被认为是大使或公使的侍从，因为也应当一定的特权与豁免。[①] 同理，大使馆实际上并不被认为是大使本人或为大使而设的机关，而是派遣国的国家机关；大使馆的工作人员，不能被认为大使的侍从，而是派遣国的国家工作人员。总而言之，外交代表机关及其工作人员所享有的外交特权，是为了使国与国之间的来往能有效地进行，不致受到某种不必要的阻碍。[②]

（三）外交特权的理论依据

随着国际交往的日益频繁，一些国家就外交特权签订了专门的协议，并逐渐以条约的形式确定下来。但是，尽管外交官在驻在国享有外交特权已经成为公认的国际习惯法规则，对这一问题理论基础的争议却从未停歇，除了目前在实践领域占据最重要地位的“职务需要说”之外，还有“治外法权说”以及“代表性说”等各种学说。

职务需要说最早可以追溯到 18 世纪早期，该学说认为外交特权

---

① 黄金祺：《〈维也纳外交关系公约〉的特点和意义》，《外交学院学报》2002 年第 2 期。

② 张汇文：《概述外交特权与豁免》，《社会科学》1979 年第 4 期。

的创设是为了满足外交官履行其外交职务的需要。职务需要说确立了外交官享有合理外交特权的理论基础，不仅是目前学术界的主流学说，被大多数国际法学者所认同，同时也常被一些国际文件所采纳。如《维也纳公约》的序言中规定："确认此等特权与豁免之目的不在于给予个人以利益而在于确保代表国家之使馆能有效执行职务。"闻名世界的国际法专家、"现代国际法之父"拉萨·奥本海在其著作《奥本海国际法》中也指出，必须给予外交代表的豁免与特权，不像主权的国家元首那样主要是以"平等者之间无统治权"的原则为根据，而是以外交代表为了完成任务不受接受国管辖、管制等的必要为依据。①

治外法权说则是对早期外国人的治外法权理论的一个引申。该学说认为，使馆所在地应被视为派遣国领土的延伸，因此外交官虽然身在驻在国，但在法律上被拟制为仍在派遣国，因此外交官不应当受驻在国法律的管辖。治外法权说最早出现于 16 世纪的欧洲，但随着国家间平等外交关系的形成，该学说往往被认为是对一国主权的侵犯，因此在实践中基本上已经被弃而不用了。我国大多数学者也认为治外法权说是与事实不符的拟制说，因此不能作为外交特权的理论依据。②

代表说曾经对早期国际法学理论的发展有着深远的影响，目前虽然没有职务需要说那样普及，但在国际法学界仍一定的作用及影响。③ 该学说认为，外交官是派遣国的化身，代表着一国的尊严，

---

① ［英］詹宁斯、瓦茨修订：《奥本海国际法（第一卷，第二分册）》（王铁崖等译），北京：中国大百科全书出版社 1998 年版，第 499 页。

② 梁淑英：《国际公法》，北京：中国政法大学出版社 1993 年版，第 278 页。

③ 周忠海：《国际法学述评》，北京：法律出版社 2001 年版，第 437 页。

其所享有的外交特权是国家主权“平等者间无管辖权”的国际法基本原则在实践中的体现，因而主权国家对另一国家的外交代表不得行使管辖权。

二、外交特权范围的法律界定

为了保证和便利外交官执行其正常职务，各国会根据相互尊重主权和平等互利等原则赋予外交官某些特殊权利和优惠待遇。因此，外交官所享有的“外交特权”主要包括“外交豁免权”和“外交优遇”两种类型，其内容和范围一般是由驻在国根据本国利益的要求和具体情况，并参照国际公认的习惯做法进行确定。国际法上则通常在使节法部分规定外交特权的相关内容，这部分内容是在国与国之间的交往中，由惯例逐渐形成，通过条约、公约等等而成为国际间遵守的规则。外交特权是国际法律体系中比较古老的重要组成部分，如外交官享有刑事管辖豁免权等规则，早在《维也纳公约》产生之前就已经被国际法实践所证实。[①] 而从《维也纳公约》诞生的背景来看，外交代表的地位和特权是国际社会最早关心的一个外交关系问题，从条文内容来看，公约共有二十一条，有关外交

① 国际法权威著作《奥本海国际法》列举了历史上外交官犯有严重罪行而免于接受国刑事管辖的早期案例。例如1571年，苏格兰派驻英国的大使罗斯参与了废黜英国女王的阴谋而遭到英国当局拘禁，但英国最终没有对其审判，而是将他驱逐出境。再如1584年，西班牙派驻英国的大使孟多查阴谋废黜伊丽莎白女王，最终他被勒令离开英国。1654年法国驻英国大使德·巴斯参与了刺杀克伦威尔的阴谋，结果他被勒令在24小时内离开英国。参见［英］劳特派特修订：《奥本海国际法》上卷（王铁崖、陈体强译），第二分册，北京：商务印书馆1981年版，第247页。

特权的规定大约占到条文的一半，这进一步说明了外交特权问题的特殊性和重要性。[①]

（一）外交豁免权

外交豁免权是保证和便利外交官在驻在国执行其正常职务所必不可少的，按照国际法及有关国际条约、协议的相关内容，外交豁免权主要包括不受侵犯权、管辖豁免权以及行动自由和通讯自由权。

1. 不受侵犯权

不受侵犯权是指使馆馆舍不可侵犯——驻在国非经馆长允许不得进入使馆馆舍，使馆馆舍以及馆舍内的财产、交通工具等免受驻在国的搜查、征用、扣押或强制执行；外交官的人身不可侵犯——外交官不受任何形式的人身搜查、逮捕、拘禁或加以侮辱，外交官的私人寓所同样不可侵犯。[②] 这里的“不可侵犯”，不仅指免受一般公众的侵害，而包括免受驻在国官吏的侵害。[③]

为了保障外交官行使其不可侵犯权，驻在国有责任采取一切适当的措施，并实施一切合适的步骤保护使馆馆舍免受侵犯，并防止

---

① 黄金祺：《〈维也纳外交关系公约〉的特点和意义》，《外交学院学报》2002 年第 2 期。

② 详见《维也纳外交关系公约》第二十二条、二十四条、二十九条、三十条的相关规定。

③ 值得注意的是，在《维也纳公约》签订以前，接受国在某些特殊情形下，如在馆舍失火、馆舍内发生危及使馆或接受国的严重犯罪事件、在馆舍内进行危及接受国的阴谋颠覆活动等情形下，可以不经使馆馆长的同意而进入使馆馆舍，但这些传统的国际法规则在已被《维也纳公约》第二十二条第一款所否定。详见黄德明、冯栋：《论使馆馆舍的不可侵犯》，《东岳论丛》2006 年 9 月。

一切扰乱使馆安宁或有损使馆尊严的事件发生。[①] 如遇两国断绝外交关系，或是使馆准备长期或暂时撤离等特殊情况，即便两国正在进行武装冲突，驻在国也应当尊重并保护使馆馆舍以及使馆的财产与档案。[②]

2. 管辖豁免权

外交官享有管辖豁免权不仅是各国主权平等和互不干涉内政原则的要求，也是确保国际关系稳定以及国家活动独立运作的需要。[③] 这里的管辖豁免不仅包括民事、行政管辖上的豁免，最重要的是还包括刑事管辖上的绝对豁免，即在任何情况下都不受接受国刑法规定的管辖，在任何情况下，接受国都不能因为外交官触犯刑法而对其进行起诉、传讯或刑事审判，而只能由派遣国进行处理。值得注意的是，外交官个人并不能放弃管辖豁免权，除非其派遣国明示放弃。同时，如果外交官以私人名义从事商务或其他经营活动引起诉讼，不得行使其管辖豁免权。另外，外交官在驻在国没有以证人身份作证的义务，这种义务上的豁免也是绝对的，即非经派遣国同意，接受国没有权利请外交官做证。[④]

3. 行动自由权和通讯自由权

外交官享有的外交豁免权，还包括在驻在国有行动自由权和通

① 详见《维也纳外交关系公约》第二十二条。

② 详见《维也纳外交关系公约》第四十五条。

③ 王秀梅：《国家官员的外国刑事管辖豁免探析》，《西安交通大学学报（社会科学版）》2010年7月。

④ 详见《维也纳外交关系公约》第三十一条。

讯自由权，即因公务所需而进行派遣信使、来往文件、发明密码电信等活动，驻在国应采用一切适当的方法予以保障；同时，信使人身不受侵犯，外交邮袋不得开拆或扣留，使馆经驻在国同意可装置并使用无线电收发报机。①

（二）外交优遇

赋予外交官相应的外交优遇主要是出于礼节上的考虑，主要是指在使馆、使节的官邸和交通工具上悬挂本国国旗以及在礼节上享有“在先权”，即指按递交国书日期的先后享有的某些权利，如担任使团长等。同时，外交优遇还包括外交官可免纳关税和直接税：不仅包括使馆馆舍免税和外交官个人免税，以及与此相关的使馆办理公务所收规定费和手续费的免税，也包括对使馆公务用品及外交代表或与其构成同一户口之家属的私人用品免征国家、区域或地方性税收，但不包括其为供给特定服务所收的费用。②

（三）滥用外交特权的处理

外交特权确定的最初目的是赋予一国国家元首所派遣的使节及其随行人员一定的特殊权利和优待，而后又逐渐扩大适用于各国互派的外交代表及其工作人员，即国与国之间互派的正式外交官均可

① 详见《维也纳外交关系公约》第二十七条。

② 使馆可能要缴纳养路或路灯方面的地方税或国家税，但无须缴纳国防、教育或行政方面的地方税或国家税。详见《维也纳外交关系公约》第二十三条、二十八条、三十四条、三十六条。

享受外交特权。虽然驻在国应当采取一切适当的方法保障外交官行使其外交特权，但相对应的，享有外交特权的外交官对驻在国负有一定的义务，如遵守驻在国的法律，不滥用外交特权，不干涉驻在国的内政，不得利用使馆馆舍从事与国际法不相符的活动等等。

如果某外交官滥用其外交特权，一般可采用以下三种方式对其进行管理：一是与派遣国进行协商，要求明示放弃该外交官的管辖豁免权。如果派遣国与驻在国达成一致，就可以对该外交官行使诉讼管辖权。二是可随时通知派遣国并宣告该外交官为“不受欢迎的人”。这样做的主要目的是为了迫使派遣国召回该外交官，或者终止其在使馆的职务，否则驻在国可将其驱逐出境。在国际法实践中，虽然宣告该外交官不受欢迎的同时无须进行解释，但至少应列出不受欢迎的理由，以免引起派遣国报复性的对等措施。三是如果该外交官滥用外交特权，以致严重干涉了驻在国的内政，则很可能导致两国外交关系的断绝。这是《维也纳公约》规定的最为严厉的惩罚措施，但这种方法一般并不能妥善解决问题，还有可能导致不必要的外交后果，因为断绝外交关注的影响是双向的，东道国也会付出很大的代价。[①]

三、新时期加强我国驻华外交官特殊法律规制的展望

新中国成立之后，我国政府提出要在平等互利的基础上与各外国政府和人民恢复并发展经贸关系，并在和平共处五项原则的基础

① 黄德明：《论滥用外交豁免的解决方法》，《武汉大学学报（哲学社会科学版）》1997 年第 2 期。

上于1975年11月26日加入了《维也纳公约》。改革开放之后，随着我国市场经济的快速发展以及对外开放政策的实施，外国驻华外交代表机构及其工作人员的数量不断增加，客观上要求我国政府出台相应的法律对派驻我国的享有外交特权的外交代表予以相应的法律保障。1986年，我国政府依据《维也纳公约》以及其他相关国际惯例的精神，并根据我国的具体外交实践出台了《中华人民共和国外交特权与豁免条例》。该条例充分体现了我国加入《维也纳公约》后应享受的权利与承担的义务，但与《维也纳公约》相比，该条例凸显了我国的实际国情与外交管理工作的特点，充分体现了我国作为一个主权国家应具有的对内最高权和对外独立权，强调相互对等规则，同时还扩大了外交人员的适用范围，并对《维也纳公约》作了一些补充和特别规定，以利于驻华外交官遵守与执行。[①] 自该条例颁布以来，我国的外交管理工作取得了长足的发展，对于巩固和发展我国同世界各国的友好关系有重要的意义。进入21世纪以来，我国对驻华外交官的管理表现出以下两个特点。

（一）以更加开放的态度加强对驻华外交官的管理

近些年来，随着经济实力和综合国力不断增强，我国正逐步融入世界经济和主流文明之中。我国对于驻华外交官的管理工作也以更加开放的态度，更加公开、透明的方式展现出了大国的风范。如2011年4月，中纪委首次面向驻华外交官举办以“走进中共中央纪委”为主题的开放日活动，来自40多个国家的近50名驻华高级外

---

① 王浩：《简论〈中华人民共和国外交特权与豁免条例〉》，《西北政法学院学报》1987年第2期。

交官应邀参观并亲身感受了中共的纪检工作以及反腐倡廉建设情况。[①] 2013 年 1 月北京市第十四届人民代表大会开幕式邀请来自 30 多个国家的外交官进行旁听，从而打开了一个让全世界了解北京、开展交流与合作的窗口，而外交官们对“转型北京”所带来的合作机遇也表达了热切的关注。[②] 这样的活动，对进一步加强我国政府与驻华使馆、国际组织机构之间的联系，推动区域经济、科技发展创造了国际合作的渠道。

（二）沉着应对外交官职能的变化及外交关系多样化的挑战

随着国际社会中各国经济的日益发展和两大实力相当的对立阵营的消失，外交官在驻在国履行的主要职责正由处理政治问题向处理经济问题转变，同时，国际交往的日益增多也促使许多国家之间建立了超越一般国家关系的“深厚友谊”，如何应对外交官职能的变化以及外交关系的多样化发展，成为许多国家外交工作的重点。[③] 以此为背景，为了给驻华外交官行使其经济职责提供便利，我国政府于 2012 年底启动了“外国驻华外交官看中国”等系列活动，为增强各国外交官对中国经济转变发展方式、加快结构调整的方向和措施等方面的了解起到了重要的作用。[④]

---

① 《近 50 名外交官走进中纪委能看到什么》，新华廉政，新华网，http：//news. xinhuanet. com/lianzheng/2011-04/13/c_ 121299962. htm，2011-04-13。

② 刘宇鑫：《31 名外交官旁听人代会开幕式》，《北京日报》2012-01-13。

③ 李鳕洋：《浅析现代外交特权与豁免制度面临的问题》，《中国青年政治学院学报》2011 年第 4 期。

④ 娄辰、韩淼：《中国启动“外国驻华外交官看中国”系列活动》，新华网，http：//news. xinhuanet. com/politics/2012-11/30/c_ 113866415. htm，2012-11-30。

图书在版编目（CIP）数据

中国外交与北京对外交流研究报告．2015/北京对外交流与外事管理研究基地编．—北京：世界知识出版社，2017.6

ISBN 978-7-5012-5498-9

Ⅰ．①中… Ⅱ．①北… Ⅲ．①外事管理—研究报告—北京—2015 Ⅳ．①D827.1

中国版本图书馆 CIP 数据核字(2017)第 119967 号

责任编辑	刘豫徽
特约编辑	柴　茁
责任出版	赵　玥
责任校对	马莉娜

书　　名	中国外交与北京对外交流研究报告 2015 Zhongguo Waijiao yu Beijing Duiwai Jiaoliu Yanjiu Baogao 2015
编　　者	北京对外交流与外事管理研究基地

出版发行	世界知识出版社
地址邮编	北京市东城区干面胡同 51 号（100010）
经　　销	新华书店
网　　址	www.ishizhi.cn
投稿信箱	lyhbbi@163.com
印　　刷	北京京华虎彩印刷有限公司
开本印张	720×1020 毫米　1/16　23¼印张
字　　数	259 千字
版次印次	2017 年 6 月第一版　2017 年 6 月第一次印刷
标准书号	ISBN 978-7-5012-5498-9
定　　价	45.00 元